U0927406

Economics

图说经济学

张体　连山◎编著

中华工商联合出版社

图书在版编目（CIP）数据

图说经济学 / 张体，连山编著 . -- 北京：中华工商联合出版社，2016.11（2021.6 重印）

ISBN 978-7-5158-1835-1

Ⅰ . ①图… Ⅱ . ①张… ②连… Ⅲ . ①经济学—图解 Ⅳ . ① F0-64

中国版本图书馆 CIP 数据核字（2016）第 259109 号

图说经济学

编　　著：张　体　连　山
责任编辑：李　瑛　袁一鸣
装帧设计：北京东方视点数据技术有限公司
责任审读：郭敬梅
责任印制：迈致红
出版发行：中华工商联合出版社有限责任公司
印　　刷：唐山富达印务有限公司
版　　次：2017 年 7 月第 1 版
印　　次：2021 年 6 月第 2 次印刷
开　　本：710mm × 1020mm　1/16
字　　数：260 千字
印　　张：16
书　　号：ISBN 978-7-5158-1835-1
定　　价：78.00 元

服务热线：010-58301130
销售热线：010-58302813
地址邮编：北京市西城区西环广场 A 座
19-20 层，100044
http: //www.chgslcbs.cn
E-mail: cicap1202@sina.com（营销中心）
E-mail: gslzbs@sina.com（总编室）

前言

经济学家加里·贝克尔认为:“经济学是研究人们如何进行各种具体活动以及他们如何合理安排更宏观的事务，比如国家大事乃至全球经济。它的理想是帮助人们作决定，让人们生活更理性……经济学有解决一切问题的潜质。”经济学所涉及的范畴既包括政策制定者如何“经国济世”的大谋略，也包括一家一户怎样打醋买盐的小计划。可以说，经济学是一门生活化的学问。懂得一些经济学知识，可以帮助你在生活中轻松地做出决策。

事实上，经济学并不是一门艰涩难懂的学问。在经济学大师米尔顿·弗里德曼眼中，“经济学是一门迷人的科学，最令人着迷的是，经济学的基本原理是如此简单，只要一张纸就可以写完，而且任何人都可以了解”。经济学家斯蒂格利茨在其著作《经济学》中曾用一辆汽车解释全部的经济学道理。萨缪尔逊则开玩笑说，如果能教会鹦鹉说“需求”和“供给”这两个词，这只鹦鹉就可以成为一个经济学家。

由此看来，经济学并不像我们想象中的那么可怕。经济学研究的是我们身边的世界，它揭示的是复杂世界背后的简单道理。经济学，其最基本的功能就在于给人们提供了一种认识世界的平台、分析世界的方式和改造世界的方法。我们今天处在一个扑朔迷离而又快节奏的社会里，用经济学的眼光和方法去思考问题、分析问题，会让一切事物真实地呈现在自己面前。

本书选取经济学发展史上最具代表性的人物和事件作为端口，记录经济学大师的人生历程，阐释经济学的主要理论，图文全解，注重科学性、文化性和趣味性的统一，营造一个具有丰富文化信息的多彩阅读空间，清晰呈现经济学的发展脉络。并将经济学与社会生活的各个方面灵活地联系起来，让读者在轻松的氛围中明白深奥的经济学理论。无论是对经济学感兴趣的普通读者，还是专业学者，都可以从中汲取经济学的智慧与灵感，进而以经济学的视角指引生活，拥有美好人生。

本书最大的特点在于，采用生活化的语言，将经济学内在的深刻原理与奥妙之处娓娓道来，让读者在快乐和享受中，迅速了解经济学的全貌，轻轻松松地获得经济学的知识，学会像经济学家一样思考，用经济学的视角和思维观察、剖析种种生活现象，指导自己的行为，解决生活中的各种难题，更快地走向成功。读过本书，你就会发现，经济学一点也不枯燥难懂，而是如此贴近生活，如此有趣，同时又是如此实用。

目 录

上篇 经济学的故事

下篇 生活中的经济学

上篇 经济学的故事

The Story Of Economics

经济学起源

经济起源

——生活就是这样开始的

新石器时代是人类文明的诞生时期，也是人类文明新的开端。遍布在黄河流域、印度河流域、两河流域的人们首先开创了新的历史篇章。

人类最初的发展都是依靠消费大自然的产出而维持的，而到了后期，人们通过自己的手，利用和改造自然，从而获取生存资料，提高生存质量。其中，农业种植可谓是人类做出转变的最早尝试。

在中国有这样一个传说。早起晚归的人们每天采食果实、捕猎动物，通过接受大自然的赐予来生存。可是时间长了，人口多了，便出现食物不足的现象，加上植被破坏、环境恶化，树上结的果实开始变少、变坏，森林中奔跑的动物也因为食物的减少而大量死亡，人与自然间的矛盾逐渐深化。

有个人名叫神农氏，他长得又高又大，箭法很好。有一次，在他射猎时，一只周身通红的鸟向他丢下了一棵五彩九穗谷。神农氏便将这棵五彩九穗谷埋在土里。期间，还给这颗五彩九穗谷浇水、松土。没过多久，那些种子都发芽长叶结籽，长成密集茂盛的一片。神农氏把结出的种子放在嘴里咀嚼，发现很好吃。神农氏由此得到启发：是不是谷子可以年年种植，源源不断呢？若人们能够多多种植可用的植物，大家的吃饭问题不就解决了吗？于是，神农氏教人们种植五谷。他还教人们打井汲水、改革工具、饲养牲畜、精耕土地。

人们在田地里种植农作物，还在家里养殖马、牛、羊、猪等家畜，这些家畜除了能为人民提供食物外，还是人们耕田的主要工具。这种农业耕种文化对部落人民的生活产生了巨大的影响，他们从逐水草而居变成了农业定居，从靠天生活变成了靠双手而活。于是，人类劳动开始有了富足的果实。这不仅解决了人们的温饱问题，也让原始农业种植初具雏形，为将来的商品交易打下基础。

▲在西班牙东部发现的中石器时代的穴画，早期人类以狩猎为主要生存方式。

事实上，世界各地、各民族有着不同的农业起源的神话传说，如埃及的农神艾西斯女神，罗马的克瑞斯农业女神等。不同的国度，不同的时期，相同的情节，这些生动的农神传说，在世界各地绽放异彩。这些神话故事反映出的核心思想便是人与大自然之间的关系的调整——由过去单纯依靠大自然生产的资源，调整为人类开始有目的地通过自身的劳作来创造和获取资源。这种从大自然选取动植物进行培养的行为，成为农业产品交易、自然经济产生和发展的催化剂。人类发明了农业，也发明了“经济”。一切就是这样开始的——经济的起源。

分　工

——一个人不能什么都做

耕种饲养保证了人们能够得到基本的食物，维持生存。在劳动过程中，由于天赋、需要、偶然性的存在，自发的分工意识在部落中体现并深化。古希腊哲学家色诺芬曾对分工做过如下描述：“一个人什么都做，而且都做得好，这是不可能的。显而易见，只有在一个小的领域里劳动的人，才能做到最好。”

人类的分工是天然的。比如，每个人身高的不同，个子高的可能就被派去采摘高处的果实，矮个子就专门负责低处的采摘工作；由于体质差异，男人比女人的体质力量明显有优势，男人能长时间奔跑和负重，所以男人就去捕猎，女人们则多数留在家里负责繁衍后代、管理家务、耕地饲养，做一些轻体力活；同样，老人和年轻人体质的不同，也很自然地有了分工，老人主要是照顾部族年幼的孩子，青壮年则要负责更多的体力活。这种由自然天赋不同促进的分工行为，称不上是职业，却产生了模糊的牧人、农民、猎人概念。

偶然分工也会促进分工的出现。我们可以试想这样的场景——有一天，有个专门负责打猎的男人生病了，于是他请求邻居渔夫："您今天能帮我狩猎吗？我今天病了，无法起来。"渔夫很热情地答应下来。结果，渔夫打起猎来得心应手，一天过去了，渔夫把收获的猎物带给生病男人看，生病男人惊叹道："没想到您狩猎的技术这么好，收获的猎物比我平时的都多。"就是这样一个偶然的机会，让渔夫发现自己在狩猎方面的能力可能比打鱼更好，效率更高，能获得更多的生活资料。于是，渔夫放弃打鱼，开始转向狩猎。这种偶然发现的能力差异、优势差异，也成为分工产生的重要原因。

分工时间长了，熟能生巧。部落里面的人就发现：打猎人的技术越来越好，熟悉哪个山头有什么动物，知道哪个时间什么动物出没，射击命中率也更高；耕种的人，对植物的生长培育愈发有心得，什么时候播种、什么时候浇灌、有了病虫害要如何治理等，丰富的专业知识使他们能够更好地保证作物收成。人们发现分工可以提高生产效率和生产总量后，分工模式被人们重视并得到更加深化的发展。

在重视分工作用的基础上，人们开始注意到个人的内在优势差异对比。有人勤奋，有人懒惰；有人笨拙，有人聪明；有人擅长种植，有人擅长狩猎。于是，按照比较优势和分工协作的原则，部落里面的分工逐渐扩大，单个的人不再从事整个谋生的事情，而是变成了生存过程中的一个方面、一个步骤。将这些单个步骤集中起来便是整个生存行为总过程。

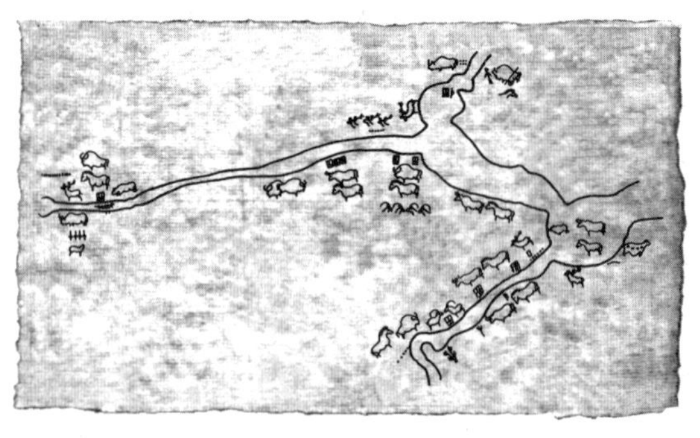

▲拉斯科洞穴中的原始放牧图的绘画结构。经过第一次社会大分工，畜牧业已经从农业中分离出来。

很明显，分工使个人劳动技能熟练度提高，单位时间完成数量增多，甚至还能创造和改进一些生产工具，进一步提高劳动生产率。协作使部落总体收获远超以往，每个人的分配数量也增多了，对个人和整个部落都产生了良好的效益。自然分工的发展为以后的社会分工奠定了基础。

产品交易

——猎物与罐子的“偶遇”

尽管远古时期的人们掌握了一些农业种植技术，可以满足一定的生活需求，但显然，当时的人们每天都要进行高强度的劳动，五谷粮食所提供的营养成分远远不能满足人体的需求，肉类依然是人们食谱中不可或缺的一部分。可是，部落人们开始定居后，不能随着动物的迁徙而迁徙，慢慢地，居住地附近的动物数量出现下降。无奈，强壮的部落男子只能去更远的地方捕猎。

我们可以试想这样的场景——有一天，几个在山脚下居住的部落男子追赶着一个硕大的野鹿，他们随着野鹿一直向前跑，不知不觉跑到了陌生的湖边。此时，强壮的男子稍显疲劳，不过这只野鹿也是气喘吁吁，加上受到男子们的围猎，野鹿已经满身伤痕。眼看马上就要猎杀掉这只野鹿的时候，从野鹿背后猛地出来几个身手敏捷的异族男子，眨眼间，几支木箭飞快射过来，直插野鹿体内，野鹿应声倒下。

虽然野鹿是异族男子猎杀的，但没有前面山脚部落男子们的追击，要想制服这只鹿，还是需要花费很大力气的。所以，异族男子们很礼貌地走上前去，虽然相互之间语言不通，但依靠肢体动作、表情和手势，异族男子终于将自己的意识传达给山脚部落的男子们。异族男子的意思是：这只野鹿能被成功猎杀，双方都付出了劳动，你们把野鹿追赶到这里，我们才能碰巧把精力消耗很多的野鹿猎杀掉。我们能不能平分这只野

▲随着生产力的不断发展，人们的交易活动也更加频繁。

鹿呢？

山脚部落的男子想了想，觉得这个方案可行，只是己方付出的劳动要多一些，对方付出的少一些，平分不太合适，毕竟自己部落的食物也非常紧张。

异族部落的男子看出了对方的疑虑，回过头来跟自己的同伴商量：不然这样，我们再附加一些产品，让对方将鹿分给我们一半。同伴们表示同意。于是，一个异族部落男子拿了一个物件过来，这个东西形状高高的，中间鼓着向外凸出，顶端光滑、圆圆的口径，表面还绘制了各种图案花纹，很好看。

山脚部落没有这种东西，所以部落的男子也没见过这种东西，不明白这个东西是干什么用的。异族男子看出他们的疑惑，就带他们来到湖边，俯下身子，用这个物件盛了一些水，并举到嘴边喝起来。山脚部落的男子立马明白其中的意思，爽快地答应了对方男子的请求——双方将野鹿平均分割，带好猎物回了各自的部落。

回到山脚的男子们，把猎物放下，赶紧把从异族男子那里得来的东西拿出来给族人看，大家好奇地围着看。打猎归来的男子给大家演示这个东西怎么用，同样，族人也是十分惊奇和喜欢，于是这只神奇的东西被族长命名为罐子，并让做饭最好的人用来装水和粮食。显然，这个罐子很有实用性，可是山脚部落的人们自己不会制作罐子，所以罐子就无法被更多地利用到生产生活中。这时，有人提议，不如拿着猎物回到当时与异族部落男子遇到的地方，看看是否有机会能与他们进行交换，拿回来更多的罐子。这个意见得到大家的认可，第二天，还是上次打猎的几个男子，背着一些猎物按照原来的方向，去往了湖边部落。

很快，他们就来到离湖边不远的小树林中，在这里开始静静地等待异族部落的人们。可是，他们等了整整一天，也没有出现一个人，如果长时间等不到人，食物就可能腐烂掉。好在第二天下午，就有几个人头上顶着罐子慢慢地走向湖边。看到罐子的山脚部落男子顿时来了精神，他们从树林后面激动地跑出来，更巧的是，头顶罐子的男子中就有上次狩猎要求平分的男子，山脚部落的男子立马认出了他，并兴奋地比画自己此次前来的目的。有过一次沟通，这次的交流就变得极其容易，最终，山脚部落的人们换来了需要的罐子，高兴地回到了自己的部落。

而同时，他们也把湖边约定为交换场地，并有专门的人定时来这里查看，如果有交换的需要，就可以拿着自己的物品在这里等候，直到有人来与他们商谈。

可以说，远古人们除了亲自制作生活用品之外，这种偶然产生的交换行为就成为丰富物品的重要途径。山脚部落和异族部落的交换是物物交换，物物交换可能最早出现在部落内部，随着生活半径的扩大，在部落外部也产生了物物交换。当时，受到物品稀缺的限制，物物交换就成了资源配置的重要方式，同时，物物交换的发展也为货币交换埋下了伏笔。

经济合同

——刻在泥板上的协议

两河流域是人类文明重要的起源地，在考古学者的努力下，很多深藏的秘密一点一点被揭开，人们也被其中瑰丽的文化深深吸引。位于幼发拉底河和底格里斯河下游的苏美尔民族尤其受到人们的关注。人们认为，文字的出现是人类由蒙昧走向文明的分水岭，是人类文明发展的里程碑，而在苏美尔这片古老的土地上，发现了人类历史上已知的最早文字。

在苏美尔民族生活的年代，平原地区石材和森林木材较少，苏美尔人便用泥板做砖堆砌墙体，建成了大规模的城邦。人们结束了四处漂泊的生活，得以在城邦内固定。

当时的苏美尔人已经在农业种植和动物驯养方面有了充足的经验和实践，他们种植扁豆、黍子、小麦、大蒜和韭菜等植物，为了保证收成，人们还建成了巨大的灌溉系统。人们饲养牛、羊和猪，是为了满足长途负重运输和饮食的需要。牛可以负重，便成了人们运输重物的好工具。借助牛车，人们开始把生产剩余的农作物和手工制作的陶器等产品运输到其他地方进行交换。考古资料显示，在两河流域存在着很广的贸易网，因为当地出现了产自阿富汗的青金石、产自安那托利亚的黑曜石和产自巴林的珠串，这些贸易事实也被《吉尔伽美什》史诗证明，在诗中提到相隔很远的国家会进行贸易，换取美索不达米亚木头。

试想，如此发达的贸易系统势必要求社会做出相适应的变化和进步，因为现在已经不是两个部落简单交换猎物和罐子的问题了，每天来自各个国家

▲这种球饰又称土球，是用来记录交易情况的。交易双方先在土球柔软的黏土表面压上记号，再把它们放入球内。万一发生纠纷，可打开土球仔细检查其内的记号。学者们认为这一制度促使了文字的产生。

的商人，相互之间交换着成百上千的货物，一个普通人是很难记忆这么庞大的数据的，人们急需用一种工具来记录贸易数据。

商业的发展在一定程度上成为倒逼文字产生的因素。果真如此吗？考古学者给出了肯定的答案，他们发现，公元前2500年，苏美尔地区的人们就已经发明了象形文字，并将其记录在黏土板上，这是当时比较完善的文字系统。如今，已经发掘出来的苏美尔文章有数十万之多，经过人们的解读，发现其中大约90%的文字记录的是商业和行政事件，剩余10%的文字记录的内容是对话、谚语、赞美诗和神话传说。远古时候因为没有可以用来记录的纸张、绢布等工具，商人只能把协议记录在泥板上，并以此来约定双方之间的行为。不难想象，有了文字的记录，商人们的生意会变得更加有条理。后来，象形文字发展成楔形文字，并在以后的2000多年间一直被美索不达米亚地区的人们使用，到了公元前500年左右，这种文字甚至还成了西亚大部分地区商业交流的通用文字。

我们无法得知文字产生的真正原因，可我们知道文字就是为了方便生活，而商业贸易自古以来就是人类生活中的重头戏，商业的快速发展一定会促使文字产生和完善，而文字的出现也使商业贸易走向新的阶段，两者相互作用，共同催生了人类璀璨的文明。

货币的产生

——交换行为的产物

人类已经经过了百余万年的发展，而货币却是几千年前才出现的事物。关于货币是如何产生的，众说纷纭，有人认为货币是国家或者先哲创造出来的，这些聪明的人们试图通过创造货币来管理好国家。也有人认为是因为贪婪的人们希望保存财富才发明货币的，他们挑选出自认为价值最高的产品，作为财富的象征。还有人认为，随着交换形式的增多，早期简单的物物交换已经不能满足人们的生活需求，为了使交换更加方便，人们才发明货币，并将其作为交换媒介。

我们更倾向于最后一种便于交换说，亚里士多德也曾说过，一地的居民在生活上会依赖于他处居民的货物，因为人们从他处购买当地没有的货物，并将当地多余的货物外售，购进和卖出就使买卖交易出现均衡，而作为中间媒介的货币也就应运而生了。

▲ 古希腊金银币

无产阶级的伟大导师马克思对货币起源也做出了自己的论证。他认为，劳动分为私人劳动和社会劳动，私人劳动产生的产品应该归私人所有，但是私人劳动者是远远不能消费掉自己生产的产品的，这些产品就被纳入到社会总产品中供其他社会成员一起消费，而私人劳动产品在转化为社会劳动产品的过程中，就需要用一种衡量工具来界定其价值，这样货币就产生了。马克思这种推理的本质还是价值学说，早期，一头羊换两只兔子，后来交易范围扩大，一头羊不仅可以换两只兔子，还可以等量换取一袋粮食或者两把斧头。发展再扩大之后，人们可以用羊和任何产品交换，羊也就成了交换中介。后来，由于羊不易携带，不好分割等劣势，人们将交换中介固定在最具价值的贵金属上面，金银成为商品交换的固定媒介，货币也就出现了。

事实也的确像马克思所言，人类文明发展史上，货币以形形色色的形式存在于世界各地，比如,《荷马史诗》中，就曾提到用牛角来衡量物品的价值。另外，在远古时期的欧洲和中南亚的古波斯、印度地区，都有过用牛羊作货币进行交换的记载。除了牲畜被用作交换等价物，古老的埃塞俄比亚还曾用盐作为货币，美洲用当地盛产的可可豆、烟草作古老货币，古代中国用贝壳做货币中介。人们利用不同媒介交换物品的行为还进一步影响到文字，如拉丁文中“金钱”这一单词的原型就来源于牲畜，印度现代货币的名称同样和古文“牲畜”有关，中国关于钱财的很多字都有贝壳的影子等。

马克思给货币重新下了定义，他认为货币和其他商品的本质一样，只是货币多了一项功能，那就是等价交换物，是一种特殊的商品而已。这和西方传统看待金银货币的观点很不相同，有西方学者认为货币只是数字符号、计算单位；也有学者认为金银货币就是财富象征，而且是唯一的象征，货币就等同于贵金属。与这两种观点相比，马克思的学说无疑是科学的。

马克思认为，金银之所以能在众多交换媒介中脱颖而出成为货币，还因为它身上同时有着几个其他物品没有的特征：一，金银的价值比较高，这样就可以用较少的货币完成与大额产品的交换；二，金属容易分割，而且分割之后也不会使它的价值发生变动；三，它不像牛羊那样不易携带，金银便于携带的特性，可以使人们在更大区域开展交易；四，金银易于保存，不会腐烂变质。尽管金银天然有着充当货币的特性，不过在后期，人们还是将金银分割、称重、铸造，制作了更加利于流通的铸币，并在上面铸造了花纹、文字、数字等符号。

市场的产生

——价格取决于供求关系

钱币的发明在人类发展史上具有里程碑意义，它的发明和流通极大地推动了商业的发展。伴随着交易的大范围展开，交易市场成了困扰商人的症结。当时存在这样的情况，比如葡萄庄园的人们缺少酒桶，可能就会向邻近的有富余酒桶的人购买。可一旦附近的人也没有呢？远方的人也许就有多余的酒桶，但因为距离远，没有什么信息传播工具，因此葡萄庄园的人们无法获知哪里有他们需要的酒桶。这时候就需要产生一个相对固定的地点，在固定的时间开设市场，方便人们将多余的产品拿出来交易，换取自己需要的产品。此时，市场相当于一个固定的信息源发射地，很大程度上降低了人们换物的盲目性。

那么，选择什么地方做市场合适呢？当时的交通道路很差，不像现在四通八达，加上强盗和窃贼的破坏，很多道路被阻，国家也很不安全。考虑到这些因素，交易场所不能设置太远，地势也要广阔平坦，要设置在人数众多的民居地带才可以。

基于这样一个理念，公元 744 年，法兰克国王小丕平（也就是后来的查理大帝的父亲）下令，在其帝国中的每个大居民点都设立周末集市，在固定的时间和地点开放，进行交易买卖，并对卖主的买卖行为做出了规定。卖主被安排在道路两边，搭棚的搭棚，有的直接在地上摊开来买卖，活鸡、活鸭类的商品需要关在小笼子里出售。

类似的市场在世界各地先后开设，比如阿拉伯城市的集市、跳蚤市场，甚至是现代的交易市场等。时代不同，规模不同，交易的产品也不同，但是它们的本质都没什么两样，永远都是买卖两方的博弈。也许有人说，不是还有中介吗？其实，中介也是受到委托才进行出售的，相当于中介代理者在与买方进行博弈。

可以说，集市在人类的发展中是一个十分惊人的创造。任何买家卖家都可以进入市场，自由的买卖行为展示了最基本的经济规律，想出售物品的卖家，会尽可能以高价出售，想购买某种物品的买家，则想尽量减少支付代价。经济学家指出：价格越高，需求越小，进而供应就越多；如果价格越低，供应就越少，而需求就变大。如果一个集市运作正常，那么供货者就不必到了晚上再把货物带回家去。

政府不仅可以利用权力开设集市，还会对经济进行其他方面的干预，而价格和数量的制约关系就是国家对集市干预很明显的印证。比如，若是国王下令调低葡萄酒的价格，普通人就可以买得起更多的葡萄酒，但可想而知，葡萄酒制造者会因为盈利太少而减少葡萄酒的供应量，甚至改行生产别的商品。这样就导致集市上越来越多的客户排长队购买葡萄酒，由于数量少，集市上的葡萄酒可能很快就会被买光，排在后面的客户也许根本就买不到。相反，如果国王满足酿酒师的愿望，提高葡萄酒的价格，那么集市上葡萄酒的供应量就会大幅度增加，可是面对高额的价格，能负担得起的客户就越来越少了。如此便产生这样的结果：酿酒师可能一整天也不

▲贵霜帝国地处“丝绸之路”必经之处，当时中国的对外贸易十分频繁，人们骑着骆驼，载着货物，促进了东西经济与文化的交流。

会卖出多少葡萄酒，无奈之下，只得把剩余的葡萄酒拿回家。可见，在自由竞争中，商贩对一种商品可以索要的价格，很大程度上取决于市场的供求关系。

短距离的市场贸易得到很大成功，远途贸易也逐渐展开。据资料记载，在中世纪初期，即公元 8 世纪，就有了远程贸易的影子，从当时留下的文献中我们可以看到商人把货物运往印度、阿拉伯，以及从拜占庭和意大利向德国运输货物的记录。

古典经济学

布阿吉尔贝尔

——土地是一切财富的源泉

布阿吉尔贝尔（1646 ~ 1714），法国经济学家。在布阿吉尔贝尔生活的17世纪中叶，经济学日臻发展，古典经济学开始于重农学派，而布阿吉尔贝尔就是重农主义的先驱之一。

布阿吉尔贝尔生于法国鲁昂的一个律师家庭，曾任鲁昂地方议会法官。任职期间，法国经济发展极不景气。因为任职法官的关系，他经常审理与农民相关的案件，使得他对农村衰落的经济和农民艰辛穷苦的生活有所了解，对农民的遭遇怀有深切的同情。在案件办理过程中，亦是坚决维护农民的正当权益。正是有与农民深厚的情结，布阿吉尔贝尔的经济主张和经济著作才都是以农村为主战场展开的，重在分析农村存在的问题。

在法国仍然以分散落后农业生产为主的时候，英国已经进入资本主义第二阶段——工场手工业。为了加快法国资本主义发展，法国政府开始实施柯尔培尔重商主义政策，法国的工商业得到了一定发展，但是这种以牺牲农业为代价的重商政策给国家经济带来了不利的影响，致使法国土地荒芜、人口减少，上下一片凄凉场景。

自称是农民辩护人的布阿吉尔贝尔坚信农业在国民经济发展中的重要性，主张以农业为基础来实现国家经济的均衡发展。在阿吉尔贝尔的作品中，可以看到他反对重商主义把货币作为唯一财富的观点，他主张农业才是创造财富最重要的源泉，并通过以下几个方面来阐述农业的重要性：首先，农业是其他各部门的基础，土地又是其中极其重要的因素。试想，有什么行业能够脱离土地存在，能不靠土地的产出维持生存，寻找原材料呢？其次，

▲法国画家路易·勒南与他的弟弟们画了许多描绘农民生活的场景，像《农民家庭》这类作品，让人们深刻了解到17世纪欧洲乡村劳动者的生活状况。

农业产出收入为社会各阶级提供了收入，如果农民放弃耕种，地主如何获得地租收入？更关键的是农业收入是国家财政收入的基础。布阿吉尔贝尔甚至认为当时法国财政收入的锐减就是因为农产品生产销售大大减少的缘故。

布阿吉尔贝尔认为，社会各行业各部门都有不同程度的重要性，需要保持合适的比例，就能够实现国家经济均衡发展。而在法国200个行业链条中，农业是最为基础的。这种关于经济相关性协调性的思想，被后世人继承发展为“平衡增长论”。

既然土地产出很重要，但是当时法国农业谷贱伤农的现象一度导致农民放弃农业耕作，农产品价格过低不仅导致农民生活更加窘迫，也使土地所有者停止投资，原来良好的土地变得荒芜。已经生产出的农产品由于价格过低，也会被人们丢弃或者用来喂马。因为农业与其他行业的关联性，谷物价格过低也会传导到其他产品的价格，破坏经济的整体稳定性。

为了解决这个问题，增加农民、土地所有者和国家收入，提高土地使用度，提高农业产量，布阿吉尔贝尔主张减少对劳动人民的征税，保持税收公平，富人也按照一定比例纳税，富者多缴，贫者少缴。对一些商品征收的重税也要降低，因为重税无形中抬高了商品的价格，影响了销售和购买，对商品流通形成损害，销路受阻，农业自然就没有动力再继续生产。

布阿吉尔贝尔还主张国家要加大对农业的建设投入。政府投资不足，直接导致各种水利设施的老化失修，这无疑严重限制了农业的发展后劲，而农民自身是没有能力进行设备更新的。总之，布阿吉尔贝尔主要是采取双管齐下的思路来改善农业现状，一方面降低农民负担，一方面国家加大对农业的扶持。

生活中的布阿吉尔贝尔为人热情，个性倔强，身为法官的布阿吉尔贝尔，同情被压迫的农民阶级，敢于批判统治阶级，替穷苦人民说话，为此甚至曾获刑——这是以后资产阶级经济学家所不及的。布阿吉尔贝尔认为自己具备丰富的财政改革知识，兼有经商和经营农业的实际经历，因而常以经济学界的哥白尼、伽利略、哥伦布自居，以拯救濒于破产的法国财政为己任。

布阿吉尔贝尔为推行他的财政改革，奔走呼号了一生。1714 年 10 月，布阿吉尔贝尔逝世于鲁昂。

《经济表》

——魁奈的经济循环系统

弗朗索瓦·魁奈（1694 ~ 1774）是重农学派的奠基人和领袖。魁奈出生于巴黎，父亲是大地主，也是一名律师。由于兄弟姐妹多，魁奈少年时未能受到良好的教育，13 岁丧父，16 岁外出学医谋生，并通过医学和手术技术获得了一笔财富，后回乡做外科医生，声誉日隆。1749 年被任命为宫廷御医，负责路易十五和蓬皮杜夫人的健康。1752 年，魁奈因治愈王子的疾病被封为贵族。

1750 年，魁奈遇到了古尔吉，自此，魁奈对经济学产生了浓厚的兴趣，甚至超过了医学。中世纪的法国对生产管理非常严格，严重阻碍了创新和竞争。同时，对农业的严苛管理使农业发展背负着沉重的包袱。魁奈提出了很多使农民受益的主张，并希望能把国王变成一个开明的君主、和平改革的工具，去除法国现有的社会顽疾。

受当时启蒙运动的影响，魁奈接触到一种全新的观察和认识世界的方法，受这种方法的影响，人们坚信是自然规律统治人类世界，就像牛顿发现地球引力一样，人类需要依靠自己的头脑去思考，揭示并顺应自然规律的发展，与之相协调。魁奈《经济表》的成型就是基于这样的认识。他从贵族王室的站位去观察，发现包括国王、贵族、公职人员、教会等在内的土地所有者们不直接进行生产，却拥有最终的收入，他们的生活主要依靠承租的农场主佃农上缴来的物资。所以，这些农场主是真正的生产阶层，他们进行生产不仅要满足自身的需求，还要满足土地所有者和其他的不生产阶级，如制造业和商人的需求。

在魁奈的《经济表》中有3个主体，即土地所有者（国王、贵族、公职人员、教会）、承租的农场主、佃农和非生产阶级（工厂主和商人）。魁奈从收入支出的角度描述这三者通过有序循环生产积累社会产品的过程。首先，土地所有者用上一个循环中所获得的收入从商人和农民手中购买商品和食物。在获得收入后，农民和商人之间也要进行相互的交易，即商人从农民手中购买食物，农民从商人手中购买商品。最后，土地所有者向农民收取租金，这就完成了一个循环。

这个循环流程符合宏观经济运行的均衡状态，但是，魁奈在《经济表》中暗示制造业阶级没有给自己留下任何商业制成品来消费。并且，非生产阶级只有生产阶级一般的生产规模，也就是说，农民有40亿里弗的食物和原材料，商人阶级只有20亿里弗的商品，农民完全可以用20亿里弗的食物与商人20亿的制成品进行交易，剩下的扣除土地租金便是生产剩余。

到这里，我们能够很清晰地看到魁奈《经济表》中存在错误，这也是重农学派共同的错误。魁奈认为工商业和贸易是非生产性的，只有土地才具有生产性。他坚持是自然界而不是工人工作产生剩余，于是他提出要向有剩余的土地所有者征税。这一建议被地主认为是攻击他们的利益，而同时，富有

▲17世纪农民自由交易图，魁奈主张农民参与市场交易，认为这样有利于整个国家经济的发展。

的资本家赞成对地主征税的举措。

当然，魁奈的《经济表》在当时是具有进步意义的。首先，《经济表》有宏观国民收入的推理印记，这就为后期分析统计一个经济体奠定了基础，也为研究国民收入者提供了思想源泉。更重要的是，魁奈的《经济表》是以清晰地投入——产出线来梳理的，后来的诺贝尔奖获得者瓦西里·里昂惕夫就是在魁奈先驱研究的基础上，创作了《投入——产出经济表》这个循环图表，后来进一步演变成为国民收入和生产核算表，被经济学家广泛使用。

不仅是以《经济表》为光环，使魁奈为经济学做出杰出的贡献，魁奈还积极将思想付诸实践。魁奈认为“过度奢华的装饰会很快毁掉一个强大、富裕的国家”，相反，这些钱财应该用于原材料生产上。另外，魁奈要求向农民征收统一的、适量的捐税，防止破坏了他们的生产力。他还要求自由买卖粮食，希望粮食价格提高，增加农民的净产值，地主亦可获得更高收益。魁奈的这些政策建议在当时贵族热衷奢华消费、轻视投资农业的时代无疑是极富远见的主张。

大卫·休谟

——自动均衡国际贸易论

出生在英格兰的大卫·休谟（1711~1776）与亚当·斯密是很亲密的朋友，休谟 12 岁的时候就进入爱丁堡大学学习，可惜 15 岁时就离开该校，没有获得学位。

休谟在多个领域都有重要的建树，《人性论》决定了他哲学家的定位，《英格兰历史》为他赢得了历史学家的名望，《政治论丛》则使他成为经济学界的权威人物，作为古典经济学的先驱，他与斯密的思想最为接近。

作为一位经济学家，他是反对重商主义的，由他提出的国际贸易学说对英国古典政治经济学有很大的影响。休谟对经济学发展做出的最大贡献就是“价格—铸币流动机制”理论，我们也可以把它理解成物价和货币之间的变动关系，该理论体现出一种自然秩序思想，它有一个前提假设，即均衡假设：一旦经济偏离了均衡，就会有自然的力量促使它自动恢复均衡状态，属于国际收支调节平衡的机制。它产生作用的过程是这样的：在金本位制下，当一个国家出现贸易逆差时，这也就意味着该国的产品进口大于出口，黄金储备外流，国内黄金存量下降，货币供给减少，物价水平下降。当国内物价下降时，该国产品的国际市场竞争力就会提高，产品出口自然就会增加，进口减少，这样就能促进黄金内流，增加国内黄金储备，国际收支赤字减少或消除。此时，物价也会上涨，但是这种顺差不会长期持续，因为物价上涨不利于出口有利于进口，从而使盈余趋于消失，所以国际收支随着物价水平和进出口产品比例的变动趋向平衡。我们可以这样来表示此循环：国际收支逆差—黄金储备外流—国内货币供应减少—价格水平下降—利于出口，进口减少—国际收支顺差—黄金储备内流—国内货币供应增多—价格水平上涨—不利于出口，进口增多—国际收支逆差。

但是随着后来国家间开始取消金本位制，休谟的“价格—铸币流动机制”就不再起作用了，因为此时，一国的货币量不再由黄金的流通来决定，中央银行在管理经济时基本不受贸易收支平衡的约束，他们可以自由控制货币的供应量，如此一来，国内的物价就不会像休谟所说的那样自由浮动了。而休谟本人也注意到这一点，他发现促进国际贸易平衡的另一个因素，那就是汇率变动。他指出，当一个国家进口大于出口的时候，会导致该国货币价值比他国货币价值低，也就是货币贬值，在这种情况下，贬值就意味着国内产品的价格比他国同样产品的价格要低，这样就利于国内产品出口。同时，就有更多的外汇流入，这些外汇可以用来抵消之前国际收支逆差所产生的外汇缺口，最终达到贸易均衡。这种均衡也不会长期固定保持，它还会随着外汇储备的变化而变动。

▲休谟是反对重商主义的，他提出的国际贸易学说对英国古典政治经济学有很大影响。图为繁忙的码头交易。商业贸易的推进，使得英国的原料进出口范围更加扩大。

可以看出，休谟的“价格—铸币流动机制”与传统重商主义完全相反，重商主义认为要通过贸易顺差来实现资本财富的积累，贸易顺差还能减少人们失去金银财富的恐惧感。“价格—铸币流动机制”则要求市场自由开放，自由竞争，因为有自然力量来帮助实现国际收支的平衡。但休谟只是以货币数量为依据，因而得出货币数量变动与物价水平的关系，却没能联系到产业和就业等其他问题。

休谟在开启古典经济学的序幕中功不可没。虽然未能出版一些完整系统的经济学文集，但是，还是有学者视休谟的经济论文为经济学的起源，这一观点出现在约翰·希尔巴顿的第一部重要著作中。

亚当·斯密

——不朽巨著《国富论》

亚当·斯密（1723 ~ 1790）是后人公认的古典经济学派卓越创始人。亚当·斯密出生在苏格兰小镇寇克卡迪，这是一个制造业城镇和港口。他的父亲是城镇海关的审计员，可惜在他出生以前就去世了，出生后的斯密便跟着母亲生活。

亚当·斯密 14 岁考入格拉斯哥大学，17 岁时又到牛津的巴利奥尔学院学习道德与政治科学、语言学。在那里，他读到了很多格拉斯哥大学没有的书籍。1748 年，斯密接受爱丁堡大学的聘请，到那里讲授修辞学和文学。1751 年，他当选为格拉斯哥大学的教授，兼任大学教务长和副校长职务，一直到 1764 年离开为止。辞职后，他做了查尔斯·汤森德继子的家庭教师。利用做家庭教师的收入，他在法国生活了两年多。在旅居法国的过程中，亚当·斯密遇到了几位重要的重农主义者，受到包括魁奈、休谟、杜尔阁思想的影响，并与之建立了亲密的友谊。这期间，亚当·斯密就开始了《国民财富的性质和原因的研究》（简称《国富论》）的创作工作，斯密用了将近 10 年的时间，完成了这部经济学的鸿篇巨制，该书于 1776 年出版，引起大众广泛关注和好评，也为斯密赢得了永久的声望。1787 年，斯密担任格拉斯哥大学校长，1790 年去世。遵照斯密的遗嘱，其未完成的手稿都被销毁。

成就亚当·斯密一世声誉的不朽著作《国富论》，包括分工、交换、货币、价值、分配、资本积累、资本再生产等理论，系统地展现了斯密的经济学思想。

《国富论》第一章第一节的题目就是“论劳动分工”，作为开篇之首，斯密将分工这个陌生的概念解读给世人。小节第一句这样写道:“劳动生产力上的最大提速，以及劳动时所表现出来的熟练技巧和判断力，似乎都是劳动分工的结果。”

书中以制造大头针为例，详细生动地介绍了劳动分工所产生的高效率。他说，如果一个没有受过系统培训的工人，是不懂得怎样使用生产机械的，即使竭尽全力去工作，恐怕一天也制造不出一枚大头针。但是假如能将制作大头针的工作步骤进行细分，各司其职，一个人负责抽铁线，一个人负责拉直，一个人负责切割，一个人负责将尖头磨圆等，就可以将制作大头针分为18步。这样，一个人负责一步或几步，相信机械装备简陋的小工厂，一人一天也能完成4800枚大头针。

通过这个真切的小例子，斯密指出劳动分工能够提高产品数量有3个原因：一，长期重复完成某一步任务，技能熟练度日渐提高。二，减少了在不同岗位之间转换所需要的熟悉磨合。三,一旦程序化劳动，就有可能发明有利于提高生产率的机器。在影片《摩登时代》中，卓别林大师也诙谐地将造船厂劳动分工的生活演绎出来。

在商品的价值讨论上，斯密注意到价值的两种意义，即使用价值和交换价值。斯密将交换价值作为切入点，考察了早期的经济交换行为，例如，猎杀1头海狸所需的劳动和捕杀2头鹿所需的劳动相同，那么1头海狸就能换2头鹿。这两者的劳动是一样的，即劳动是决定产品价值的尺度。到了机器大生产的时代，土地租金和工人工资投入成为必需的项目。他发现，在出售商品后的所得，一部分要支付工人工资，一部分是垫付土地地租的投入，剩下的利润就由工厂主自己保留了。于是，斯密认为商品价值的构成包括工资、地租和利润3部分。斯密的这一观点对后来西方经济学的发展产生了很大的影响，为生产费用理论的产生提供了一定的理论支持。事实上，斯密在这一推论过程中忽略了生产资料不变的部分。生产资料的价值一部分是本身所有的不变资本，还有就是新被创造出的价值。其中不变部分没有被斯密考虑进来，这也被后人称为斯密教条。

商品的价值是由货币来衡量的。斯密更多的是将货币作为一种支付方式，认为货币不具有生产性，不强调货币的重要性。他这样比喻货币，说货币有如静止的存货；金和银就像高速公路一样将商品运送到市场上，但是其自身不生产任何东西。这与重商学派的观点正好相反，重商主义者认为作为财富，金银比普通商品的持久性更强。可以看出，斯密对金银这种贵金属的特殊属性没有完全认识，忽视了其能被全球范围内接受，进行交换、存储，甚至充当世界货币的功能。

▲19世纪英国毛纺织业十分发达，这幅插图展示了英国纺织厂中妇女的生产情景。

不过，也正是因为这样，斯密才认为纸币完全可以代替金银进行商品价值度量和流通，而且纸币还能大大降低耗能，便于携带。同样，没有生产性的货币不需要太多，有一个固定的值满足市场流通需求即可。结合前人的观点，他指出货币存量的增加还会引起商品或资源的货币价格上升。

在市场与政府关系方面，斯密主张“大”市场“小”政府，即扩大市场的自由发展，缩小政府的干预程度，最好将政府置身于经济之外。

斯密认为政府是腐败、浪费、低效的，甚至是一些有害集团的垄断者。市场是由众多工厂、雇主、员工、购买者构成的，他们的需求才是市场真正的需求，政府的官员不懂他们的需求。所以，政府的干预是不必要，也是不受欢迎的。

斯密同时指出，经济活动的参与者都倾向于追求自身利益。他说，商人追求利润，“我们每天所需要的食物饮料，不是出自面包师和酿酒师的同情恩赐，而是出于他们自身利益的打算”。在要求收益的前提下，买方会尽量降低价格，卖方尽量抬高价格，隐藏在市场背后的“一只手”会调整买卖双方的矛盾，达到均衡价格。不仅如此，这只“看不见的手”还能促使市场竞争，销售者为了得到超额利润而竞争，雇主为了得到最好的员工而竞争，工人为了得到最好的工作而竞争。竞争的结果就是资源有效地被配置到最有价值的地方。政府的无效性和自利行为，使斯密大力倡导“看不见的手”理论，并进一步扩展到国外贸易中。他反对出口税奖励，认为这会牺牲国内市场，并且这些税最终还是要由大众承担。

斯密并不是完全极端的自由经济主义者，散见于《国富论》中的一些主张，可以看到斯密为政府行为划定的行动线。他强调，政府要维护国家安全稳定，免受他国侵略；同时要关注公共事业，维护那些私人不能从中获利的公共工程。这一切行动都是以为国内、国际市场提供保障为出发点的，这样的政府干预才被斯密认可。

为了维持政府管理，为其活动提供资金，斯密也建议征税。他提出赋税要尽显公平、确定征收比例、征收便利的原则。尽显公平就是一国国民应尽可能按其能力上缴，税收应与在政府保护下所得收入成比例。这与当时盛行的累进税制是严重背离的。国民应当缴纳的税捐，须确定并不得随意变更，缴纳时间、缴纳方式、缴纳金额都应该是可预测的、统一的，且都要对纳税人清楚宣示。一切税收，都应在纳税人时间最方便，以及最合适的方式下征收。政府税收征收应尽力降低成本，避免造成征税成本无辜浪费。

马尔萨斯

——特殊的古典经济学家

托马斯·罗伯特·马尔萨斯（1766~1834）是古典经济学的代表人物，他的生活环境很富有学术气息，他的父亲是一名富裕的乡村绅士，并且与当时很多杰出的知识分子（如卢梭和休谟等）有着密切的往来。1784年，马尔萨斯进入耶稣学院，攻读哲学和神学，并开始关注人口问题。

马尔萨斯开始写作时，英国进行了两场大规模的论战，第一个是关于贫困人口增加及如何解决的论战，第二个就是关于谷物的著名论战。从第一个论战中，马尔萨斯提出了他成名的观点——人口论，在第二个谷物论战中，他提出了和李嘉图针锋相对的学术观点。

因为马尔萨斯特殊的人口理论，使经济学在他这里显得不再那么沉闷。

马尔萨斯认为生活资料是人类生存必需的产品，情欲也是必然的，于是在1798年出版的《人口论》中，他提出了自己发现的人口规律，那就是在不受其他因素影响下，人口数量会呈现几何级数的趋势增长，也就是1、2、4、8、16、32、64…而生活资料却只能按算术级数的方式增长，即1、2、3、4、5、6、7…将这两者就行对比，不难发现生活资料的匮乏，将限制人类的发展。

这一理论立刻引起人们的注意，不过得到的评价多是负面的，人们认为马尔萨斯是一个年轻气盛的鲁莽青年，所以才提出这样极端的观点。可是，直到马尔萨斯出版《人口原理》时，他依然坚持自己当初的观点，强调生活资料的增长远远不能满足人类以几何级数自然增长的需求。对此，马尔萨斯很早地就提出了限制人口增长的两个措施，即“预防性控制”和“积极控制”。他试图双管齐下，从两方面来控制人口数量，只有使人口数量适当，才能合理分配生活资料，才不至于出现那么多穷苦百姓。

预防措施就是减少出生的因素，最终实现降低人口出生率的目标。马尔萨斯也赞成将预防措施变成道德约束，他提倡婚前性行为要受到严格的限制，甚至建议他们不结婚，婚后那些负担不起孩子抚养费的家庭也应该延迟结婚或者生育，已经生育过孩子的家庭也要实行节育，防止有更多新生命的诞生。受到马尔萨斯观念的影响，当时的节育工具得到了很好的推广。积极控制的核心就是增加死亡的因素，他认为饥荒、穷苦、疾病瘟疫和战争能有效提高人口死亡率，这些积极措施主要用到那些不遵守道德约束的人们身上。马尔萨斯称，“下等阶层”之所以遭受贫困和困难，那是因为没有控制人口受到的自然惩罚，此时政府不能提供给穷人救济，因为这样会让更多的儿童生产下来，众多的人口最终会使饥饿困苦问题更加恶化。

关于谷物法，他提出了和李嘉图相反的意见——他反对废除谷物法，他还否定李嘉图的价值论。马尔萨斯主要在斯密价值论基础上，进一步区分了“相对交换价值”和“内在的交换价值”的不同，他指出相对交换价值是指交换的比例，而内在的交换价值是指一般购买力，这两者的变动比例是不一致的。此外，马尔萨斯明确提出决定价值的因素，那就是通常情况下，价格是取决于需求和供给的相对状况的。马尔萨斯关于价值的论断，为马克思分析价值与价格关系提供了基础。

马尔萨斯的有效需求论取决于他对价值和财富的看法，他解释说，人

▲马尔萨斯认为：如果能够拥有足够的生活资料，没有疾病、战争或者其他残害生命的行为以及自我有意识的遏制，人口将会持续增长下去。图为1789年法国大革命时期，人们攻破位于巴黎东部巴士底狱监狱的情景。像法国大革命这样的战争，会造成人口锐减。没有战争、疾病等因素的影响，人口将会持续增长。

们为了获得某种产品，由此产生的购买欲望和购买能力就是价值，财富就是对人类有用且必需的物质。生产产生财富产品，分配消费过程增加产品价值，市场中供给和需求力量的对比就是生产和分配环节的外在表现，只有供求均衡才能既增加财富又不会出现生产剩余的危机。马尔萨斯在《政治经济学原理》中提出了潜在有效需求不足的理论，他认为，有效需求不足是产生危机的原因。因为在市场中，工人生产产品却无力参与到分配过程中去消费产品，而资本家有消费能力，却没有足够的消费欲望，他们更多的是在增加投资，积累财富，使供给变得更多，这样一来危机就很容易出现了。马尔萨斯认为消除危机需要有一种机制，该机制可以有效增加消费，却不会过分增加供给，他还提出地主、军队和仆役群体消费的重要性。

不难发现，马尔萨斯的这些提法和后来的凯恩斯思想极为相似，两者都强调供给和需求比例的均衡性。

政治经济学

威廉·配第

——“政治经济学之父”

威廉·配第（1623 ~ 1687）被后人视为古典政治经济学的创始人。配第出生于英国一个小手工业主家庭，小时候只接受过2年的早期教育，14岁时便外出谋生。期间做过水手、服务员、医生、音乐教师。后来因航海事故，配第来到戛纳，凭着聪明的头脑和勤奋学习，他学会了拉丁文、希腊文、法文和数学，为其后的经济学研究奠定了基础。同时，拥有冒险投机性格的配第又积极进军渔业、金属行业，创办渔场、冶铁厂，积累了大量资本。后来，配第有幸成为爱尔兰土地分配总监，这让他从中获得约5万英亩的土地。到了晚年时期，配第成为拥有27万英亩土地，并掌管几家手工工场的资产阶级新贵族。

1640年，英国爆发资产阶级革命，革命胜利使得手工工场日益兴盛，资本主义经济迅速发展。一度被马克思称作是“轻浮外科医生和冒险家”的配第凭着广博的学识，兼以在政治经济上的地位，积极为国家经济问题出谋划策，著书立说，为新兴产业资本利益和贵族地主代言，他的主要贡献就在于方法论和理论特色上。

对经济学方法的研究是配第最重要的贡献。配第提出的“政治算术”实际上是将数学统计法、实证研究法、归纳法和科学抽象法进行综合。此外，他还将经济学的研究领域进行了延伸和扩展，使之成为包括价值、价格、货币、工资、利息、地租及经济增长在内的系统科学，确定了经济学初步的研究领域。另外，配第从整体入手，开始研究宏观经济，他也是最早研究宏观经济的人，包括计算国民生产总值、收入和支出等。他继承培根、霍布斯的唯物主义思想，试图以自然发展视角，从现象中抽象出政治经济学的一般规律。虽然憎恶配第的人品，但是马克思还是赞誉这位政治经济学之父，称其在某种程度上也可以说是统计学的创始人。

配第一生创作颇多，有《赋税论》、《献给英明人士》、《货币略论》、《政治算术》和《爱尔兰的政治解剖》等作品，这些作品都明显带有实证研究的影子，均体现出很强的政策建议性，其中的《赋税论》是配第的重要代表作。配第着眼于当时英国的社会经济现状，通过 15 个章节来阐述公共开支、税收等观点。他将公共开支分为国家公共开支、政府公共开支、神职人员的薪俸、教育开支、社会福利和保障开支等几部分。详细探讨当时英国公共开支增加的原因，并指出 3 种筹集经费的方法，即征收领地税、估价税和房屋租金税。在《赋税论》和其另外一部作品《政治算术》中，配第系统地阐述了当时英国在税收征收标准、征收方法和一些税种的利弊。配第认为，英国的税收制度极其紊乱，公共经费增加的同时也加重了人民的负担，这主要是由于英国没有指定统一的征收标准。在他看来，英国的各种税种没有遵循公平、方便、节省经济的原则，配第说英国的税收“并不是依据公平无所偏袒的标准来征税，而是听凭某些政党或是派系的一时掌权来决定的。且征收手续既不简便，费用也不节省”。在征税方法上，配第建议政府按照一定比例从所有土地地租中征收，依照配第的主张，这个比例为地租的六分之一。这样一来，能保证有更多的纳税人，也稳定了国家收入。不过，配第也指出了这种方法会花费更多的人力和经费。配第高度重视赋税在分配社会财富、调节经济活动上的作用。在社会财富方面，配第也

▲配第认为是人类劳动是一切财富的源泉，而当时作为农业洲的欧洲，正是占人口绝大多数的农民创造了巨大的财富。

有着一套理念。配第把劳动看作是财富的来源，这是观察生产过程得出的结论，放到资本主义经济发展过程中也是一样的道理。任何一个国家的富强，都需要人民的团结一致和高素质。换言之，优秀的人力资源将是一个国家富强的关键因素。

此外，配第还提到货币在经济生活中对社会财富的影响。作为流通工具的货币，只有投入流通才能增值，并且多多少少都会损害到商业发展，这在他的《赋税论》中有所提及。他还曾把货币形象地比作是国家身体上的脂肪，太少会使它生病，太多也会带来累赘。

配第的《政治算术》的出版也标志着统计学的诞生。我们知道，亚里士多德将统计学带入人们的视野，不过由于时代限制，这些统计数据大多是凭经验做出的判断。此外，人们习惯重视统计的数据，却忽视了分析数据联系的作用。在《政治算术》中，配第以劳动价值论为基础，对英国、法国和荷兰三国的国情、国家经济实力的相关数据进行了对比分析，并以此为依据，用数据统计的方法研究社会问题。

当然，那个时代的配第还没有完全摆脱重商主义的影响，理论还存在一定局限性，如他的税收政策就透露出贸易保护主义，他在政治立场上的表现亦是饱受争议，但这不影响配第成为一位出色的经济学家。他在经济学上的贡献和影响力是有目共睹的，注定会被世人铭记。

萨　伊

——“阐述财富的科学”

让·巴蒂斯特·萨伊（1767 ~ 1832），法国政治经济学的创始人。1767年，萨伊在法国里昂出生，1776年进入私塾，但未及一年即辍学，全家迁往巴黎。其后，他便在父亲开设的银行里当学徒。1787年，萨伊加入法国人寿保险公司，从董事那里得到《国富论》，这是他首次接触到《国富论》。1789年，法国大革命爆发，萨伊投笔从戎，参加由学者和文艺界人士组成的“学艺中队”，并积极与保皇军作战。1794年，离开军队的萨伊担任《哲学、文艺和政治旬刊》主编，期间，他在该刊物上发表了很多经济学理论。1799年，萨伊被拿破仑元帅任命为法兰西法制委员会委员，但因为拿破仑不喜欢他极

▲ 法国 18 ~ 19 世纪繁荣的贸易图

端放任自由的思想，使他的仕途生涯几度受挫。

萨伊的主要作品是《政治经济学概论》(以下简称《概论》)，该书于 1803 年出版。《概论》继承了斯密的一些观点，是一门讲述财富的科学。在书中，萨伊将社会财富的创造积累过程分为生产、分配和消费三部分。除了绪论以外，共分为财富的生产、财富的分配和财富的消费 3 篇 42 章。第一篇主讲生产，讨论进行生产所需的生产要素；第二篇对分配原则进行了剖析；最后一篇消费则讨论是生产成果的消化问题。生产—分配—消费形成一个严密的逻辑联系。这被后来经济学家称为“三分法”。

但萨伊将交换包含到生产活动中去，否认交换和流通是一个相对独立的环节。同时“三分法”有着这样的特点：否定了生产的决定作用，而是把生产、分配、消费并列，只研究三者之间的外在浅层的联系，强调在生产、分配、消费中人与财富之间的关系，忽视了整个人类社会关系、社会生产关系之间的矛盾对立关系。不过“三分法”作为一种首创，为后来者划分社会经济生活领域提供了科学依据，后来的詹姆斯·穆勒在萨伊的划分基础上添加了一个交换环节，使政治经济学环节划分更加完善。

萨伊时代的法国，资本主义工商业有一定程度的发展，纺织、冶炼、煤矿、造船等工业都出现了集中大规模生产；酒类、服饰、家具等行销欧洲各地；对外贸易仅次于英国。此时，萨伊首先想到的是购买商品所需要的货币，在他看来，货币对商品的销售并不会造成太大的影响。相反他提出，交换本质上就是商品和商品的交换，货币只是在交换量扩大之后逐渐稳定下来的交换媒介。所以，商品无法销售出去是由于没有能跟它交换的产品，货币量的多少是不影响销售的。这就是有名的“萨伊定律”。

顺应萨伊的思路，商品生产出来都会被需要的其他商品抵消掉，由于市场经济的自我调节作用，不可能产生遍及国民经济所有部门的普遍性生产过剩。他的关于生产创造需求，产品以产品购买的原理曾成为古典经济学家普通信奉的教条，并成为现代西方经济学中供应学派的先导。不过也有人对他的这个观点提出异议，马尔萨斯发现萨伊把货币的功能单一化了，认为货币还有储蓄功能；凯恩斯在《就业、利息和货币通论》中指出，萨伊的这一理论忽视了有效需求；而马克思却认为，萨伊只是把简单的商品流通和物物交换视为经济整体，假定前提不正确，也就无法得出资本主义社会生产过剩的结论，20 世纪 30 年代的经济大萧条就是对萨伊定律的有力冲击。

受当时环境的限制，萨伊的观点存在一些错误，但是无法否定萨伊思想对经济学的贡献。饱含萨伊智慧结晶的《概论》出版后，亦是引起了社会的普遍关注，被译成多种文字，广泛传播于西方国家，成为当时欧洲大学里的经典教材。该书奠定了萨伊在学术界、思想界的巨人地位。萨伊也因此被称为“科学王子”、“亚当·斯密的伟大继承者和传播者”及欧洲大陆的政治经济学权威代表人物。

李嘉图

——政治经济学的实践者

英国著名的经济学家大卫·李嘉图（1772 ~ 1823）是政治经济学派的重要代表人物，主要著作有《政治经济学及赋税原理》、《谷物法》等。

李嘉图的一生极具传奇色彩。李嘉图生于英国的一个犹太人家庭中。李嘉图有 17 个兄弟姐妹，他排行第三，其父亲为证券交易所经纪人。李嘉图 14 岁便随父从事股票证券交易。利用资源优势，李嘉图后期独自进入股票市场，经过几年的时间，就积累了比父亲更多的财富，成为英国金融界的巨富。

李嘉图幼年时期没有接受过太多正规教育，青年时期，他利用空余时间刻苦学习物理学和数学。1799 年，27 岁的李嘉图读了亚当·斯密《国富论》后，对经济学产生了极大的兴趣，并开始研究经济问题。在股票市场形成的抽象思维方式使李嘉图成为一位擅长推理的经济学家，其推理过程没有使用归纳法，没有收集历史资料和数据，没有从事实推理到理论，但是他却能阐述规律的特性，这被熊彼特称为“李嘉图恶习”。

李嘉图在经济领域最早的发声是关于货币流通问题。1797 年，在英国和法国长达 20 年的战争中，大量黄金外流几乎耗尽了英国银行的储备，加之银行券无法再兑换黄金，造成银行券贬值、进价上涨的乱象。每盎司黄金的价值从 3.17 英镑上升到 1813 年的 5.10 英镑，甚至有些金币是通过私人市场和国外市场交易的，金价上涨同时还伴随着物价的普遍上涨。

长期在银行、证券部门工作的李嘉图开始思考这些事情，并于 1809 年在《晨报》上发表文章《黄金的价格》。他指出，银行发行大量的纸币，虽然有助于政府融资，却不利于黄金和物价的稳定。物价上涨不是因为黄金价格变高，而是英镑在贬值，对此，他建议恢复金本位制，发行的货币量将以储备的黄金数量为依据，还能控制通货膨胀。李嘉图的建议被议会采纳，1821 年议会通过法令，重新恢复金币支付方式。

在李嘉图短暂的 14 年学术生涯中，整天为社会经济和政治问题忙碌，是个不折不扣的社会活动家。此外，李嘉图在经济学上也有着伟大的建树，深刻地影响着以后的学者。他与另外一位经济学家穆勒友谊深厚，在穆勒的帮助下，他完成了《政治经济学及赋税原理》一书，该书被誉为是继亚当·斯密的《国富论》之后，第二部著名的古典政治经济学著作。

李嘉图认同斯密对使用价值和交换价值的区分，但又否定斯密“交换价值很大的东西可能没有使用价值”的说法。实际上，李嘉图已经意识到交换价值是依托使用价值这个物质载体实现的，也就是说，一件没有使用价值的商品也就没有交换价值。这是他进步的一点，所有他在书中写道，一种商品要想具有交换价值，必须具有使用价值。

另外，他还指出产生交换价值的两个原因，即稀缺性和劳动量。在阐述这一理论时，他细心地将名画古董等稀少商品做了剔除，而讨论更多的是可以通过人类劳动大量生产出来，可以不受限制地进入市场参与竞争的商品。一件商品的交换价值取决于生产它所必需的劳动时间，能解释这样一种现象：就是当下一头海狸与两头鹿可以等价交换，若干年后，就变成了五头海狸换两头鹿。这也就是根据所需劳动时间的不同变化，来确定随着时间变化而产生的新的交换价值。

李嘉图价值理论的核心，就是商品的价值以及它能交换的其他物品的量，取决于生产该商品所必需的相对劳动量。根据这个理论，他认为，劳动的价值即工资是由一定社会中为维持工人生活并延续其后代通常所必需的生产资料决定的，而利润则决定于工资。李嘉图另外指出，全部价值都是由劳动生产的，并在 3 个阶级（资本所有者、劳动者、土地所有者）之间进行分配。工资由工人必要生活资料的价值决定；除去工资就是利润的余额；地租是工资和利润以上的余额。

李嘉图批评斯密的价值理论，因为斯密只是将使用价值与交换价值做出了区别，却没有深入研究发现其中的联系。李嘉图尝试弥补斯密理论的局限性，于是，李嘉图辩证地解释了两者对立统一的关系，指出交换价值是由生产时所耗费的劳动决定的。不过，他也没能将劳动区分为具体劳动和抽象劳动。

在价值源泉方面，李嘉图继续对斯密的理论进行修正。斯密主张劳动是商品交换价值的真实尺度，李嘉图接受了这一论点，不过他发现斯密关于价值源泉的论述前后不一致，树立了两个决定价值的标准。在李嘉图看来，谷物作为标准尺度，不是指投入到任何物品生产上的劳动量，也不是指在生产过程中所耗费的劳动量，而是指该物品在市场上所能交换的劳动量，显然，这两者不能等同。

李嘉图的价值理论尤其是比较优势理论，是无懈可击的经济学理论。他

▲李嘉图认为使用价值是交换价值的载体，虽然修建铁路及火车的建造需要投入很多，但由于其巨大的实用性，铁路系统正在迅速扩展。图为 1862 年伦敦火车站拥挤的人群。

以英国和葡萄牙为例，英国善于生产布匹，葡萄牙擅长酿酒，两个国家在各自擅长的领域生产效率都较高，那么如果两国联合起来，英国用布可以换到较多的酒，葡萄牙也可以用酒换到更多的布，很明显，国际分工和国际交换使两国获得更大的好处。这就是各国生产的比较优势理论，这种理论为自由贸易提供了坚实的理论基础。

依据比较优势理论，李嘉图认为，各国只要对比各自的生产效率进行优势选择，生产那些成本较低、效率较高的产品，再通过对外贸易去换取那些自己生产耗时费力、处于比较劣势的商品，这样，各国都能从贸易中获利。该理论比较正确地反映了不同国家间经济发展的客观要求和内在联系，有效地指导了不同国家积极参与国际分工的活动。该理论的前提是，政府不干涉对外贸易，实行自由贸易，这样才能最有效地实现优势互补。

李嘉图在斯密理论的基础上，建构了古典经济学的庞大理论体系。在新古典主义兴起之后，李嘉图的劳动价值论就已经没有多大价值了，但是直到今天，他的比较优势理论对于自由贸易仍是不朽的贡献。

李嘉图学派的解体
——新陈葡萄酒价格之争

李嘉图通过《政治经济学及赋税原理》建立了标志性的李嘉图理论体系，该体系吸引了一大批支持李嘉图经济学说的人，但李嘉图学派存在的时间并不长，短短几十年的时间，就从一时辉煌走向了销声匿迹。如此迅速的败落，原因在于李嘉图价值理论存在着两大矛盾。

李嘉图价值理论的第一个矛盾是关于劳动与资本的交换和价值规律的矛盾。因为李嘉图坚持劳动价值论，认为只有劳动创造的工资才是合理的收入，而不提供劳动的资本和土地就不应该获取收入，换言之，就是间接承认了利润与地租的不合理性。

可是为工业资产阶级代言的李嘉图是不可能承认利润与地租是不合理的，这就导致他的理论会一边坚持劳动价值论，另一边则避谈利润和地租的合理性问题，只谈利润和地租的数量和发展趋势问题。这种讳疾忌医的做法不会让问题得到解决，无休止的回避也终究使李嘉图成为论敌攻击的目标。

其实，亚当·斯密就曾就意识到了这个问题，所以尽管在《国富论》开始时他坚持了劳动价值理论，但随后斯密又提出了另外的价值理论：支配劳动论与生产成本论，并且逐渐由劳动价值理论过渡到生产成本论。由此说来，虽然亚当·斯密曾先后提出三种价值论，但我们仔细分析会发现，其实斯密最后选择了生产成本论，因为生产成本理论可以顺利地解释利润与地租的合理性问题，而试图弥合这无法调和矛盾的李嘉图，只能失败。

李嘉图理论的第二个矛盾是价值规律与劳动和资本交换之间的矛盾。在李嘉图看来，劳动决定价值，资本不提供劳动，所以是不应该获得利润的。比如拿一定数量的货币，购买一个劳动力，用这个劳动力来生产所需要的全部生活资料，这个劳动力的报酬就是相应的工资，也就是说这些货币没有增值。而我们知道如果拿同样数量的货币投入到生产中，它是会获得利润的。

有一场关于新陈葡萄酒价格的著名论战，那就是花费同样劳动酿制的葡萄酒，陈葡萄酒的价格比新葡萄酒要高，若是按李嘉图的劳动价值论，新旧葡萄酒都是由工人采摘葡萄、酿造葡萄酒并进行存储管理的，它们所耗费的劳动与资本都是一样的，所以，新旧葡萄酒的价值应该是相等的，价格也应该是相同的。可现实生活中，新酿葡萄酒的价格很多时候要远远低于陈葡萄酒的价格。于是，李嘉图将自己的劳动价值论做了修正，他承认构成资本的不同因素都会影响商品的价值量，从而把过去的劳动是唯一决定商品的价值量变为劳动数量是决定商品价值量的主要因素，以便将自己的理论从“绝对真理”变为“近似真理”。

▲19世纪早期英国煤矿使用蒸汽机的情景。工业革命的成果促进了英国经济的发展。

李嘉图的支持者也尝试为他辩解，他们认为酒虽然生产出来了，可是陈葡萄酒还需要在后期进行长时间的保管，花费在这上面的劳动也要被计入到价格中去。后来，穆勒在《政治经济原理》一书中提到，劳动价值量依赖于生产该商品花费的劳动数量，这些劳动包括活劳动和物化劳动，工人生产葡萄酒是活劳动，设备存储是物化劳动，这自然要加入到价格中去。麦克库洛赫也用“自然力创造价值说”为代表，企图以此做到既坚持劳动价值理论，又承认利润与地租的合理性，克库洛赫的解释比穆勒走得更远，他认为劳动包括人的活动、动物的活动、机器的活动和自然力的作用等，它们共同创造价值。他指出，陈葡萄酒之所以比新葡萄酒价格高，是因为酒在储藏过程中，自然力在发挥作用。自然，这种辩护仍以失败结束。19 世纪二三十年代，经济史上这场维护李嘉图和反对李嘉图的葡萄酒争论，最终以李嘉图理论的失败而告终，李嘉图学派也由此解体。以李嘉图为代表的古典学派也逐渐丧失了在经济学上的主导地位，被巴斯夏、西尼尔等经济学家所取代，他们成为维护资本主义制度的新生力量。

巴斯夏寓言

——服务价值论

弗雷德里克·巴斯夏（1801 ~ 1850）是法国乐观学派的经济学家，生于法国巴约讷附近的一个大商人家庭，9 岁时变成了孤儿，25 岁时继承祖父遗产成为酒业资本家。

由于正值拿破仑战争时期，年轻的巴斯夏目睹了政府大量干预经济的后果。巴斯夏是自由贸易思想的拥护者，尽管贸易开放会使自己掌管的酒业受到来自国外同行业的压力，但他还是热情宣传贸易自由。自 1840 年至 1850 年，巴斯夏一直是法国自由贸易运动的领袖，主张将政府的行动限制于保证秩序安全这一范围内，越出这一限制，就是对人类自由的侵犯。后来，巴斯夏写下了条理分明、论证有力的作品《经济荒谬》，在该书中，他强烈地批判了中央集权主义。这是巴斯夏在英国居住时写下的，希望以此来劝诫英国人不要跳入法国大革命中央集权的陷阱。

经济和谐也是巴斯夏的一个重要观点，在其著作《经济和谐》中，他就对此做出了系统论证。这是关于资源优化配置的学说，巴斯夏认为资本主义是一种和谐的社会组织，社会关系就是交换行为，这种交换行为都是相互帮助、相互服务的过程。在掩盖资本主义社会阶级矛盾基础上，巴斯夏继续推理，认为对等利益交换使整个资本主义社会的分配保持和谐。继而，社会主体如土地所有者、资本家、工人都能通过提供交换服务得到租金、利息和工资。通过相互服务，巴斯夏得出最终结论，那就是在这样和谐进步的社会组织中，是不存在阶级矛盾和冲突的。显然，这个结论是错误的，他完全抹杀了无产阶级和资产阶级最直接最根本的利益冲突，是一次为资本主义制度辩护的失败表现。

▲《鲁滨孙漂流记》是英国小说家迪福的著名作品，介绍了鲁宾孙的生平和奇遇——独自一人在奥鲁努克大河口及附近的美洲荒岛上生活了28年。巴斯夏曾借此故事讽刺法国政府的就业政策。

从服务价值论学说来看，巴斯夏对劳资经济利益调和的乐观程度也非同一般。事实上，后来的资本主义国家并没有像巴斯夏所设想的那样和谐发展，相反却往战争方向发展。巴斯夏这种经不起推敲的理论更是受到了主张社会主义的经济学家马克思的批评，马克思把巴斯夏在经济史上的地位定义为“庸俗经济学辩护论中最浅薄也是最成功的代表”。

马克思之所以对巴斯夏的思想做出这样的评价，首先是因为巴斯夏完全漠视资本主义社会的各种矛盾，一味为资本主义制度辩护，粉饰太平；其次是因为巴斯夏没有深刻研究经济现象的内在联系，只是简单地描述现象表面化的联系。在这种不规范的学术研究态度主导下，自然不能产生正确的突破性的理论创举。

社会主义思潮

路易·布朗

——国家社会主义创始人

路易·布朗（1811~1882），法国著名的历史学家、社会改革家。路易·布朗因在1839年出版了《工作的组织》一书而收获不小的名望，并因此成为社会主义运动的领袖人物。此外，在1848年的革命期间，路易·布朗还在临时政府任职。

这位出身法国皇家贵族的社会改革家，在法国大革命期间经历了人生的巨变，他的富商祖父被斩决，而他们家也在拿破仑垮台之后变得一贫如洗。因为巴黎工人与政府间的战争，路易·布朗还被迫逃到英国避难，两年后才返回法国。经过这些，路易·布朗认为是资产阶级发动革命才引起社会的动荡，尽管他严厉地抨击资本主义和竞争，但希望通过温和的经济和制度改革来解决资本主义的一系列问题。

马克思批判资本主义分配方式，并提出了大家耳熟能详的按需分配理论，事实上，这一思想首先由路易·布朗提出。路易·布朗还十分关注就业权利问题。在路易·布朗的影响下，政府组织成立了国家工厂，为失业者提供了更多的就业机会，但由于被路易·布朗政敌所破坏，这次国家工厂也以失败告终，甚至还引起了重大的战争冲突。

路易·布朗痛恨资本主义的竞争机制。在他看来，在自由竞争机制下，工人工资下降是必然的趋势。因为人类的数量是稳定增加的，要求女子节欲只会亵渎赋予她们生育能力的上帝，同时，大机器的使用必然会代替成百上千名员工，使他们被迫失业。人口数量增多加上就业机会减少，资本主义生产就会自动淘汰很大数量的劳动力，并且拉低工人的平均工资。工人们只能从一家工厂涌向另外一家工厂来寻找工作的机会，甚至只能通过长时间、高强度的劳动来获得维持养家的低廉工资。

▲ 造纸工人

布朗痛恨资本主义的竞争制度，认为自由竞争必然导致工人工资的下降。

尽管路易·布朗意识到任由资本主义竞争会导致严重的后果，但他却反对阶级斗争，甚至谴责工会主义。路易·布朗认为，要消除损害工人阶级利益的行为，需要国家出面进行干预和管理。首先，国家要由一群优秀正直的人组成，按照路易·布朗的说法，要选出这些优秀的人就需要通过普选来实现，而普选权就是国家进步和产生福利的中介物。如果普选权的范围得以扩展，工人也得到足够的教育并被组织起来，那么这时的国家就是公正的。路易·布朗把政府看作是生产的最高管理者，而且政府权力是有别于平民的，个体没有准备的、孤立的行动总是毫无意义，只有被国家的优秀人才带领，大家才能实现真正的和谐自由。路易·布朗指出，要实现这一目标，具体做法就是成立合作社。

路易·布朗设想中的合作社主要由市场小生产者构成，资本家也可以加入合作社，进行生产投资。此时，政府要成为“穷人的银行家”，这要求政府专门成立一个公共银行，并为合作社提供贷款，以实现工厂正常生产。资本家的投资也会被用于生产。作为投资回报，资本家将会获得一定数量的收益，这些收益按照他们的投资比例来计算，并由政府提供担保。政府的贷款要用来建立社会工厂，并且是社会生产生活的重要部门。国家掌管这些重要部门的经营权和所有权，并不是为了实现盈利，而是要实现社会的整体目标。这些重要部门通过吸收最好的工人来提高社会工厂的生产和竞争效率，把资本家排除在系统之外，并使资本主义最终消亡。

这就是路易·布朗的国家合作主义思想。合作思想认为，合作社是改造资本主义社会的工具，合作社的发展始终与国家支持紧密联系，在政府资本的支持下，通过整个社会的团结合作，就可以促进工人充分就业，提高工人的福利待遇，平衡国家的经济结构，实现社会稳定和谐。因为路易·布朗的国家社会主义合作思想主张需要通过资产阶级国家的帮助才能运行，所以路易·布朗的合作理论又被称为“生产合作派”。

这种借助国家干预和支持，由市场小生产者自愿组成的合作社，在一定程度上能够使劳动群众避免资本家的剥削和压迫，促进小规模的农业、手工业和国家重点部门的经济发展，但合作社终究无法摆脱对国家的依赖，甚至对资本家的依赖，因为合作社生产所需要的资本都是来自国家公共银行和资本家投资。这也体现了路易·布朗的团结精神，而非阶级斗争精神。虽然这些被详细设计出来的社会主义理论因为不切合实际而最终纷纷以失败告终，但这些合作思想却对世界合作社运动产生了重大的影响。此外，国家干预和合作的思想也被资本主义国家和社会主义国家用到经济管理当中，借助这些思想，他们有力地应对了很多经济困难。

圣西门

——实业制度代替资本主义制度

出生于法国贫穷贵族家庭的克劳德·昂利·圣西门（1760~1825）受到马克思高度赞誉，马克思和恩格斯将圣西门、傅立叶以及欧文并列为三大空想社会主义者。

圣西门在年幼的时候接受过良好的教育，因为向往民主自由，他反对神学和封建制度。与家庭决裂之后，他作为一名常备军参加了美国的独立战争，并在约克镇战役中崭露头角。北美独立战争结束后，圣西门回到法国，放弃军官头衔的他，在土地国有化过程中成了一名大投机商，利用国家财产进行投机活动。战争期间货币贬值严重，他用赊欠的方式购买，再用迅速贬值的纸币来支付，从中赚了不少钱。可是后来因为社会动乱，圣西门经历了破产和入狱的不幸。正是这些经历，使出狱后的圣西门否定暴力革命，并广交社会名人学者，发奋读书，弥补学识上的不足。

重新开始学习的圣西门已经40岁了，可他还是写下了不少关于哲学和经济学的著作。在19世纪20年代之后，圣西门集中出版了一系列社会主义的著作，如《论实业制度》、《实业家问答》、《论文学、哲学和实业》和《新基督教》，他全新的经济学观点，很多都是来自他对哲学和历史学的认识。比如圣西门认为，人类社会是不断上升和进步的，社会会按照自己的规律有序进行，这种规律就是通过斗争，新生事物必将战胜衰老事物，创造新的时代。他指出，人类经历过的奴隶社会和封建社会都是发展所产生的结果，资本主义社会最终也会被取代。

圣西门批评资本主义制度是变相的奴隶制度，因为在这个社会金字塔的最上面依然是游手好闲、骄奢淫逸的资本家，他们不怎么工作却拥有社会绝大多数的财富，而社会底层的广大劳动者却恰恰相反，他们不分昼夜地劳动却生活得潦倒贫困。

另外，资本主义制度下的资本家并没有给劳动者应有的尊严，可怜的劳动者还是和奴隶社会一样，受到资本家的百般残酷剥削和折磨。劳动者被要求工作极长的时间，被支付极少的劳动工资。资本主义要求市场自由开放，政府无作为的态度也无疑使劳动者的情况雪上加霜。

资本主义的核心就是利己主义，这种利己思想某种时候是会节约社会成本的，但是它的弊端更加明显，受到利己主义侵蚀的人们，唯利是图，一切向金钱和利益看齐，道德则靠边站；贪得无厌的人们甚至还通过对外战争掠夺他国财富，给整个人类都带来了巨大的灾害。

圣西门明确指出，资本主义制度不会是永恒的制度，它只是一个过渡阶段，因为随着历史的发展，它终会被一种新的完善的社会制度代替。

▲圣西门批评资本主义就是变相的奴隶制度，资本家和富人阶级处在社会金字塔的上层，享受广大劳动者辛勤创造的大部分财富。

圣西门称未来的这种完善的社会制度是“实业制度”。实业制度下，就需要有远见、有才能的学者组成最高科学委员会，主管科学、文化和教育事业的发展。同时成立最高行政委员会，该委员会主管行政、生产和财政的工作。实业制度要满足人们的需求，保证人们享有最大程度的自由，要使实业制度发挥它最大的优越性。圣西门认为其核心的任务就是建设完善的财产分配制度。

圣西门指出，分配制度要坚持任人劳动的原则，按照劳动量、劳动者才能和资本进行财产分配。他坚持民主平等，能人治理的理念，旨在使无产者成为享受公平分配的成员。他把懒惰视为罪恶，对待工作与勤奋很虔诚，为了能实现人人劳动，他还对懒惰者发起攻击。在这里，圣西门有一个首创性的贡献，那就是他提出脑力劳动也是劳动的一部分，脑力劳动者也属于劳动者——他把商人、农场主、银行家也都看作是劳动者，承认他们私有财产的合法性。

以变革所有制为主导的实业制度，并没有那么彻底，因为圣西门不提倡剥夺私人财产，不主张废除生产资料资本主义私有制。从这些来看，圣西门似乎不是很纯粹的社会主义者。

傅立叶

——和谐的“法郎吉”

法国空想社会主义者的夏尔·傅立叶（1772~1837），也因为法国大革命而惨遭破产。从小跟随父亲经商的傅立叶，很熟悉资本主义商业中的种种欺诈勾当，目睹了资本主义社会的贫富差距。经历过破产和战争后，傅立叶开始厌恶革命和战争。出于对旧制度的不满，他开始刻苦学习，汲取各方面的进步思想，努力寻找理想的社会制度。

傅立叶的很多思想和圣西门接近，比如对社会发展的认识。在傅立叶看来，人类社会经历了 4 种制度，分别是蒙昧、宗法、野蛮和文明，每一种制度也都经历了产生、发展、壮大、衰败的过程，最终被一种新的制度所替代，他所处的时代，也是社会发展的一部分而已。而且，傅立叶认为资本主义是万恶之源，所以，他通过多部著作去揭示资本主义制度的罪恶，如《全世界和谐》、《四种运动论》和《新世界》等。这些著作中，集中体现着一个思想，那就是通过建立和谐制度来取代资本主义制度。这种和谐社会被命名为“法郎吉”，其本质是一个有组织的合作社。

▲ 傅立叶像

傅立叶所设想的“法郎吉”打破了以往分散生产的格局。人人都可以申请入股加入到“法郎吉”，这样人人都能成为股东，也就是一定意义上的资本家。如此一来，遍地都是资本家，也就意味着没有资本家了，借此就可以消灭阶级对立。在“法郎吉”工作的人们是按照个人兴趣来分配任务的，并且能随时变换工作。在这里人人平等，没有压迫和剥削。傅立叶认为，通过这样合理的机制就能创造大规模的生产，发展高度文明的科学和艺术。产品被生产出来之后，在涉及分配的问题上，傅立叶做出了详细的分配标准。他把“法郎吉”的收入平均分成 12 份，其中劳动收入占 5 份，才能收入占 3 份，资本收入占 4 份。不难看出，傅立叶和圣西门的观点又出现重合，那就是他们都认为劳动、才能和资本是财富的构成因素。

傅立叶想象着“法郎吉”的中心有着豪华的宫殿般的公共宿舍，而且这个合作社还会提供从摇篮到坟墓的社会保障，在这里工作的成员都能在里面幸福地生活。1832 年，傅立叶和几个好友门徒还创建了一个“法郎吉”。

合作的生活方式是傅立叶思想的核心，他反对过分的专业分工，因为那会挫伤工人情绪。傅立叶还提倡两性之间完全平等，提议将妇女从家庭劳动中解放出来，以发挥她们的才能。虽然“法郎吉”最终以失败告终，但合作社成为傅立叶思想的纪念碑，它影响了当时的工人运动，启发后人产生更多的社会主义思想。

西斯蒙第

——为人类谋幸福的学说

西蒙·德·西斯蒙第（1773 ~ 1842）是一位法裔瑞士经济学家和历史

学家，原籍意大利，出生于瑞士日内瓦一个牧师家庭，后移居法国，曾在巴黎上过大学，在里昂当过职员银行。在 1793 ~ 1994 年革命动乱时期，西斯蒙第和父亲因与一些贵族有密切往来而被捕入狱。出狱后，西斯蒙第一家逃到英国避难。他曾因为革命形势的发展，在意大利居住 5 年，并利用变卖家产所得资本，在意大利购买了一个小农场，从那个时候起，西斯蒙第开始研究政治经济学。1800 年，他重返瑞士，在日内瓦完成了他大量的学术著作，包括《中世纪意大利共和史》和《法国民族史》。

西斯蒙第的经济思想经历了两个不同的发展阶段，早年的他是亚当·斯密的忠实热情追随者。在 1803 年，西斯蒙第出版了他的第一部关于经济学的著作:《论商业财富或政治经济学原理在商业立法上的应用》，这本书中的内容大都支持斯密的学说。到了后期，他看到英国可怕的社会条件之后，于 1819 年出版了《政治经济学新原理》，在书中他明确指出，自由的资本主义企业一定会导致广泛的贫穷和失业，绝对不会产生像斯密和萨伊所期望的那种结果。由此，他向古典经济学发起了学术攻击。其实，早在现代工业社会兴起的时候，西斯蒙第就反对萨伊的市场定律，否定其供给决定需求的理论，并修改该观点为需求决定供给。

西斯蒙第不是一个纯粹的社会主义者，却为社会主义思想铺平了道路。西斯蒙第颠覆了以往如斯密、李嘉图等传统古典经济学家的观点，否定自由

▲由于18世纪欧洲人民的生活水平不断提高，对食物品种的要求越来越多，从而给商业贸易带来了更多的机会。

经济，认为自由经济主义会给社会带来灾害，他要求国家出台政策来调节社会经济和人们的生活。这一结论的推断过程为：资本家支付给工人的工资维持在最低水平，将多余资金投入到机器设备，生产效率和产量就会得到提高，可是工人没有多余工资进行消费，就造成了生产过剩。过多的产品无法卖出去，就不得不停止再次生产，大范围失业就随之产生，最终导致企业破产。

西斯蒙第的科学功绩在于提出了生产过剩和经济危机的必然性，不过他没有找到经济危机产生的真正原因，反而认为是消费不足所致，因此他强调生产要有目的性。尽管西斯蒙第并没有意识到是资本主义的基本矛盾导致了经济危机的发生，不过他却是经济周期理论的早期贡献者之一。他还试图建立符合小生产者利益的社会来规避资本社会的弊端，要求用宗法和行会原则来组织社会经济，甚至求助于法律来使私人利益朝着正确方向发展。现在看来，他这种试图恢复小生产所有制的做法是一种不现实的空想主义。

西斯蒙第说："从政府的事业来看，人们的物质福利是政治经济学的对象。"的确如此，西斯蒙第始终将他的经济学思想用于社会细节，他没有把社会财富总值看得高高在上，而是呼吁政府更多地关注社会小群体的合理分配，保证工人生活工资和最低社会保障。作为小生产的代表，西斯蒙第并没有拒绝与商品生产相关的经济范畴，他鼓励进行小规模生产，认为小规模的家庭农场要比租佃农场更能体现收入的平等分配，把握生产与需求的对等，防止出现产品过剩。

西斯蒙第希望通过强迫雇主为疾病、失业和老年工人提供保障，共享利润，以促进资本家和工人的合作相处；建议政府保护穷人，提供永久就业，给工人一定的闲暇时间和助理教育来增强他们的才能；他还是第一个提出无产者概念的人，用来形容工人工资收入。西斯蒙第以他独特的经济学理论和人道主义精神启发着整个社会，为我们留下宝贵的智慧财富。

欧　文

——新拉纳克试验田

罗伯特·欧文（1771~1858）生于英国北威尔士，他和圣西门、傅立叶一样，是当时著名的社会主义先驱人物。欧文是全家七个孩子中的第六个，由于出生在一个贫苦的家庭，欧文 7 岁就开始参加劳动，9 岁时在伦敦一家小店里当学徒，20 岁在纺纱厂做工人，后来因为跟苏格兰一个工场主的女儿结婚，而被任命为该场经理。可以说欧文是从社会底层摸爬滚打上来的，从小便目睹资产阶级对工人的压迫和剥削，深知其中的辛酸和苦楚，所以他对广大的劳动阶级充满了同情。

欧文从小就很聪明，家境贫寒却酷爱读书，很早就出去谋生的经历使欧文比同龄人更富有远见。成为工场经理后，他有意通过管理改革来减轻工人们的负担，同时还积极进行理论上的研究和学习。这些智慧以各种著作为载体出现在人们的世界里，如《关于新拉纳克工厂的报告》、《论工业制度的影响》、《致工业和劳动贫民救济协会委员会报告》和《欧文选集》等。他的著作引起人们广泛关注后，欧文也更加积极地为劳动者权益立法而努力工作。在《论工业制度的影响》一书中，他就呼吁制定改善工人劳动条件的议会法案。在他的不懈努力下，议会终于在 1819 年第一次通过了限制工场女工和童工劳动日的法案。

欧文的思想主要是通过他建立的新拉纳克试验田来实践的。痛恨资本主义制度的欧文希望用公有制来替代资本主义制度，他心目中的公有制要求除了日常生活用品外的财产都是公共占有的，也就是生产资料全民公有。在公有制管理下生产出来的产品要按需分配。按照这个思路，他在新拉纳克进行了一场世界瞩目的改革。

欧文把新拉纳克纺纱厂变成了一个模拟公社，他把成年工人的劳动时间缩短为 10 个小时，工资也相对提高。这里的儿童从 10 岁才允许工作，但是欧文鼓励他们 12 岁以后参加工作，中间的时间要多进行学习，为此，欧文为所有适龄儿童提供了免费的学校教育。他还为生病和年老的工人提供医疗和养老保险，将食品、衣服等日常用品以成本价出售给贫困的家庭。但这并不意味着工人可以养尊处优地生活，那些工作不好的工人还是一样会被解雇。良好和谐的工作环境促使工人们努力工作，欧文也因此获得了比其他工厂更多的利润。

新拉纳克的效率工资高于市场平均工资，这样就可以减少工人的流动，提高生产效率。这也是斯密曾经提出的一个观点，在欧文这里才得以实现。欧文为适龄儿童提供教育，使他成为历史上第一个创立学前教育机构的人。

欧文整套的企业管理经验受到后人推崇，这使欧文成为现代管理先驱。同时，规模逐渐扩大后，欧文才发现自己领导着一支日益壮大的无产阶级队伍。由于影响力不断扩大，他赢得了更多与政府和资本家进行谈判的机会，迫使英国政府修改了反工会法，他还创立了全国劳动交易平等市场。

尽管欧文指导的新拉纳克改革以轰轰烈烈的态势进行，可因为工厂工人思想水平不一致，体力劳动者逐渐减少，技术专员也极度匮乏，更为关键的是欧文一味地让利给工人，使得经营经费严重不足，无奈之下，欧文在1829年撤回了投资。虽然这场公有制改革以失败告终，但是欧文的思想激励了整整一代社会主义者。可以说，如果没有欧文空想社会主义理论的阐述和实践，马克思的科学社会主义至少要晚很多年产生。

马克思的《资本论》

——点亮人类幸福的圣火

卡尔·海因里希·马克思（1818 ~ 1883），全世界无产阶级的伟大导师、科学社会主义的创始人，在政治、经济、哲学领域都有着震古烁今的不朽成就，是伟大的思想家、政治家、哲学家、经济学家、社会学家、革命家。经典著作有《1844年经济学哲学手稿》、《哲学的贫困》、《关于费尔巴哈的提纲》、《共产党宣言》、《剩余价值理论》、《资本论》等。

1818年，马克思出生于德意志联邦普鲁士王国莱茵省一个律师家庭中，18岁时，马克思从波恩大学转学到柏林大学学习法律专业，但是期间他大部分时间都用来学习哲学和历史。1841年，马克思的论文《德谟克利特的自然哲学和伊壁鸠鲁的自然哲学之区别》得到学校委员会一致认可，顺利获得耶拿大学哲学博士。

马克思毕业后的职业生涯尤显坎坷。大学毕业后，马克思被聘为《莱茵报》主编，这份报纸成了马克思毕业后进行革命工作的重要的第一步。马克思刚去主持这份报纸的工作，遇到了在马克思思想发展史上颇为有名的“林木盗窃问题”——在德国西部有大片的森林和草地，生活在这里的居民可以在这些地方砍柴、放牧。后来，一些贵族地主把森林和草地都霸占了，不少居民想到山林中去拾些柴草，却被认为是“盗窃”。广大居民不满，德国议

▲ 卡尔·马克思像

会不得不认真审议这些事情。可是，他们只为贵族地主考虑，审议结果是居民们的行为确为盗窃。马克思对此感到十分气愤，他便在《莱茵报》上写了一系列文章发表自己的看法，严厉抨击了普鲁士政府的做法。对于《莱茵报》所发表的观点，普鲁士政府非常气愤，他们立刻派人查封了《莱茵报》，迫使它停止印刷。马克思一气之下，辞去了报纸的主编职务。

后来，马克思又因发表批评俄国沙皇文章而失业。幸运的是，这期间他认识了一生挚友弗里德里希·恩格斯，出身工场主的恩格斯不仅十分赞同马克思的主张，还经常在生活上资助贫苦的马克思，赞助他开展活动，在马克思逝世后还帮其整理文稿。

痛恨资本家和统治阶级的马克思因为政治立场，曾四次遭受到反动政府的驱逐，最后只能失业在家，钻研“复杂的政治经济学分支”。马克思的思想受到了很多人的影响，主要有斯密、李嘉图、恩格斯、达尔文、黑格尔、费尔巴哈以及一些早期的社会主义者。

在阅读斯密和李嘉图著作的时候，马克思对李嘉图的劳动价值论尤其感兴趣。在此基础上，去除李嘉图理论中不足的部分，马克思提出了自己的劳动理论。受社会主义者的影响，他赞成用未来的社会主义取代资本主义社会制度，并通过剥削理论、经济危机理论来证明资本主义社会的罪恶和缺陷。达尔文的进化论、费尔巴哈的唯物论和黑格尔的辩证法被马克思充分吸收融合，进而提出了整套的社会主义科学理论。

《资本论》是马克思以唯物史观思想为指导写出的科学著作，该书研究的是资本主义生产方式和与它相对应的生产关系和交换关系，书中用了 6 个相关的概念，包括劳动价值论、剥削理论、资本积累与利润率下降趋势、资本积累与经济危机、资本积累与财富集中、阶级斗争，揭示现代社会的经济运动规律。

在劳动价值论一章，作为可以获得利润的最直观的因素，马克思以“商品”为起点来分析资本主义社会。首先，马克思明确了商品的两个因素，即使用价值和交换价值。使用价值又有以下几个特点：商品依靠自己本身的属性来满足人们的某种需要；有用的商品能从质量和数量上来考察；使用价值只能在使用和消费过程中得到体现；使用价值是商品的自然属性，与人们为了获得它而消耗的劳动没有必然关系。而交换价值的特点则是：交换价值涉及与其他商品交换的数量比例；它可以与任何形式的商品进行交换，不管是有实体存在的还是虚拟的；交换价值体现人类劳动，具有社会属性。最后，马克思总结这两者的关系是：使用价值是交换价值的内容和基础，交换价值是使用价值的表现形式。一件商品必须将使用价值和交换价值统于一身，而人不能兼得商品的使用价值和交换价值。马克思进而总结出价值规律，即商品按照等价交换原则在市场进行流通，但是每次交换不意味着交换价格与价值完全一致，价格总是围绕价值上下波动。

是什么决定了商品价值，也就是交换价值呢？马克思的回答是：在现有社会正常的生产条件、平均的社会劳动熟练程度和劳动强度下，生产该商品所需要付出的社会必要劳动时间。那么什么是社会必要劳动时间？假如生产一个水杯的平均时间是 5 个小时，那么一个工人因为技术不熟练、偷懒，或者有其他事情耽误，他生产出一个水杯的时间是 10 个小时，那这个杯子只值 5 小时的价值。同样，还有一位老师傅手艺熟练，只用了 3 个小时就生产出一个杯子，那这个杯子也值 5 小时的价值。这两个师傅对比，就引出劳动生产率的概念。商品价值量与劳动生产率成反比，劳动生产率高的师傅，单位时间生产杯子的数量多，总价值量高。

马克思的劳动价值论和李嘉图的劳动价值论不同，马克思认为劳动时间决定了商品的绝对价值，而李嘉图认为不同商品的相对价值与各自耗费的劳动时间成比例。与此同时，马克思注意到，如果说生产出来的商品都是按照它们社会平均价值出售，那资本家如何获利呢？这个疑惑开启了马克思探究剥削剩余价值的大门。

马克思发现工人身上表现出两个市场因素，一个是工作时间，还有就是工资。迫于生存的工人们说：“制定或选择的工资时间长短不完全是为了我们自己。”为什么呢？以马克思的举例来阐述。假设一名工人及其家庭每天必须消费的商品是社会必要劳动下 6 个小时的价值，但是现实中的工人每人每天的工作时间是 12 小时，相当于一天工作时间满足了两天家庭需要。资本家发给工人的工资是 3 先令，在这里马克思是用半先令来表示 1 小时劳动力价值的，也就是说劳动力工作 12 小时应该得到 6 先令，少得的 3 先令就是被资本家剥削的剩余价值，支付工人低工资以及延长工作时间是资本家剥削工人的主要手段。马克思认为，资本家在消费劳动力的同时也就是创造商品剩余价值的过程。当然这 3 先令也不是资本家自己全部占用，他们还要向银行交纳利息，给土地主交纳地租。结合劳动价值论，马克思提出可以通过提高生产率代替延长工作时间。

马克思认为，资本主义生产重要的方式就是扩大再生产，将剩余价值资本化是其渠道之一。资本积累的结果是社会财富越来越多地集中在少数资本家手中，而穷人阶级却饱经生活折磨，愈加贫困，无产阶级规模壮大，贫富对立的两极分化严重，政治上的阶级斗争就不可避免了。马克思还认为，资本家终究会面临利润率（利润率指剩余价值与投入总资本的比率）下降的问题。他曾发现，在生产成本一定的情况下，劳动密集型行业会以低于价值的价格出售其商品，这样直接导致了生产过剩、生产停滞和企业亏损的现象。马克思指出这是资本主义经济内在的缺陷，不尊重市场规律，资本主义生产力和生产关系之间矛盾激化的趋势就是经济危机。

▲《资本论》书影

《资本论》不仅是一部经济学著作，也是一部划时代的哲学著作，是一部对人类历史进程有着深刻影响的百科全书。

马克思认为，工人劳动创造全部价值，资本家会剥削其剩余价值，这样就会产生利润率下降问题，也会加重穷人的贫困程度，引起不满。生产规模扩大，商品增多，却没有足够的市场去消费，资本市场的产品过剩，进而引发经济危机，最终引起阶级斗争。长久反复这样的经济周期，资本主义社会制度将会走向终结。

第五章

边际主义

门格尔

——吃第一块牛肉与第三块牛肉的感觉不同

卡尔·门格尔（1840 ~ 1921）生于加利西亚（时为奥地利领土，现属波兰）一个律师家中。早期，门格尔曾在维也纳和布拉格大学学习，后来又获得克拉科夫大学的博士学位。毕业后，门格尔先是做财经记者，撰写一些经济分析的文章，这为其日后进行经济学研究做了不少准备工作。随后他又在奥地利首相办公厅新闻部工作。1871 年，门格尔出版了他开创性的著作《国民经济学原理》，该书被视为奥地利学派不可动摇的基石理论。同年，边际学派的另一位代表人物威廉斯坦利·杰文斯发表了《政治经济学原理》。1874 年，瓦尔拉斯发表《纯粹政治经济学要义》。他们三位开启了 19 世纪 70 年代新古典经济学的“边际革命”，他们的理论使西方经济学发生重大的变革，门格尔也成为奥地利学派当之无愧的开山鼻祖。

门格尔是一个追求完美的人，他的长期目标是出版一本关于经济学的系统著作和一部关于整个社会科学性质的综合著作。为了完成目标，门格尔辞去维也纳大学政治经济学教授的职务，全身心投入到研究写作中去。1883 年，门格尔出版了他的第二部著作——《关于社会科学，尤其是政治经济学方法的探讨》。这本书的出版引起了奥地利学派与德国历史学派关于经济学方法的论战，而这场论战持续到 20 世纪初才偃旗息鼓。此后漫长的几十年，门格尔不断修正自己的经济思想框架，并寻求突破拓展。到了后期，门格尔因不满意自己的写作，很少再出版作品。1921 年，在距离 81 岁生日不到 3 天时，门格尔溘然长逝，留下大量不完整、混乱的文稿。

门格尔的一生很简单。前一阶段是教学，后一阶段是研究。

世人对教书的门格尔这样评价，“卡尔·门格尔教授虽然年已五十，却精力充沛，思路敏捷。讲课时极少使用讲课笔记，除非确证一个引语或时间。他表达观点的语言简洁明了，强调时所做的姿势也恰到好处，以至于听他的课可谓是一种享受。学生们感到自己是被引导着而非驱赶着——我至今很少听说过还有哪一位教授能有如此宽广的哲学思维，杰出的才能，能清晰简单地表达思想。即便最笨拙的学生也能听得懂他的讲课，而聪明的学生则总能受到启发”。

门格尔对经济学的影响更是巨大的，边际效用价值理论就是他在经济学上最大的贡献之一。

门格尔的价值论借助效用的概念，没有使用数字，而是选择制表，且用最寻常的事例来解释边际效用递减和边际效用平衡过程。假设一个饥饿难耐的人，终于有牛肉可以充饥了。那么，在吃第一块牛肉时，他一定是狼吞虎咽的，吃完一块后，饥饿感缓解了很多，假定这块牛肉给人带来的效用是 10；还没有吃饱，这个人开始吃第二块牛肉，假定第二块牛肉给人带来的效用是 9；现在这个人明显状态好多了，不过为了完全消除饥饿感，他又吃下了第三块牛肉，第三块牛肉的效用是 8。为什么每块牛肉的效用定值

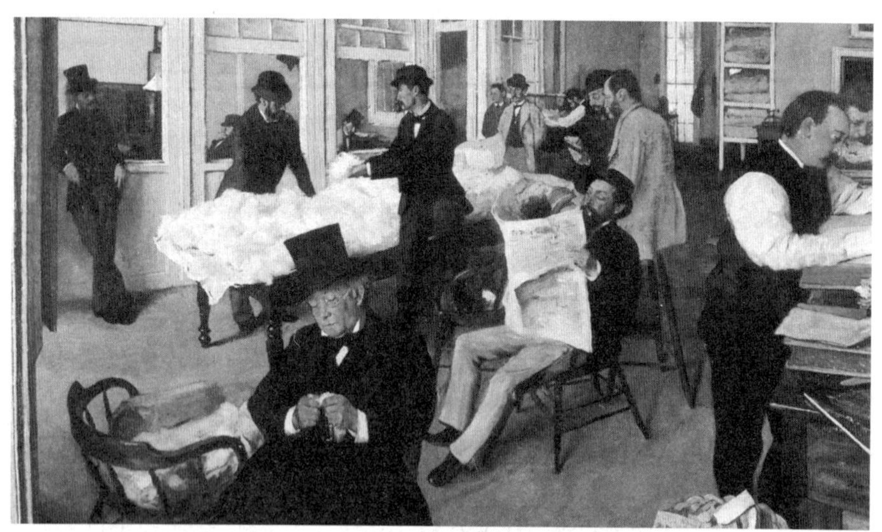

▲ 19 世纪棉花交易情景

在《国民经济学原理》中，门格尔将“交换”看作是货币的起源，当以物易物的形式严重阻碍了交易进程、交易范围时，需要一种中间媒介在物物之间周转，货币就是这种媒介物。

不一样，而且还是递减的呢？哪我们最熟悉的例子来说吧，就好比吃自助餐，带着饥饿的胃进去到餐桌，第一时间看到的食物带给我们的渴望是最强烈的。几串烤肉下去了，饥饿感不明显了，接下来再吃点水果、点心，饥饿感消失了，又喝了些饮料，已经饱了。此时，我们甚至已经没有再吃东西的欲望了。同样的道理，虽然牛肉都能满足食欲，但是第一块的效果比第三块要好，关键是因为在吃第一块的时候，我们处于饥饿状态，是渴望最强的时候，而第一块牛肉则就成了满足我们身体需求最有效的食物。

在效用的计算上面，门格尔认为每单位都与边际单位具有相同效用，所以他便把最后一单位的边际效用乘以单位数，以牛肉为例，8×3=24。此处和杰文斯不同，杰文斯得出的结果是，10+9+8=27。门格尔将交换价值等同于总效用，杰文斯将交换价值等同于边际效用。在这个问题上，现代经济学家通常更接受杰文斯的观点。

边际主义者强调消费者需求的重要性，边际效用和总效用的概念指的就是消费者需求。在市场需求方面，门格尔在其著作中谈到对垄断的讨论，就反映出他对向下倾斜的市场需求曲线和不同的需求弹性的正确理解。我们赞扬门格尔，但也要注意到他理论的不准确之处，比如，他没有考虑到边际生产成本上升对确定商品相对价值的作用。瑕不掩瑜，门格尔的真知灼见极大地推动了经济学的进步，也保证了其在经济思想史上的位置。

庞巴维克

——价值论与市场价格

欧根·冯·庞巴维克（1851 ~ 1914）师承门格尔的边际主义思想，是奥地利学派主要代表人物之一，该学派的理论思想在庞巴维克这里得到了最完整的表述。

年轻时期的庞巴维克在维也纳大学学习法律，并先后在海得尔贝格大学、莱比锡大学和耶拿大学攻读政治经济学。庞巴维克不只是奥地利学派学说的全面发展者，也是奥地利政府的财政部长。在庞巴维克对经济贡献中，具有突出创意的一点是对时间因素的分析，在他著名的利息贴水理论中，就可以清楚地看到他将时间因素结合到分析之中。他指出在经济生活中导致利息上升的3个因素，是现在为主的导向、对财富增长的预期、迂回的生产。利息就是现期消费品价值和价格的贴水。

当然，作为典型的边际主义者，庞巴维克在边际经济学的研究上面也有高明的见解。他认为效用是价值的本源，强调“稀少”这个因素也是构成价值的特殊动力。他用一个小故事来说明稀缺性对商品价值的影响。

一位名叫戴维的波斯商人，家住在山清水秀的乡镇，他长期出远门经商。有一次，他带领商队去往遥远的东方——中国，途中需要经过茫茫大漠。不幸的是，他们遇到了沙尘暴，被困在沙漠久久不能逃出困境。时间长了，他们带的水不够喝了。饥渴难耐，富余的钱财在此时也没有用途，这时有人出价要买水喝，并且一个高于一个。看到这个场景，戴维想起家乡的清澈泉水，不禁叹息道:“真是物以稀为贵啊，在这里水比金币都贵啊。”

由此，庞巴维克指出，生产要素的价值决定原理同消费品一样，是“效用和稀缺性”使其具有价值。

庞巴维克认为价值取决于边际效用，他还将商品分为单件商品和整批商品，探讨它们的边际效用递减规律。就单件商品而言，效用会随着满足次数的增加而递减，人们根据财富对自身的有用程度来评价其价值的大小；如果商品具有多种且相互排斥的用途，那么它的价值由最重要的用途来决定。而就整批消费品而言，在需求保持不变的情况下，供给量越多，那么产品的边际效用和价值就越小；随着商品数量的增加，总价值量和总效用量会呈现出从小到大，然后又从大到小直至为零的不规则现象，总价值量则是先升后降。

在完成效用价值理论后，庞巴维克又阐述了市场价格的形成理论。他是从一对孤立的买者和卖者说起的。在马市有8个卖马者，10个买马者，这10个买马者对一匹马的主观评价分别为30、28、26、24、22、21、20、18、17、16英镑；8个卖马者对一匹马的主观评价则为10、11、15、17、20、22、25、26英镑。交换竞争的结果，是马的价格必然在22～20英镑之间。卖马者会尽量要高价，出现一个价格的最高限，而买者会尽量出低价，出现一个价格最低价。在两者博弈之后，成交价就位于供求双方的上下限之间，价格就由这两者的主观评价决定，这也是城市生活最有生机活力的一幕。若其双方对马的主观评价悬殊，则不可能成交。这样庞巴维克就较好地解决了主观价值论与市场价格之间的矛盾。

同时，庞巴维克在门格尔理论的基础上，还创造性地提出了补全物品价值决定理论。补全物品是指用途相互补充的物品，比如说纸、墨、笔一起用才能书写文字，羽毛球和羽毛球拍也要一起才能有它的效用，同样的还有两只眼镜框、针和线、左右手、两只手套等。补全物品的价值是由构成整体的几部分效用加和得出的。

庞巴维克认为，补全物品价值的决定分为两种情况：一，补全物品组（全体）的价值是和它们作为一个整体所能提供的边际效用适应的，比如纸、墨、笔三个产品，它们组成一个书写的补全物品组，那么它们的总效用就是100；二，如果补全物品组的各个成分都有替代品，或能单独使用，且各替代品单独使用时的效用小于综合使用时产生的效用，全组价值就由各替代品孤立效用综合决定。如原来整体纸、墨、笔的边际效用是100，单独三者的边际效用是40、30、20。此时，全组物品的价值就不再是100了，只是90。

在补全物品内部组成部分之间，每个产品价值决定也有两种不同情况。第一，如果物品组中各个成分除了联合使用外都无其他用途，又无代替品，那么其中一个成分就具有物品组的全部价值，而其他成分没有价值。生活中有很多常见的例子，如左右手的手套、两只鞋子、一副眼镜的两个眼镜片，假如说手套丢了一个如果无法买到与丢失手套一模一样的另外一只手套，那么剩余的一只手套是没有价值的。我们会发现在生活中，类似于这样的产品都是整体销售的，市场上没有人只卖一只手套。鞋子和眼镜也一样，如果没有能力获得与之前一样的物品，那么它们也就没有价值了。第二种情况，物品组中个别成分在联合使用之外还能提供别的较小的效用，且无替代品时，其价值的决定以其单独使用时的边际效用量为最低限制，以全组联合使用的边际效用量减去其他成分单独使用时的边际效用量的差数为最高限度。

每个人对物品主观评价不同，但一种物品的市场价格却是统一的，解决这个矛盾就能说明价格分析交换过程。庞巴维克在主观价值理论基础上提出了客观交换价值论，交换和边际效用是客观价值的理论来源。

在市场中，卖者希望高价售出，获得更多收益，买者希望低价购入，减少货币支出，用效用最小的物品换取效用最大的物品，这些都是以人们的主观评价为基础的。由此得出，市场价格是交换双方对物品评价相互平衡的结果，交换者对物品的主观评价则由物品对他的主观效用而定。所以，买卖双

▲18世纪法国食品和燃料的经常性短缺，导致民心不稳，这些运小麦和木材的船只大受欢迎。

方的讨价还价行为就成了经济生活中最普遍的现象，市场均衡价格的形成就取决于买卖双方对财货的主观评价，这种平衡又是以交换竞争中形成的财货的边际效用决定的。

在庞巴维克看来，商品价格的形成和主观价值的形成极其类似，两者都受到边际的影响。竞争者经济利益的动机，要求与竞争者中最有能力的对偶谈妥生意。由于所有较弱的竞争者都没有绝对影响，而所有较强的竞争者又相互抵消，所以只有他们是直接有效的成分，而市场价格是他们合成的结果。这样，庞巴维克很好地解决了客观价值论和市场价格之间的矛盾。

克拉克

——边际生产力

约翰·贝茨·克拉克（1847 ~ 1938），美国经济学家。著名的经济学派人物托尔斯坦·凡伯伦是克拉克在卡尔顿学院的学生。25岁从阿赫斯特毕业，到德国学习经济学，之后差不多3年的时间里，他都待在海德堡。在这期间，有一位对他影响很大的教授——卡尔·克尼斯。克尼斯给了克拉克很多关于边际效用经济学方面的学术建议。

其后，克拉克前往美国卡尔顿学院执教，在此期间，克拉克发表了他的第一篇经济学论文《财富的新哲学》，该文通篇都在阐述效用，却没有将效用这种主观感受用边际的概念解释清楚。1887年底，在克拉克的另外一篇涉及效用思想的论文中，他详细讨论了需求的问题，在解释如何满足需求的时候，他几乎已经发现边际效用递减规律。1899年，《财富的分配》一书出版。

书中，克拉克以静态经济学作为研究对象，提出了边际生产力的理论，被誉为“以现代方式出现的第一部主要的美国著作”。其实早在 1880 年左右，从未深入研究杰文斯著作的克拉克，似乎就已经形成了相当独立的边际效用概念，所以克拉克的儿子曾说：“克拉克提出边际效用价值论虽晚于杰文斯和其他的首创者，但显然是独立的。”

边际生产力指其他要素数量不变，而单位某种生产要素离开（或加入）生产过程时所引起的商品产值减少（或增加）的量。克拉克的边际生产力也是建立在边际收益递减基础上的，不过不同于以往只将该理论运用于农业的做法，而是将土地、资本、劳动力、技术、企业家看作是生产力的组成要素，克拉克将这一结论应用到所有生产要素中。他作了一个潜在假设，那就是当一种要素变动时，所有其他的要素尤其是技术都保持不变。所有这些要素都是同质的，可以自由转化的。由此，他进一步在分配方面展开分析。假设资本不变，就是说厂房、设备、材料等资源不变，而增加劳动力的投入，可想而知，每一单位的劳动力所平摊到的设备就少了。为了使用机器，劳动力需要在生产线上排队等待，也许最后一个劳动力一天也没有等到使用机器的机会。这样算下来，平均每一单位劳动力生产出来的商品比以前每单位的产出是减少的。同理，如果劳动力不变，资本是可变并增加的，工人根本没有时间去使用机器和工具，就会造成他们的闲置。产生收益递减的原因是相对于可变要素而言，固定要素被过度投入使用。每增加一单位可变要素的生产力是递减的，这体现出生产力递减或称是边际收益递减的规律。

▲当就业变得相当困难时，虽然工厂里的工作十分辛苦，也要靠不断的努力才能得到。

在资本不变，劳动力增加的例子中，克拉克把最后一单位劳动力生产所得称为边际产量，这也决定了工人的工资水平。他认为工人的工资水平是由最后追加的工人所生产的产量来决定的。如果工人所增加的产出小于付给他的工资，雇主如果继续雇用他，最后只能亏本经营，所以雇主就不会雇佣他。相反，如果工人所增加的产出大于所付给他的工资，雇主就会增雇工人。所以，只有在工人所增加的产出等于付给他的工资时，雇主才能既不增加雇佣者也不减少所使用的工人。

克拉克对自己的边际收入分配理论认识清晰，他说这套理论是静态的，很适合做纯粹分析的工具。经济是不断变化发展的，我们无法保证有一套准确预测未来经济发展走势的理论，克拉克理论的前提假设限定比较多，像没有任何经济干扰，劳动力、资本、消费倾向没有变动等。他的这一理论属于经济动态运行过程中的一个静止点，在该均衡点反映出真实规律。也正是借由《财富的分配》，克拉克最早明确地区分了静态经济学和动态经济学。

在克拉克的带领下，美国经济学家队伍迅速成长起来。为了纪念克拉克对经济学的贡献，美国经济学会还设立了约翰·贝茨·克拉克奖章，每隔一年颁发给有前途的年轻经济学家。

帕累托最优

——苹果与梨的组合

生于巴黎的维弗雷多·帕累托（1848 ~ 1923）一生致力于社会学和经济学的研究。帕累托原籍意大利，属于热那亚贵族阶层。刚开始，他在意大利都灵综合技术大学攻读理科，1891 年，帕累托接触到马费奥·潘塔莱奥尼的《纯粹经济学原理》，对经济学产生兴趣。1892 年，帕累托接替瓦尔拉斯在洛桑大学教授政治经济学。1893 年，他被任命为洛桑大学政治经济学教授。这开启了帕累托新的职业生涯，从此，他在经济学领域的研究道路越走越宽。

经济思想史学者习惯将帕累托视为新福利经济学的开创者，而新福利经济学的依托就是瓦尔拉斯的一般均衡理论。帕累托也正是继承发展了瓦尔拉斯的一般均衡代数体系，运用立体几何研究经济变量之间的关系。“帕累托最优”是以帕累托名字命名的经济学概念，是帕累托最重要的贡献之一，他是在经济效率和收入分配中最早使用这个概念的。帕累托最优也可以称为福利最大化或是经济效率，它是指公平与效率、资源分配的理想状态。这种状态下，在没有使任何人情况变坏的基础上，另外至少一个人情况会变得更好。用我国经济学家盛洪在《满意即最佳》中的一句话，“一个简单的标准就是，这项交易是否双方同意，双方是否对交易结果感到满意。”而谁也不愿意改变的状态，就是“帕累托最优”了。帕累托最优就意味着：

1. 资源的最优配置。

2. 产品和消费者的最优分配。

3. 产出数量最优。

我们可以通过举例来深入理解帕累托的含义。

▲ 帕累托像

这里需要借助边际效用递减的原理，以苹果和梨子为例。假设，A 去超市买了 5 个苹果，邻居 B 在超市买了 5 个梨。回家后 A 发现，吃了一个苹果后，感觉没有什么新鲜感，不太想吃了，但是不吃又怕被放坏，于是他又吃一个，这次 A 发现自己是真的一点都吃不下去了。这也是边际效用递减产生的作用，第一个苹果带来的满足度最高，后面的会逐渐降低。同样的 B 也是这样的情况。后来，A 和 B 两人有了好主意。为了不把水果放坏，还能满足新鲜感，他们决定换着吃。这样 A 吃完两个苹果后，再吃一个梨子，其新鲜感不亚于第二个苹果，甚至是第一个苹果，而 B 也是一样的效果。于是，他们一直相互交换，在 A 水果数量、口感没有变坏的前提下，B 的情况也变好了。这就是水果资源在消费者之间的最优配置。

帕累托最优在为经济学家更好地理解经济效率的同时，也受到很多学者的批评。有些经济学家认为，帕累托标准是建立在静态观点下的最优，这种短期最优如何解释长期或者动态变化呢？也有一些经济学家认为，帕累托并没有强调社会中公平分配收入这一点，仅仅只是确立了任意现存分配的效率条件。这些质疑声对完善该学说起到了很大的推动作用。

帕累托撰写了一系列的学术著作，如《政治经济学讲义》、《政治经济学提要》等。1897 年，帕累托偶然注意到 19 世纪英国人的财富和收益模式。在调查取样中，发现大部分的财富流向了少数人手里。同时，他还从早期的资料中发现，在其他的国家也有这种微妙关系一再出现，而且在数学上呈现出一种稳定的关系。于是，帕累托从大量具体的事实中发现：社会上 20% 的人占有 80% 的社会财富，即：财富在人口中的分配是不平衡的。这就是著名的帕累托法则，又称 80/20 法则，其实用领域由经济学推广到社会生活多个领域。与帕累托法则一脉相承，他又制出帕累托图，用来分析质量问题，寻找产生质量问题的主要因素。帕累托的很多经济理论推动了微观经济学尤其是福利经济学研究的不断向前。

马歇尔

——划时代著作《经济学原理》

阿尔弗雷德·马歇尔（1842 ~ 1924），近代英国最著名的经济学家。1842 年，马歇尔出生于伦敦郊区的一个工人家庭中。马歇尔曾经走访英国的贫民区，目睹了大量民众贫穷饥饿的窘迫生活环境，进入大学后，他并没有选择自己喜欢的哲学专业，而是选择了经济学。毕业之后的马歇尔投身于大学教授工作，先后在布里斯托尔大学和牛津大学讲授政治经济学。

马歇尔在经济学方面业绩卓著，建树颇丰。在马歇尔的努力下，经济学成为和人文、历史、物理一样独立的科学性学科。受他的影响，剑桥大学建立了世界上第一个经济学系。不论是任职教授期间还是退休之后，马歇尔始终坚持研究写作工作，撰写了一系列作品，有《对外贸易的纯理论与国内价值的纯理论》、《工业经济学》、《经济学原理》、《经济学精义》、《关于租金》、《老一代的经济学家和新一代的经济学家》、《分配与交换》、《工业与贸易》等，其中的《经济学原理》被视为是继《国富论》之后最伟大的、也是公认的划时代巨著，在经济学发展史上具有里程碑意义。

马歇尔将经济学定义为一门研究财富及人类欲望关系的科学，研究的目的在于解救贫困和增进福利。他采用折中主义方法，积极借鉴各种经济学理论，尤其是吸收了边际效用学说，最终，将供求、生产费用和边际效用的理论重新呈现在《经济学原理》中。该书可谓集 19 世纪 70 年代以后西方经济学发展之大成，在继承和发展英国古典经济学的同时，也为西方经济学微观经济学理论体系的建立奠定了基础。马歇尔也成为新古典经济学派的重要代表。

马歇尔撇开对价值的研究，将均衡价格作为《经济学原理》的基础和中心，提出 3 种均衡价格，包括几天内变动的暂时市场价格、短期的次政策价格和长期的正常价格。这些不同价格由供给和需求两种相反的作用力形成。擅长数学的马歇尔开始寻找一条可以用坐标表示的曲线：需求曲线。

马歇尔和其他边际学派的学者想法一样，认为人要通过享受效用来满足欲望。在满足欲望的过程中，一种产品的效用会随着人们享受的数量增加而递减。不过，效用是一个主观的东西，无法来衡量多少，只能通过人们愿意购买的数量，以货币数量体现出来，比如爱吃面包的就多买几个，多花些钱，不喜欢的就少买。在分析需求效用的基础上，马歇尔提出了他的需求概念。

在马歇尔看来，消费者愿意而且能够支付的价格是需求价格。他还将这种价格一分为二：消费者被商品吸引购买，产生购买欲望的部分是边际购买量，消费者真正愿意支付货币购买的是边际需求价格。那么，在货币数量、货币购买力不变的情况下，消费者拥有商品数量越多，购买其愿意支付的货币数量就越少。也就是说，他对该商品的边际需求价格是递减的。据此，马歇尔绘制了需求曲线。

横纵坐标轴中，横轴代表商品数量，纵轴代表价格，消费者在购买第一个商品时支付的价格是最高的。随着享受商品数量增多，越是后面购买的商品他愿意支付的价格就越低，这样就形成了一条向右下方倾斜的曲线。马歇尔还从中得出需求的一般规律：对商品需要的数量随着商品价格的下降而增多，随着商品价格的上涨而减少。在需求分析中，马歇尔还创造性地提出了商品弹性需求的概念，意思是当商品的价格出现变动时，消费者对这种商品需求量的变动程度。不同商品的需求弹性是不一样的，金银首饰富有弹性，因为价格高了购买者也就少了，而柴米油盐缺乏弹性，这种生活必需品即使价格上升，也有固定的市场需求。一般而言，生活必需的需求弹性较小，奢侈品需求弹性大。

同样，供给也被马歇尔以曲线的形式表示出来，供给曲线是一条向左上方倾斜的曲线，表示价格越高，生产者的供给量就越多。马歇尔也对供给做了弹性分析，与需求弹性不同的是，受生产规模、生产成本、生产周期和生产难易程度等因素的影响，供给弹性的分类稍显复杂。生产规模大的企业，调整时间长，产品的供给弹性小；若在其他条件不变的情况下，某企业的生产成本随着产量的增加不会增加太多，那么产品的供给弹性就大，相反，供给弹性就小；生产周期短的产品技术设备调整较快，供给弹性大，相反供给弹性就小。生产工序比较复杂，对技术要求较高的产品，供给弹性小，相反，容易生产的产品供给弹性大。

有了需求和供给的曲线图，马歇尔将两个曲线重合相交，交点对应的即为均衡价格和均衡产量。事实上，价格和产量不会正好稳定在均衡位置，而是像钟摆一样在均衡点左右来回摆动。以上得出的是在正常市场下的均衡价格，马歇尔所处的 19 世纪末，垄断已成为社会经济中较为普遍的现象，并趋于经济中的支配地位。对此，马歇尔进行了必要的探讨。在对垄断现象的看法上，他认为，垄断只是因为资源稀缺而产生的，如果垄断者将商品定价过高，产额利润会吸引其他生产者进入该行业，众多生产商的竞争就使本来的垄断商失去垄断地位和高额利润收入。鉴于此种情况，垄断者就要降低价格，增加供应量，以占领更多的市场份额。如此一来，不仅对垄断者有利，对消费者和整个市场结构都是有好处的。所以，马歇尔积极建议英国政府不要过于限制垄断企业的发展。现在看来，这种对垄断的判断显然是存在错误的。

马歇尔在均衡价格论的基础上，提出了他的分配理论。他认为，国民收入是由劳动、资本、土地和企业家才能这四种生产要素对应创造出的工资、利息、地租和利润构成。他把萨伊提出的 3 种生产要素首创性地加入企业家才能要素，扩充为 4 种生产要素，并用均衡价格理论对 4 种生产要素进行了分析。

马歇尔认为劳动和其他商品是一样的，也具有需求价格和供给价格，两者均衡的体现就是工资。劳动的需求价格由劳动的边际生产力决定（劳动的边际生产力是指在生产资料不变的情况下，随着劳动者数量增加，生产力却递减的现象）。利息作为付出资本的报酬，它的均衡表示资本的需求价格和供给价格达到一致。资本的需求价格取决于资本的边际生产力，也就是资本所能提供的净产量。

我们知道，资本作为生产要素，也符合生产力递减的规律。利润被马歇尔认为是资本家经营企业承担风险的报酬，他的利润理论也被称为“管理工资说”。马歇尔认为利润的大小取决于企业组织管理能力的需求和供给，利润作为企业生产成本的一部分，其数额大小，大约等于资本的供给价格、经营能力的正常供给价格、企业组织的正常供给价格3种价格之和。

▲如趋光的萤火虫一样，很多人聚集在克雷莫纳这个花园寻找着乐趣，因此这个花园持续35年生意一直很兴隆，后来由于忍受了长时间喧闹的当地居民怨声载道，于1877年被关闭，马歇尔认为追求满足是经济行为的动力，而避免牺牲则会制约经济行为。

关于地租，马歇尔认为土地作为一种天然产物没有供给价格，只有需求价格，所以土地没有生产费用。因为土地供给是固定的，没有供给价格，所以，地租只受土地需求的影响。他肯定农业报酬递减规律的存在，在一定土地上，不断增加资本和劳动，农产品的总产量虽然是在一直增加，但是产量的增长速度却是递减的。

马歇尔作为局部均衡分析的鼻祖，不仅在微观经济学有着卓越贡献，在宏观经济学方面也有不少创新研究。马歇尔提出用购买力平价的概念来解释不同国家货币之间的汇率。他也尤为关注社会贫困问题，认为在劳动市场中，机器的使用致使非技术劳动者的就业选择日益狭窄，影响非技术劳动者的生活水平。

马歇尔还有一项重大的贡献便是发现和培养了庇古和凯恩斯两位著名的经济学大师。马歇尔在剑桥大学任教时，对经济学感兴趣的学生并不多。不过马歇尔留意到庇古这位性格温和却坚定的学生，经过马歇尔的潜心培养，庇古不负所望，成为福利学派的重要代表人物。18岁的凯恩斯在旁听经济学原理课程时，被马歇尔称赞有杰出的天赋，将会在经济学领域成为伟大人物，并在第一次世界大战结束后，请凯恩斯去剑桥大学做经济学讲师。

凯恩斯主义

凯恩斯革命序曲

——罗斯福新政

20 世纪 30 年代，西方世界经历了最严重的一次经济危机，这次经济大萧条震撼了各主要资本主义国家，涉及到了所有的殖民地和半殖民地。从 1929 到 1933 年，经历了长达 4 年之久的大危机，资本主义世界陷入长期的萧条之中。当时，美国 5500 家银行倒闭，大量工人失业，工厂停止生产，商店关门，商品滞销，人们生活水平直线下降，积累的财富眨眼间付诸东流。资本家宁愿将卖不出去的牛奶倒入大海，把粮食焚烧，也不救济穷人，这无疑加深了阶级矛盾。

1933 年，富兰克林・罗斯福临危受命，就任美国第 31 任总统，上台后就展开了一系列的经济救助措施，这些措施被称为“罗斯福新政”。他的新政内容可以用“三个 R”来表示，复兴（Recovery)、救济（Relief）和改革（Reform)。具体内容如下：在金融方面，积极推出挽救银行的改革措施。下令银行休业整顿，财政部监督其重新开业，逐步恢复银行的信用。为了应对钱荒，罗斯福放弃金本位制，停止黄金出口，使美元贬值，促进美国出口，刺激经济。他还通过相关部门制定立法，加强对证券市场、货币市场的改革。

救济是罗斯福新政的重要内容，有以工代赈、社会保障制度。1934 年，联邦紧急救济署通过以工代赈，给失业者提供从事公共事业的机会，为众多行业的职员提供了合适的工作岗位，维护了失业者的自力更生精神和自尊心。第二阶段，他通过多项立法，包括《社会保险法》、《公平劳动标准法》等，为老年人、失业人员提供了保险保障，还着力改善劳动者穿不暖、住不

▲1929 年 11 月初在纽约切尔西银行门口挤兑的人群。

好、吃得差的情况。还在《公平劳动标准法》中明确规定了合理工作时间，提高工资水平，限制童工，提高工资环境质量等。

罗斯福新政犹如一道闪电，截断了经济萧条的路途，新政效果立竿见影。其后，美国经济回升、市场稳定、失业人数大幅度下降，资本主义制度得到调整、巩固与发展。更为关键的是，罗斯福开创了国家干预经济新模式，美国进入国家垄断资本主义时期。新政在美国和世界资本主义发展史上具有重要意义。

罗斯福新政的思想精华与凯恩斯等学者主张的宏观经济不谋而合，经济大危机和罗斯福新政成为凯恩斯经济学产生的催化剂，直接推动了凯恩斯思想的产生。经济大萧条的出现更加印证了国家干预经济的重要性，凯恩斯认为，资本主义不可能通过市场机制自动调节到公共事业健全、充分就业、投资消费均衡的状态，他反对自由放任主义，强调通过政府这只“看得见的手”来维护国家垄断资本主义的利益。在 1936 年出版的《就业、利息与货币通论》中，凯恩斯系统地阐述了其理论。该书的核心问题是如何达到市场供求双方力量的均衡，实现充分就业。融合心理学、法律学，凯恩斯提出有效需求、简单国民收入、经济周期、充分就业、乘数等理论。《通论》一经出版，便引起了西方经济学界和政界的轰动，有人将《通论》的出版视为是经济理论上的“凯恩斯革命”。

理论的准备
——“投机家”凯恩斯

约翰·梅纳德·凯恩斯（1883 ~ 1946），英国著名经济学家，因“凯恩斯革命”而闻名世界。凯恩斯出生在英格兰的剑桥，父亲是一名著名的逻辑学家和政治经济学家，母亲是一名法官，还担任过剑桥的市长，对公共事务和社会化工作极其感兴趣。受父母影响很深的凯恩斯，14 岁从伊顿大学毕业后进入剑桥大学国王学院学习。期间，凯恩斯遇到马歇尔和庇古两位出色的经济学导师，并跟随他们攻读经济学，被导师认为是天才。

在印度事务部任职时，凯恩斯写下了他的第一部经济著作:《印度通货与金融》。偏好数学推理的他，因一篇优秀的概率论论文而入选剑桥大学国王学院院士，同样，以一篇指数讨论的文章获得亚当·斯密奖。凯恩斯 28 岁时成为《经济学杂志》的编辑，同时管理着该杂志出版方——皇家经济学会的投资（在他的管理下取得了非比寻常的成功）。另外，凯恩斯还是英格兰银行管理机构的重要成员，并担任一家人寿保险的董事会主席和其他几家大公司的董事。由此可以看出，凯恩斯是一名成功的金融家，也是一名成功的投机者。

1919 年，凯恩斯向家人借来数千英镑，创建了一个外汇投机账户，开始了期货交易。最初，他将外汇投机当作一种消遣，只是为了锻炼自己的知识和判断力。很快，通过外汇和外国商品交易，凯恩斯得了 50 万英镑的收入，这份收入是非常可观的。不过，投机市场的不确定性远远大于其他市场，即便是凯恩斯这样拥有深厚学术知识和实战经验的经济学家依然会被市场打败。好景不长，凯恩斯判断失误，造成大额度亏损，最终导致破产。

这次失败并没有使凯恩斯停滞不前，相反，根据这一事件，他倒也领悟出了一点投机者的含义：如果投机者像泡沫一样漂浮在企业发展的洪流中时，他未必会产生危害，但如果企业成为投机主体时，这种泡沫一定会爆破，那时候的形势会很严峻。比如，人们大多是以投机心态工作时，工作多半是做不好的，而一国积累的资本也会变成是赌场的副产品。

接下来，凯恩斯重整旗鼓，继续外汇操作。后来，他的投资兴趣扩延

▲伦敦市的新证券交易所，这里吸引着英国各个阶层的人来进行投资。

到棉花、小麦、铜、锌、橡胶、黄麻等大宗商品上去，最后进入证券市场，并获得了成功。1937年以前，凯恩斯主要从事商业经营活动，创建国家投资公司、经营大型保险公司。所有这些市场投资经历和数据信息，都为他日后的研究所利用——如在凯恩斯重要的流动性偏好理论中，投机需求就被视为人们持有货币的原因之一。1926年，凯恩斯出版了《自由放任的终结》，这本小薄书有着他对当时市场很多风险、无知、不确定性的认知。他指出，大企业通常是一种彩票，有些人借以不确定性和无知获利，这样就导致财富分配的不公平、失业和对理性经济预期的失望。

投机行为还为凯恩斯积累了巨额财富，保证他能够在衣食无忧的情况下，集中精力去完成学术研究。不过，家财万贯的凯恩斯仍然过着简朴的日子，他还慷慨解囊帮助朋友渡过难关。因受母亲关注社会福利事业的影响，作为数个慈善信托机构顾问的凯恩斯，在支持慈善事业方面亦是毫不吝啬，通过各种方式来支持慈善事业的发展。

凯恩斯的《通论》

——经典著作

1936年出版的《就业、利息和货币通论》，是凯恩斯的代表作，这本著作是1929 ~ 1933年西方资本经济大危机的直接产物，其中的思想开辟了经济研究的新阵地，更把宏观经济研究提到很高的水平。凯恩斯提出了政府适度干预经济的主张，极大冲击了长期占据统治地位的传统古典经济学派的理论，因而形成了声势浩大的“凯恩斯革命”。有人将这一理论誉为是一场像“哥白尼在天文学上，达尔文在生物学上，爱因斯坦在物理学上一样的革命”。

凯恩斯《通论》中有许多与以往传统古典经济学不同的地方。

首先，凯恩斯理论的立足点是要治疗资本主义存在的弊病，他没有像马克思那么激进，希望通过阶级革命重建新的社会制度，相反，凯恩斯准确地为资本主义把脉开药，寻找出资本主义自身存在的重要防疫系统主体——政府，顺势提出几个已经存在的问题症结。第一，彻底改变以往只依靠市场自动调节的做法，加强政府干预，扩大政府在调节经济中的职能。第二，摒弃过去注重储蓄积累社会财富的观点，他反对节约，提倡消费，甚至是浪费性消费。第三，强调投资，尤其是私人不能涉及到的公共领域，因为消费不足所遗留的投资缺口不能交给私人，须由政府掌握。第四，鼓励政府用扩大财经开支的学说代替健全的财政原则，主张财政赤字，弥补有效需求不足。

凯恩斯能提出不同于传统经济学的学说，关键在于他对很多经济概念都有着不同的见解。在对经济危机的问题上，受传统经济学思想的影响，人们信奉萨伊“供给会自动创造需求”的理论，认为产品生产出来会自动与相应的产品进行交换，不用担心产品过剩的情况甚至经济危机的发生。在凯恩斯看来，这是极其荒谬的观点，他以有效需求为切入点，详细解释了需求不足所带来的一系列经济不良症状，投资热情的下降、工厂规模的缩减、工人非自愿的失业、经济的不景气。

▲1930年一幅卡通画抨击胡佛的《家业减负计划》，图中总统被描述成稻草人，端着一把枪赶走艰难岁月，“尽管它不完美，”胡佛说：“但我相信总会有点帮助。”政策的不合理性加速了经济危机。

产生这种分歧的原因是对市场机制作用的不同看法。传统经济学家如斯密相信“看不见手”的作用机制，认为资本主义机制有自动的调节性和完善性。凯恩斯驳斥了这种观点，并认为政府亦是经济发展强大的助推手，尤其是政府，一定要实施积极的财政政策，刺激消费和投资，拉动市场需求，抢救经济危机。

凯恩斯的《通论》也并不是十全十美的。比如，他对私人浪费和公共浪费一样赞同，支持蒙德维尔的“蜜蜂的寓言”——一个繁荣社会为了获得储蓄的利益，而放弃豪华住所和娱乐的悲惨故事。虽然凯恩斯存在一些极端的观点，但是不可否认，《通论》以及凯恩斯本人都为经济研究开拓了新空间，是一名伟大的经济学家。

凯恩斯定律

——有效需求

与有效需求的概念相类似的消费不足概念，最早出现在英国经济学家马尔萨斯的《政治经济学原理》中，当时他就预见社会有效需求不足可能就会导致资本社会经济危机的产生。1936 年，凯恩斯重提有效需求概念，这一次凯恩斯将其系统化，并尝试结合更多经济现象，寻找它们之间可能存在的联系。那什么是有效需求呢？凯恩斯认为，有效需求就是商品的总供给和总需求达到均衡时的社会总需求。有效需求首先要有效，然后它是一种均衡状态，是长期动态变化中的一种稳定状态。在这里需要指出，均衡并不意味着有效率。

那么通俗来讲，有效需求到底是什么意思呢？假如一位女孩想出嫁，但找不到满意的男孩，这是男孩有效供给不足；反过来，男孩有心娶姑娘，但是达不到姑娘的要求，这对姑娘来说，就是不能满足她的有效需求。

凯恩斯试图用有效需求论来解释经济萧条时商品滞销、工人失业的现象。首先，他认为有 3 个因素在影响有效需求，即消费倾向、资本边际效率递减规律和流动性偏好。

其一，消费倾向是一种现象，就是人们的消费会随着收入的增加而增加，但是消费的增加量一般比收入的增加量小。可以想象，在满足基本必需的日常生活消费和精神消费后，如果收入还是持续不断增加的话，消费是很难以同样的比例跟进的，这就导致了消费需求的不足。

其二，资本边际效率与边际消费递减相类似，在投资初期和中期，投资和收益能够同比例增长。但是在后期，有些会因为产业发展末期，有些会因为行业有差额利润存在，更多的企业为了抢占市场导致收益下降，收益呈现出下降趋势，这就影响到投资者的投资热情和消费者需求。

其三，流动性偏好融入了心理学内容，人们为日常交易需求预留部分现金，但却不去消费，这称为交易动机；为可能出现的疾病等意外变故预留现金，这是谨慎动机；投机动机则是人们会准备部分现金，去进行市场的投资来获利。出于这三种动机，人们会保持一部分货币现金在手中，而不会用来消费。

有效需求为什么会不足呢？有效需求由消费需求和投资需求组成。边际消费倾向递减、资本的边际效率递减和流动性偏好“三大社会心理因素”造成消费需求和投资需求不足，进而造成商品滞销、失业增加，整个国民经济在大量失业和闲置资源的情况下达到均衡——形成“富裕中的贫困”现象。为了弥补收入与有效需求之间这个缺口，就只有采取必要的政策，刺激投资的增加。因此，凯恩斯指出，有效需求理论可以概括为：根据大众心理，整个生产和就业水平决定于投资总量。

研究有效需求有什么意义呢？在凯恩斯看来，以前的经济学家和工厂企业对需求尤其是有效需求的重视程度不够，认为生产是创造财富、促进经济不断发展的重要方式。凯恩斯一反他们的观点，认为不是供给决定需求，而是需求决定供给。殊不知，有效需求不足直接导致产品无人消费，生产不景气就只得缩小规模，裁减人员，非自愿失业人数就会增加，经济形势也会严峻起来。当然，过度需求也可能会造成通货膨胀。

▲ 罗斯福政府为扩大政府支出，修建了一批大型工程以提高就业，图为 1937 年修建的金门桥，耗资达 300 万美元。

总而言之，有效需求理论是凯恩斯宏观经济的核心内容，是增加社会有效需求的对抗经济萧条的对症良药。所以，政府要在经济萧条期刺激社会需求，经济过热期抑制消费需求。

相对收入说
——消费比较

凯恩斯的绝对收入消费理论认为一个人的消费行为只是由收入和边际消费倾向决定的。可是在现实生活中，是不是也有一些可以被量化的因素呢？美国经济学詹姆斯·杜森贝里认为，消费者的消费行为还会受自己过去的消费习惯和周围人消费水平的影响。这样说来，消费行为也是相对的，这就是相对收入消费理论。

詹姆斯·杜森贝里曾先后在麻省理工学院和哈佛大学任教，主要著作有《收入、储蓄和消费者行为理论》、《经济周期与经济增长》、《货币与信用：冲击与控制》，还与人合著《美国经济计量模型入门》《货币、银行和经济》等书。相对收入消费理论便出自他 1949 年出版的《收入、储蓄和消费者行为理论》一书，该书因研究消费理论和凯恩斯解说而闻名，有着很深远的影响。

杜森贝里的相对收入消费理论是从社会文化因素做假设出发的，他假定储蓄是文化消费的剩余；另一个假设的竞争是决定消费行为的普遍法则。在杜尔贝里看来，消费是为了当下的竞争，储蓄是为了未来的剩余。经过竞争，剩余部分才被储蓄起来。

异于斯密、凯恩斯等人的观点，杜森贝里认为消费的长期和短期影响因素要结合起来。从短期来看，考虑到现期收入、利率等因素，储蓄会有一定波动，那储蓄的剩余也会引来消费部门的波动，但是从长期来看，收入减少对消费影响不大，收入增加对消费影响较大。比如，一个人的收入突然增加很多，那么相应的，他的消费水平肯定也提高很多；如果一个人的收入减少了，那么根据他以往的消费习惯，他的消费水平向下浮动的空间并不会很大，这是因为棘轮效应的存在。

棘轮效应是指消费者的消费习惯形成之后，向上提高容易，向下调整不易，体现出一种不可逆性，尤其是在短期内，这种习惯的特征更加明显。举例来说，富家子弟由于家道中落，生活拮据，消费水平直降，因为受高峰收入时的消费行为影响，他最开始的时候是最难以适应的。这与凯恩斯主张的消费可逆性是截然不同的。

在时间上，人们有成型的消费习惯；在空间上，杜森贝里也认为周围人消费的攀比和模仿也影响着个人的消费行为，这一点可以概括为示范效应。示范效应是指由于人们的欲望，会希望在消费水平上赶上或者超过同一阶层的其他人，或是如果收入相对下降，他们会顾及到社会地位。受这种欲望心理的影响，个人就会动用储蓄，增加消费支出，该行为也被称为“打肿脸充胖子”式消费。这种心理会促使短期消费函数随着社会平均收入和消费的提高而上移。

总体来说，杜森贝里的理论可归纳为两个效用说，即棘轮效应和示范效应，相对收入消费理论可以说是在绝对收入消费基础上的细化，进行了一定的修正和发展，我们可以很容易地在身边发现类似的情况。示范效应下，超前消费和过度消费普遍存在。同时，随着世界经济联系的紧密性加强，在国际区域内的消费模仿也逐渐明显：西方欧美时尚着装的传播，刺激很多其他国家的人们盲目追求高档次消费，来迎合社会审美。

当然，该理论本身也有许多不完善的地方，最突出的一点就是没有足够的经验研究佐证。杜尔贝里研究的范畴更多的是社会消费行为，人们相互之间的影响，一个团体影响另外一个团体，而不是相互独立个人的消费行为。其棘轮效应说明了消费具有一定稳定发展的特性，有稳定经济的作用。不过很多经济学家对杜森贝里消费不对称的说法持怀疑态度，因为从实际情况来看，短期收入和消费是正相关关系，并不存在很明显的不对称性。

▲当一个英国人初至巴黎，他必须尽快寻找裁缝、鞋匠及其他手艺匠，以求达到外在衣着上的一致。模仿是人的本性，图为一些外国旅行者身着巴黎服装在巴黎皇家画廊散步。

利　息

——放弃流动偏好的报酬

经济学中“流动性”的概念，是指在价格合理的市场，持有一种资产需要花费多长时间变通为货币形式的财富。按照时间不同，流动性最高的是货币现金，其次是银行存款，之后就是一些金融理财产品和股票等，耗时最长的就是不动产。当然这个前提就是市场自由、价格合理。

流动性偏好就是偏好手持货币现金的愿意程度，人们出于交易动机、预防动机和投机动机，会手持一定数量的现金。资本本身是具有价值的，既有经济价值也有社会价值。其实，手持货币主要是为了应对社会生活中的一些意外事件，这就是货币的社会价值。比如，如果要借钱给朋友，可能会收取一定的利息，同样，要“借钱”给银行，即存钱到银行，也会得到利息。在这里，利息就是对流动性的补偿，这是我们在损失流动性和社会价值的基础上做出的牺牲，需要有等价的价值来弥补。另外，在时间上，今年的 100 元和明年的 100 元价值肯定是不一样的。随着时间推移，货币在周转使用过程中发生价值增值的现象称为货币时间价值，利息也是对时间推移做出的补偿。货币价值理论可追溯到节欲论，又被后人进行补充形成。

在不考虑通货膨胀和市场风险的作用下，放弃流动性在数量上会得到绝对数的补偿，即为利息，相对数的补偿是利率。因为有收益，人们会把限制的货币通过各种各样的形式进行投资，通过利率补偿获得利息、股息、红利等各种收益。

以马歇尔、西尼尔等为代表的古典经济学派，认为利率取决于资本的供需双方力量。利率上升，储蓄增加，两者同方向变动；利率下降，投资上升，两者反方向变动。凯恩斯认为，这种理论忽视了收入的作用，收入是储蓄和投资的源泉，没有收入，储蓄和投资无从谈起。凯恩斯加入收入的因素，将范围进一步缩小到纯货币上来，认为利率是由货币市场货币的供给量和需求量所决定的。

货币由央行发行，一定时期内的供给量是固定的，若形成在横纵轴平面坐标中，横轴表示持有货币量（L），纵轴表示利率（i），那么固定的货币供

	活期储蓄	定期整存整取			零整.整零.存本		
		6个月	1年	5年	1年	3年	5年
85.4.1	2.88	5.4	6.84	8.28	5.4	6.84	7.56
88.9.1		6.48	8.64	10.8	7.2	8.64	9.72
90.4.15		6.3	10.08	13.68	8.08	10.08	11.88
93.7.11	3.15	9	10.98	13.86	9	10.98	12.24
97.10.23	1.71	4.14	5.67	6.66	4.14	5.76	6.21
98.7.1	1.44	3.96	4.77	5.22	3.96	4.77	4.95
02.2.21	0.72	1.89	1.98	2.79	1.71	1.89	1.98

人民币储蓄存款利率历年变动情况表

给量就是一条与纵轴平行的直线。货币持有量就是一条向右下方倾斜的光滑曲线，因为在利率高的时候，人们愿意持有的货币量少，随着利率的下降，人们放在银行所获得的利息补偿微乎其微，这时候人们会取出存款或是抛售证券，变为手持现金。这条直线和曲线相交的点就是达到均衡水平的利率。那么利率会无限下调吗？凯恩斯认为，当利率下降到一定程度不能再低的时候，人们反而会产生利率上升的预期，货币的需求弹性会变得无限大，无论多少货币都会被人们储蓄起来。体现在坐标图中，在某一利率水平，曲线末端会变成与横轴平行的直线，不再下降，这一段区域被称为是流动性陷阱，并且政府为刺激经济，这一区间的货币政策是无效的，只能依靠财政政策。

因为人们对利率具有的高度敏感性，以及利率本身的强大调节功能，在利率公开市场化的一些国家，利率被用来调节经济运行。不过传统上认为的货币政策三大工具是法定存款准备金、再贴现和公开市场操作，这是一个传导机制，本质上都是通过运用货币政策影响金融机构的信贷行为，进而影响社会货币供应量和流通总量，最终实现对宏观经济的调整。

货币主义

弗里德曼

——货币主义的代表

米尔顿·弗里德曼（1912~2006），美国的经济学家，因在“消费理论分析、货币史和货币理论研究领域中的成就”和“对经济稳定政策的错综复杂性的论证”方面的成就，荣获1976年诺贝尔经济学奖。其在世期间主要研究宏观经济学、微观经济学、经济史、统计学，因在凯恩斯主义盛行的时期坚持经济自由放任而闻名。

1912年，弗里德曼出生在纽约一个犹太人家庭。最开始时，弗里德曼的数学功课并不是很好，在拉特格斯大学念书时成绩也非常一般。学成毕业后的弗里德曼做了很多份工作，不过其工作重心始终在喜爱的经济学上。他会每隔几周给一些报刊写文章，用经济的思维阐述当下事件。其著作主要有《实证经济学论文集》、《消费函数理论》、《资本主义与自由》、《自由选择》、《价格理论：初稿》还有与施瓦兹合著的《美国货币史》等。

可以说，弗里德曼是站在凯恩斯对面的经济学巨人。与凯恩斯主张政府干预经济所不同，弗里德曼坚持经济自由，尤其强调货币作用。从20世纪50年代开始，在几乎全社会都笃信政府可以解决一切社会问题的时代，弗里德曼就鼓吹“自由经济”。他认为，市场机制在社会经济发展过程中的作用是最重要的，机制合理，那么市场经济本身可以实现充分就业，只是因为价格和工资的调整相对缓慢，需要一定的时间来形成平衡。在这个过程中，如果政府干预过多，无疑会打破它的进展。政府干预多是靠财政政策，弗里德曼这种在货币供给量不变的情况下，增加政府开支就直接导致了利率的上升，利率是投资的重要成本，与投资反方向变动。政府支出会刺激经济，私人消费也能刺激经济，但是私人投资成本随着利率提高而上升，并且政府支出份额多了，就把私人投资和消费的部分挤占了，这就是挤出效应。所以，弗里德曼坚持认为货币政策才是政府施政的政策重心。

现代货币数量论是弗里德曼整个理论体系的基石。1956 年，在一片反对声中，弗里德曼出版了《货币数量论——重新表述》一书，标志着现代货币数量论的诞生。在此之前，古典学派、凯恩斯等也都对货币数量的进行过阐述，古典学派主要讨论货币供应量变化和价格水平变化，货币量的改变只会引起价格的变化，却不会引起实际产量的变化，认为货币是中性的。凯恩斯在货币谈论中主要是著名的流动性偏好理论，持有货币的三种动机。弗里德曼基本上继承了传统的货币数量论，他也很看重货币数量和价格水平之间的关系，同时从微观发出，把货币看成是受利率影响的一种特殊资产。在弗里德曼看来，人们对货币的需求主要受 3 种因素影响：收入或财富总量、持有货币的机会成本、持有货币给人们带来的效用。

首先是收入或财富总量，也称为预算约束。每个人所能持有的货币及其他总财富数量是有限的，而且因为受到经济波动的影响，用一般的现期收入指标来衡量财富是不准确的。他提出用持久性收入（或称恒久性收入）来代表财富。所谓的持久性收入就是指过去、现在和将来的收入平均数，即整个时期的平均收入。

弗里德曼还注意到总财富中有人力财富和非人力财富。人力财富是个人获得收入的能力，非人力财富即物质财富。人力财富和非人力财富各自在总财富中的比率也会影响货币需求。其中，人力财富的流动性最差，若人力资本占财富总量的比值较大时，就会拉低总财富的流动性。所以，人力财富在总财富中的占比越大，对货币的需求就越大；非人力财富的占比越大，对货币的需求越小。

机会成本是指为了得到某种东西所要放弃的另一些东西的最大价值，比如说即将毕业的大学生，可以选择就业，也可以选择继续深造，如果就业，可以带来每年的工资收入，如果选择升学，那么为了学到更多知识，他就要放弃每年稳定的工资收入，这些工资就是机会成本。持有货币的机会成本就是将范围限制在货币所产生的收益上面了。再比如，假设 A 有 100 万元现金，他用这些钱去投资购买了一套房子；但如果他把这 100 万元存入银行，可以收获5000元利息；若是投资股市，一年内也许还可以获得5万元收益，这100万元货币的机会成本就是用在其他地方带来的最大收益。钱生钱，货币是具有收益性的，其他金融和实物资产包括债券、股票、房屋等也是有收益的，它们的收益可能大于零、等于零、小于零，对它们收益率的不同预期，就会出现不同的选择。有人持有货币，有人会选择投资股票。而且弗里德曼认为，资产预期收益率是变动的，它会随着其他资产收益率的变动而变动，在各种变动的收益产品中，人们可以选择持有货币和不持有货币。

▲1950–1953年的朝鲜战争使得美国国内经济问题严重。

货币所带来的效用，是财富持有者的偏好，比如流通需要，这种偏好与个人的生活习惯、货币制度相关，是一种主观评价，在短期内是稳定的。在此基础上，弗里德曼提取出变量建立了自己的货币需求函数模型，这些变量有持久收入水平、非个人财产占总财产比率、货币债券的预期收益率、物价水平、预期的通货膨胀率和偏好变量等，最终构成的函数比较复杂，变量过多，为计算和实证研究带来了一定难度，后来有学者对此函数进行了简化。

20世纪70年代的美国处于滞涨状态，经济停滞加高度通货膨胀，伴以失业人数增多，财政赤字规模扩大。从表面来看，这次滞涨是石油危机所引起的，但本质却是长期奉行凯恩斯主义所致。正是这次经济的滞涨为货币学派带来了大展宏图的历史机遇。用弗里德曼的货币理论很好地解释了美国经济滞胀的原因，影响到美国经济政策。

弗里德曼的理论不止撼动了美国政界，改变了领导人在经济政策上一贯的思维方式，在经济学宝库中，亦是奉献了巨大的力量，将货币经济学推向新的历史高度。古典学派认为货币只是交易的一种工具而已，弗里德曼摒弃这一狭隘理念，将货币视为一种资产，从而将货币理论纳入到资产组合选择理论中去。在需求函数中，他将预期因素放在重要的地位，比如预期物价变动率，这些独立变量的设置，使该函数更贴近真实经济生活。同时，他注意到以往经济学家在货币理论中只顾抽象演绎的缺陷，因此他还强调实证研究的重要性，使货币理论变得更具可操作性，以形成具体的货币政策来影响经济发展。因为影响货币供给和需求的因素都是相对独立的，货币流通速度也是一个稳定的函数，加之函数式变量中，有些本身就具有稳定性，所以在弗里德曼看来，该函数具有较强稳定性。由此他指出，货币对总体经济的影响主要来源于货币供给方。

在经济研究上，弗里德曼思路清晰、逻辑缜密，在生活中同样也是如此。经济学家加里·贝克曾这样形容弗里德曼：他能以最简单的语言表达最艰深的经济理论。弗里德曼亦是极出色的演说家，能即席演说，极富说服力："无人敢说能争辩赢他，因为能与他辩论过已是无限光荣，没多少人能与他说上两分钟。"

货币数量论

——关闭货币水龙头

16 世纪，法国的重商主义学者让·博丹最早提出了货币数量的概念几个世纪以来，经由洛克、孟德斯鸠、休谟、费雪、马歇尔、庇古、弗里德曼等经济学家进行不断修正予以完善，形成了货币数量论早期、近代和现代 3 个阶段的发展史。经过历史和实践的检验，现代货币数量论集前者的理论精华和当前经济实情，它的实用性几乎也没有什么争议，成为货币学派的代表思想之一。

用流通中的货币数量的变动来说明其对商品价格和货币价值的影响，这就是货币数量论。该理论认为，在货币数量和物价及货币价值之间存在一种因果变动关系。理论的基本观点是：若其他条件不变，商品价格水平和货币价值取决于货币数量，商品价格水平与货币数量成正比，货币价值与货币数量成反比。也就是说，市场上流通的货币数量越多，货币的价值越低，商品的价格越高；相反，如果市场上流通的货币数量越少，货币的价值越高，商品价格越低。

根据这一理论就可以解释通货膨胀和通货紧缩了。通货就是流通货币的意思，包括流通在市场中的纸币、铸币等有形货币，通货膨胀就是流通的货币数量过多了，通货膨胀的典型特征就是货币贬值，物价上涨。反过来，通货紧缩就是市场上的货币数量不够，导致货币价值上涨，物价相对下降。这就是货币数量论中因果联系的体现，货币数量的多和少是原因，货币价值贬值和升值是结果。当然，不是说通货膨胀物价上涨一定是货币数量增多引起的，引起通胀的原因很多，只不过货币数量增加是直接原因。

首先，我们要明白，一定程度内的通货膨胀是被允许的。从人类社会长期发展来看，物价上涨是大的发展趋势，不可阻挡。根据菲尔普斯曲线可以知道，通货膨胀与失业存在着短期的替代关系，也就是在短期中，低程度的通货膨胀可以降低失业率，提高充分就业程度。政府财政赤字也会促使国家增加货币发行量，来偿还债务，扩大社会投资，刺激需求。此外，因为刚性工资的特性，调高容易调低难，低通货膨胀还能达到名义工资不降低，实际工资降低的效果。所以说，只要不出现高强度的通货膨胀，温和的低通货膨胀对经济社会发展是有好处的。从货币数量论角度来说，如何治理严重的高强度通货膨胀呢？毫无疑问，那就是关紧货币的水龙头。弗里德曼给出的一剂良方，就是货币供应的增长率必须要跟世纪经济增长率保持一致。

▲1948 年 12 月，由于通货膨胀的失控，一大群市民拥挤到上海一家银行门前，准备把自己贬值的金圆券兑换成黄金，在 6 个月的时间里，物价翻了 8.5 万倍。

货币数量论果真会在经济运行中产生作用吗？学者们用数据来检验其准确性，并从各国长期通货膨胀率和货币数量增长率之间的统计数据发现，这两者之间虽然不一定会呈现相同比例的变动，但一定是同方向变动的。无论哪个时期，哪个国家，他们出现超速通货膨胀，皆是因为超发货币所引起的。而且资料显示，货币数量总是先出现变动，通货膨胀随后出现变动，这也证明了货币数量论中的因果关系。1979 年上任的美联储主席保罗·沃尔克就主张严控美元供给数量，大幅度提高利率，控制市场流通货币数量，经过两三年的调整期，才逐渐遏止将近十年的滞涨发展。

稳定物价，抑制通货膨胀是任何国家都要承担的政府责任，尤其是发展中国家。由于投资热情高，很容易出现货币超发现象，政府可以根据现代货币数量论的观点，将市场货币数量当作“参照物”，结合本国国情进行理论创新和制度创新。

国际货币体系

——黄金美元金本位制

国际货币体系是国际间交易结算所采用的货币制度，规定了国与国之间进行支付的规定和制度，它是随着世界市场和国际贸易的形成和发展逐步形成的。国际货币制度的演变历史大致上经历了国际金本位、国际金块本位、国际金汇兑本位和布雷顿森林体系四个阶段。

大约形成于 19 世纪 80 年代末，结束于 1914 年第一次世界大战之前，世界上出现了最早的国际货币制度——金本位制度。金本位要求各国流通的货币要以一定重量和成色的黄金铸造，并通过不同含金量来建立各国各种货币之间固定的兑换比例。在金本位制下，黄金具有货币的所有功能，包括价值尺度、支付手段、流通手段、储藏手段和世界货币。1816 年，英国率先颁布了《金本位制》，欧美其他主要资本主义国家实行金本位制的时间要比英国晚半个世纪。至此，国际金本位制大致建成。

这种国际金本位制有 3 个特点：第一，黄金是国际货币制度的基础。金币可以自由被铸造、兑换，也允许黄金自由出口；人们早就有储藏黄金的习惯，黄金也被作为储备货币，用来进行国际间贸易结算，各国的国际收支都可以通过黄金的进出实现自动平衡。因此，可以说金本位制是一种很稳定的货币制度。第二，各国货币之间的汇率由各自货币的含金量决定。因为各国铸币情况不同，金币可以自由铸造、兑换和输出输入，为了维持各国间汇率水平的稳定，一般一国金币含金量是固定的，这样就使得外汇市场上汇率的波动始终维持在金平价和黄金运输费用规定的黄金输送点之内，国际金本位制是一种相当严格的固定汇率制度。第三，具有自动调节国际收支的功能。要实现自动调节国际收支，就需要使各国货币都与黄金挂钩，以便随时可以兑换，允许黄金自由输入输出，货币当局必须在黄金准备基础上发行货币。在满足这三个条件后，当一国黄金流出，出现对外收支逆差时，国内货币供给量减少，物价和成本都会随着下降，政府会出台刺激出口抑制进口措施，国际收支得到改善。相反，若是一国对外收支顺差，国内黄金增多，物价和成本上升，政府会控制出口，刺激进口，这样国际收支顺差就能很好地得到调控。

第一次世界大战的爆发，很多参战国禁止黄金输出，纸币兑换黄金也被叫停。直到一战结束后，一些国家才相继恢复金本位制，实行金块本位制及金汇兑本位制，不过相比战前，黄金的地位明显被削弱了。

国际金块本位制是一种不完全的本位制。因为尽管规定金币是本位币，但是国内不能流通金币，只能流通银行券，可是银行券又不具备无限的法偿力；银行券与黄金不能自由兑换，不过在需要进行国际支付的时候，可以拿银行券到中央银行进行兑换。政府不再支持自由铸造金币的行为，但仍然规定每单位货币的含金量及黄金的官方价格。

国际金汇兑本位制也是一种不完全的金本位制。它规定国内流通银行券而不是流通金币，两者不能自由兑换，若需要黄金，可以先把银行券兑换成某种外汇，再用这种外汇在国外市场兑换黄金。从这里可以发现，实现这种货币制度的国家要先将本国货币与另外一个实现金本位制国家的货币挂钩，两者间实行固定汇率，并在该国存放一定数量的外汇和黄金作为储备金。必要的时候还可以通过买卖外汇或黄金来维护本国货币币值稳定。

几近废除金本位制后，各国为了扩充军备，弥补财政赤字，滥发纸币，加剧了通货膨胀，也致使各国货币信用下降；不再以黄金量为基础的汇价开始出现剧烈波动，复杂的汇率决定过程严重影响了国际货币金融关系，金本位制也随着崩溃。

在第二次世界大战即将结束的时候，一些国家认识到，国际经济的动荡和战争的爆发在一定程度上与国际经济秩序的混乱有着直接或间接的关系。

因此，重建国际经济秩序能够促进战后各国经济恢复和发展，这种经济秩序首先就是国际货币制度——布雷顿森林体系应运而生。

1944 年 7 月，44 个国家在美国新罕布什尔州参加联合国货币金融会议。因为当时美国的黄金储备已经占世界各国官方黄金总储备量的 75% 以上，这样一来，如果要建立的货币制度仍然与黄金有密切联系的话，那就要以美国为中心了。于是，会议确定建立以美元为中心的国际货币制度。

布雷顿森林体系要求美元与黄金挂钩，其他国家的货币与美元挂钩，相当于美元是黄金的等价物了。布雷顿森林体系的运转与美元的信誉和地位紧密联系。在本位制方面，布雷顿森林体系规定，各国确认 1934 年 1 月美国规定的 1 美元的含金量为 0.888671 克纯金，35 美元兑换一盎司的黄金。美国承担向各国按照官价兑换美元的义务。同时，为了减少黄金官价在国际金融市场受到的冲击，各国政府将与美国政府合作，协同干预市场的金价走势。在汇率方面，布雷顿森林体系规定国际货币基金组织成员国货币与美元挂钩，各国确定自己国家货币的含金量，且不能任意改变。在此基础上，各国货币与美元保持稳定的汇率，以形成国际间固定的汇率，国际货币基金组织允许的汇率波动幅度为上下 1%，只有在成员国的国际收支发生根本性不平衡时，才能改变其货币平价。在储备方面，美元成了黄金的等价物，取得了与黄金一样的国际资产储备地位。在国际收支调整方面，会员国对于国际收支的经常项目外汇交易不得加以限制，不得实行歧视性的货币措施或多种货币汇率制度。在组织形式方面，为了能够保证布雷顿森林体系的正常运作，建立了国际货币基金组织和世界银行。

▲调节汇率已经成为各国对经济进行调整的重要手段。

新建的布雷顿森林体系是一种小范围内可调整的固定汇率制度，相对稳定的汇率就利于国际贸易的展开，国际货币基金组织和世界银行在很大程度上促进了国际金融的合作。

不过这种货币机制也是存在很多弊端的，僵硬的汇率体质使各国无法通过浮动汇率自动实现国际收支平衡。此外，特里芬也直指布雷顿森林体系内部矛盾，他认为布雷顿森林体系本身就自相矛盾，各国要进行国际贸易，必须用美元结算，这就导致流出美国的货币在海外不断积累沉淀，使美国形成长期贸易逆差；而美元作为世界货币要必须保证稳定和坚挺，这就要求美国必须是长期贸易顺差。“特里芬难题”也预示了布雷顿森林体系的瓦解。果然，在 20 世纪 60 年代末期，美国国内通货膨胀严重，多次发生美元危机，固定僵硬的汇率机制被动摇。1971 年 8 月 15 日，美国宣布停止美元兑换黄金。从这个时候起，西方主要国家纷纷实行浮动汇率制度，布雷顿森林体系瓦解。

布雷顿森林体系瓦解后，世界各国开始寻求新的国际货币体质，在 1976 年牙买加会议后，逐渐形成了以国际储备多元化、汇率制度多元化、国际收支调整多样化为特征的新国际货币体系，也就是当下的货币体系。现在，大多数国家的国际储备锁定了美元、日元、英镑、欧元在内的多种外汇，但仍以美元为主导。这个时期还建立了区域货币集团，比如欧元的产生和发展。

奥肯定律

——失业率与 GDP 的增长率

美国经济学家阿瑟·奥肯（1928 ~ 1980），1956 年获哥伦比亚大学经济学博士学位，后任教于耶鲁大学，讲授经济学。奥肯倾向于凯恩斯主义，长期致力于宏观经济的研究，其一生著作颇多，但多是研究报告，主要著作有《平等和效率》、《繁荣政治经济学》等。其中，1962 年提出的“奥肯定律”成为他重要的学术研究成就。

在经过大量数据分析基础上，奥肯发现经济增长率和失业率之间存在函数关系，并把具体影响数值计算出来了。将美国潜在 GDP 增长率定为 3%，当实际 GDP 增长率比潜在 GDP 增长率下降 2% 时，失业率就会上升约 2%；当实际 GDP 增长相对于潜在 GDP 增长上升 2% 时，失业率下降约 1%；该理论被称为是奥肯定律，并提供了计算公式，失业率变动百分比 =-1/2×（GDP 变动百分比 -3%）。奥肯是拿潜在 GDP 作为中间衡量标准，研究（实际 GDP 增长率—潜在 GDP 增长率）与失业率之间的变化关系，可以理解为劳动力作为生产要素在推动经济增长过程中的贡献率。

首要，我们要知道几个概念。潜在 GDP 是按照当年的物价计算出社会产品和劳务的最终价值。所以影响潜在 GDP 的因素就是实际产量价格；实际 GDP 的数值需要先把从前某一年的价格作为基期价格，进而计算出当年全部产品的市场价值。在这里考虑到了不同时期价格变动，即通货膨胀或是通货紧缩在其中产生的影响；潜在 GDP 是理想状况下，全社会的生产要素和资源都被充分利用所产生的价值，它会随着技术和管理等条件而变化的，只能估算结果，这个概念首先被奥肯提出。经济学中讲到的在实际 GDP 下能够实现充分就业，其中的实际 GDP 就是潜在 GDP，但是现实中我们不能实现充分就业，所以按道理来讲，实际 GDP 是小于潜在 GDP 的。不过当一个社会通过超常规消耗资源来发展经济时，实际 GDP 就会大于潜在 GDP。如果实际 GDP 大于潜在 GDP，经济发展高涨，就会有通货膨胀的压力。我们知道，任何一个国家、社会都无法实现完全就业，充分就业是指在某一工资水平上，所有愿意工作的人们都能获得就业机会。

奥肯定律告诉我们，要实现充分就业，就需要大力发展经济，提高实际 GDP 的增长率，不过要小心因过度消耗资源带来的通货膨胀。与奥肯定律一样重要的经验规律还有菲利普斯曲线，该曲线也是在统计美国大量经济数据基础上得来的。这条曲线描述的是通货膨胀率和失业率之间的交替关系：通货膨胀率高的时候，失业率低；通货膨胀率低的时候，失业率高。这两条定律涵盖了宏观经济政策的三个主要目标：高 GDP 增长率、低失业率、低通货膨胀率。不同的切入点，都得出经济发展要协调好 GDP 增长与失业、物价的相互关系，也为政府人员抛出了要 GDP 还是要就业的选择难题。

奥肯定律的成功表现在于它曾经相当准确地预测过美国失业率。数据显示，美国 1979 ~ 1982 年经济滞涨时期，GDP 没有增长，而潜在 GDP 每年增长 3%，3 年共增长 9%。根据奥肯定理，实际 GDP 增长比潜在 GDP 增长低 2%，失业率会上升 1 个百分点。当实际 GDP 增长比潜在 GDP 增长低 9% 时，失业率会上升 4.5%。已知 1979 年失业率为 5.8%，则 1982 年失业率应为（5.8%+4.5%）10.3%。而1982年官方统计出的实际失业率为9.7%，与奥肯定律预测的失业率非常接近。不过，奥肯定律来源于美国经济大数据的统计分析，能否成为各国通用定律还需要经过不断验证。

此外，还有学者注意到就业市场中存在的一些细节现象，也成为考验奥肯定律正确性的难题。如在经济出现下滑的一段时间，有些企业并没有急于解雇职工，而是将他们放置在比较悠闲的岗位待职。因为企业担心有一部分技术员工或是熟练员工一旦被解雇，如果经济形势向好，这些空出来的岗位在短期内无法得到及时补充。这些位居闲职的员工就是所谓的隐性失业者。在隐性失业者出现的经济环境下，奥肯定律能否正确预测失业率就有待商榷了。在经济形势发展日新月异的今天，各种形式的经济问题还会出现在我们面前，不断进步将成为经济理论日臻完善的重要方式。

国家的资本流向

——对外举债与债务危机

很多时候，国家也会通过对外举债来度过经济的困难期，若选择国内印发货币，则会引起通货膨胀，所以一定数量的外债能避免这种情况，还能够保证国家经济需要。外债概念有两个层次的分类，政府外债和公共外债是指一国政府通过借债、发行债券等形式而产生的对外国的债务。另外，广义的外债是指在特定时期内，一国居民对非本国居民承担的具有契约性的偿还债务。外债具有弥补国际收支经常项目赤字的独特功能。

资本为什么会从一个国家流向到另外一个国家呢？马克思对此问题的回答更倾向于资本的剥削性和趋利性，他说，“资本来到世间，从头到脚每一个毛孔都滴着血和肮脏的东西”，正是各国资本间的利率差即生息性促使，资金在国际市场上的不断流动，外债是资本输出的一种特殊形式，是一国对另一国的扩张。马克思和列宁对于资本输出着重指出的是它的弊端，说它的高利贷会增加借贷国压力。客观来说，资本输出也就是外债往往会成为鼓励和带动债权国商品输出的重要手段，带有双面性。

在世界经济发展史上，外债在推动一国经济发展上起到了很大的积极作用，比如美国、巴西、加拿大、新西兰等国在工业化过程中，都不同程度地依赖外债，因为修筑铁路等基础设施而举借外债的事情比比皆是，美国铁路、新西兰铁路以及拉美国家的铁路，都是以举借外债才得以完成的。但是，外债是债权国干预、控制债务国财政经济命脉的重要手段，是影响一国经济健康发展的重大因素。第二次世界大战后，美国的马歇尔计划就是典型的事例。马歇尔计划的真正目的在于控制欧洲国家，同时还对日本、韩国、中国台湾进行了战略控制意图的经济援助。不过，美国一时风光的背后也有因为债务引发的危机。20 世纪 70 年代，因为石油危机传导的债务危机一度威胁到美国很多银行的生存。

对于外债，古典经济学者是持否定态度的。休谟曾说，国家若不消灭公债（包括外债），那么公债必消灭国家。斯密也说，从长远来看，巨大的债务可能会销毁掉所有欧洲大国。这些古典学派学者对外债如此排斥，是因为当时的政府将外债所得主要用于战争和奢侈消费。西蒙斯就曾指出，公债是政府用来发动战争和进行战争的，有政治野心推动并为之服务的，所以公债是有害无益的。

现代的发展经济学家则比较重视外债的作用，纳克斯就希望利用外债来打破贫困的恶性循环，这个理论是在 1953 年提出的。纳克斯认为，资本形成问题是不发达国家发展问题的核心，要实现突破只能吸引外国资本进入，具体可以通过 FDI（外商直接投资）和外债。纳克斯尤其强调债务国要注意外债的生产性。可事实上，很多发展中国家都将这些外债用于消费。

钱纳里提出“双缺口理论”，集中阐释了引入外资和经济发展之间的关系，这对发展中国家意义重大。该理论认为，欠发达国家客观上存在投资与储蓄之间的缺口，进口和出口之间的缺口，那么外资就可以弥补这两个缺口，接触发展的约束力量，不仅能提高增长的速度，还能加强自我运用资源取得持续发展的能力。外资的需求量最初是由投资和储蓄缺口决定的，但是随着经济的发展，后期主要由进口和出口缺口决定，从依靠援助带来的增长转向自我保持增长，这种依赖外资的程度视国家需要和政策而定。不过仍有不少经济学者提出“债务陷阱理论”。在他们看来，经济外援是握在援助者国家手中的对外武器，外债是发达国家榨取落后国家内部积累的重要手段，外债会助长消费，对一国长期增长率的实际影响是微不足道的，甚至是消极的。

外债有好处也有害处，近年来，欧债危机成为大家关注的重点话题。欧债危机是金融危机后的一系列后遗症，它始于希腊危机。2009年12月，全球三大评级机构纷纷下调了希腊的主权债务评级，成为欧债危机爆发的导火索，后逐步演化为欧洲诸多国家的问题。欧债危机的产生固然有着它的特殊性，但也再一次提醒其他国家的主权债务安全问题，更加均衡地配比外汇储备、外债负担、财政赤字等经济项目，确保债务安全。

橡胶股票风潮

——举债投机

100多年前，上海爆发了一场举国惊慌的金融危机，这场金融危机使中国民族资本主义经济从1903年之后连续6年上涨的势头被打断，不计其数的商号和企业破产，经济步入大萧条时期。这场金融危机的罪魁祸首就是橡胶。

1910年7月，因橡胶股票狂跌，上海股市濒临毁灭，此次风潮也让中国工商业遭受重创，清末新政的成果毁于一旦。粗略统计，华商共损失资金4000多万两白银，而当时清政府的可支配财政收入也不过1亿两左右。巨款外流，让清政府本就入不敷出的财政状况雪上加霜，导致清政府于次年将商办铁路“收归国有”，以路权为抵押向列强借款，甚至间接导致了辛亥革命的爆发。那么这场规模空前的橡胶股票危机到底是怎么回事呢?

20世纪初，交通汽车制造业飞速发展，汽车、三轮车、人力车都装上了橡胶轮胎，套鞋、雨衣等不计其数的橡胶制品也被众多需求者消费。由此，橡胶成为众多工业产品中十分热门的新兴材料。不过当时橡胶的生产规模在短期内并无法扩大，这也就造就了当时橡胶价格持续走高甚至暴涨的现象。资料显示，1908年，伦敦市场橡胶每磅售价是2先令，到1910年春期售价已经高达12先令。在伦敦金融市场，价值100万英镑的橡胶股票曾在半小时之内销售一空，可见橡胶投资的疯狂状态。橡胶市场存在的巨额利润使大量国际资本将目光定在了橡胶资源的开发上。南洋群岛地区很适合橡胶的生长，一时间南洋群岛成了各大商的抢夺之地。截止到1910年初，有122家新公司成立，他们专门开发南洋橡胶资源。这122家橡胶公司中，有40多家开设在中国上海，中国最大的资本市场也被深深地卷入到这场国际资本橡胶投机活动中去。

▲ 东南亚的橡胶林

橡胶出口是20世纪初东南亚的主要经济来源。

上海的橡胶公司纷纷在报纸上刊登广告，极力宣传公司的美好前景，大肆招徕资金。受到国际金融投机风潮的影响，上海的橡胶股票也大受欢迎。当时很多中国人连橡胶是什么东西都没有弄明白，仅凭道听途说，就疯狂抢购橡胶公司的股票，唯恐失去暴富机会。一些公馆的太太小姐甚至变卖首饰，用得来的钱买股票。仅仅几个月，40多家公司的2500万两股票被抢购一空。在这种躁动环境的炒作下，一个叫“地傍橡树公司”的股票，在上海股票交易所的开盘价格，从1910年2月19日的每股25两，上涨到4月6日的50两，一个半月上涨了一倍。抢购狂潮让很多人一夜暴富，更加激起了人们的投机欲望，以至于股票的实际价格超过票面价值的数倍，甚至数十倍。据估计，在橡胶股灾爆发之前，中国人大约购买了市场80%的股票，而在上海的外国人只抢购了20%，很多华人甚至不满足于在上海抢购，还调集资金到伦敦，在伦敦投入的资金约1400万两。

在这场狂潮中，中外金融机构起着主导作用，在外华商银行向中国钱庄和个人发放了可用于购买橡胶股票的巨额贷款。中国最主要的钱庄、票号和银号，也纷纷介入上海股票投机橡胶买卖，这些是中国最重要的金融机构，而且已经与中外贸易和工业等新经济行业发生密切的联系，成为中国新式金融业的主要力量。正元、兆康、谦余三家钱庄是股票投机的第一批受害者，也是最早倒闭的钱庄。

1910年6月份，伦敦传来消息称橡胶市场行情暴跌，上海股票也随着一路狂泻，股票价值瞬间下降10多倍。洋人、洋行先前得到消息，已经先一步将手中的股票售给了其他买家，中国人成为这场股票风波的最终埋单者。先后多家钱庄歇业倒闭，引起了中国国内银行的极度恐慌。投入到上海和伦敦股市的大量资金无法收回，中国钱庄欠下上海外国银行的 139 万余两白银无法偿还，外国银行便扬言要立即收回拆借给上海银钱业的款项。朝廷此时只顾着钩心斗角，完全不顾上海危机对中国的影响，没有出台任何救市措施，这也是导致全国性的钱庄倒闭和经济恐慌的直接原因，随着而来的经济萧条也就在所难免了。

清末发生的这次橡胶股灾，是中国 100 多年的近现代史的一个缩影，因为清末统治者的无知无能，不能出台行之有效的救市政策，反而增加钱庄压力。弱国无外交，年轻的中国在经济上是一片空白，在这种情况下又如何与强大的外国资本家斗争呢？橡胶股灾只能作为一种惨痛的教训留在中国证券业发展史上。

新制度经济学

凡勃伦

——制度是一种“社会习惯”

制度学派对世界经济发展有着重要的贡献，它诞生在美国，大约产生于19世纪末20世纪初。制度学派内部并不是一个严格的、观点统一的学派，传统制度主义代表人物有凡勃伦、康蒙斯、米切尔等经济学家。其后在19世纪三四十年代，制度学派有了新的发展。与传统制度主义不同，新制度主义更倾向于理论化、市场导向和反干预主义，代表人物有加尔布雷思、德姆塞茨、科斯、威廉姆森等。我们先就传统制度主义产生就行阐述。

20世纪初期，美国资本主义取得了长足发展，成为垄断资本主义最发达的国家，同时贫富差距也十分突出。综合社会经济、法律、伦理、历史等因素，1899年，凡勃伦发表《有闲阶级论》，1904年发表《企业论》。他采用历史方法、达尔文主义的演进方法、反对平衡的观点，批评传统经济学的方法论，承认资本主义制度存在各种弊端和缺陷，强调对资本主义各种经济关系的改良，创立了制度学派，也形成了制度学派的传统。

托尔斯坦·凡勃伦（1857 ~ 1929）生于威斯康星州的一个边陲小镇，因为是挪威移民，他从小一直讲挪威语，十几岁才开始讲英语。在卡尔顿学院，凡伯伦完成了本科教育，并师从克拉克。克拉克是一位新兴的新古典经济学派的重要经济学家，不过，后来的凡勃伦背弃了新古典经济学，转而对克拉克及新古典学派理论展开了尖锐的抨击。

凡勃伦是一个尖刻、悲观、孤独的人，从小在农村长大的他，与教育环境和工作环境格格不入，也因为对宗教信仰的怀疑，很多大学都不愿聘请他做老师。最后好不容易有学校接收他，却因为他行为举止粗鲁，工作上对学生漠不关心、生活上放荡不羁等很多原因而被学校警告，甚至不得不从一个学校转到另外一个学校。所以，在凡伯伦的整个职业生涯中，很长一段时间他都处于失业状态，不得不依靠家人和一些学生的接济过日子。在失业的时间里，他博览群书，坚持观察社会经济并进行创造性思考，在 42 岁时才出版了他的重要代表作《有闲阶级论》，成为制度经济学派的开山鼻祖。

凡勃伦定义制度为广泛存在的社会习惯，而不是社会组织结构。受达尔文进化思想的影响，他认为制度本身是进化的过程。制度这种固定的思维习惯，会使人们在某一时间、地点做出古典行为，进行权利和财富的分配。当然，必要的时候，这些习惯准则会跟组织结构实体相结合。经济制度就是在生活过程中所接触到它所处的物质环境时如何继续前行的习惯方式。实际上，凡勃伦把人类的思想习惯加入到经济学研究中去了。

在凡勃伦看来，人类社会经济生活中主要存在着两种制度：生产技术制度和私有财产制度，这两种制度都是以人的本能为基础而形成的。生产技术制度与人的工作本能和改进技术本能有关，而私有财产制度与人的虚荣本能及追求利益的本能有关。结合达尔文进化主义，凡勃伦还把人力社会划分为 4 个时代：草莽时代、野蛮时代、手工业时代和机器生产时代，并指出在每个时代都有这两种制度的体现。

在凡勃伦生活的年代，这两种制度被具体描述为“机器操作”和“企业经营”。运用科技进行的机器生产体现的是生产技术制度，以营利为目的的企业管理体现的是私有财产制度。凡勃伦犀利地指出，这两种制度日益形成技术人员和企业家两大对立阶级。随着社会的不断发展，技术重要性的日益增强，经营不再统治技术，受制于企业家的技术人员与企业家之间的矛盾逐步深化，甚至会出现“技术人员苏维埃”的现象。

在《有闲阶级论》中，凡勃伦提出了“炫耀性消费理论”。有闲阶级被凡勃伦认为是非生产性的，炫耀性消费最初是指上层贵族阶级为了炫耀他们的消费方式，显示他们的权势、声望和成功，而掌握大量对他们作用不大且超出实用范围的物品。受这种现象的影响，就出现很多内部消费简陋、广众下消费奢侈的家庭和个人。因为人们的心理评价不是以某人的品行和才干为准的，而是根据他的消费水平做出判断，这种不良风气就促使低层社会群体的消费向高层阶级靠拢。现实中也确实是这种情况，商品价格越高，越能受到消费者的青睐，这反映出人们挥霍奢侈消费的心理愿望，这就是凡勃伦效应。此时人们取得商品所获得的效应不再仅仅取决于该商品一单位所提供的价值，而是取决于消费者为此支付的价格。

作为制度经济学的创始人，凡勃伦以一副批判者的形象闻名于世，他的思想在西方经济学界独树一帜，为很多学者所重视。他的制度二分法和炫耀性消费都对现代经济学研究产生重大影响。

康蒙斯

——“法院的看得见的手”

约翰·罗杰斯·康蒙斯（1862 ~ 1945）出生在美国俄亥俄州霍兰斯堡。1888年，康蒙斯从奥伯林学院毕业，并获文学学士学位。1892年，任该学院经济学、社会学教授。1915年，在该学院获法学博士学位。除了在学校任教，康蒙斯还先后在美国工业委员会和美国全国经济研究局工作。康蒙斯的研究集中在制度经济学领域，他不仅从经济学，而且从政治科学、法律、社会学和历史方面吸取知识，在劳动关系和社会改革方面得出了独到的真知灼见，并将这些知识理论积极运用到产业关系、行政机构、公共事业管理、工人补偿和失业保险等重大问题的立法和政策制定中。

受其老师的影响，康蒙斯坚信经济生活是受习俗和法律以及通过产权概念联结的一系列相互交叉的制度所支配的。他批评传统经济学把法律制度排除在研究之外的做法，重视法律制度这只“看得见的手”在经济发展中的作用，并通过“交易”这一基本单位把法律、经济学和伦理学联结在一起，这些可以从他的《资本主义的法律基础》、《制度经济学》中看到。康蒙斯把法律制度融合到经济学中，将经济与法律结合起来进行分析。因此，康蒙斯被视为是开创了法学经济学的跨学科研究者。

“交易”这个概念是连接经济和法律的桥梁。康蒙斯认为，交易就是所有权的转移，交易是在法律和习俗的作用下取得和让与对经济数量的合法控制权的手段，而且交易不是实际“交货”那种意义上的物品交换，它是个人与个人之间对物质的所有权的让与和取得。交易是康蒙斯提出的一个独特的概念，他把交易划分为3种类型：买卖的交易、管理的交易和限额的交易，并指出这3种活动单位包罗了经济学里的一切活动。由于这些交易是地位平等的人们之间或者上级和下级之间的社会活动的单位，那么，“它们的性质兼具伦理、法律和经济特性”。

康蒙斯认为，经济关系的本质就是交易。经济社会正是由无数交易组成的大组织，交易的双方主体从自身利益出发，就免不了会有交易冲突发生，法律制度就要充当仲裁者的角色。因为有相互信赖的存在，所以市场主体要接受法律对经济行为的仲裁。也正是基于这一点，经济行为才能顺畅进行，经济才能继续发展。这就是康蒙斯的“利益和谐论”。该理论认为，交易包括3种社会关系：冲突、依存和秩序。经济学家通常将重点放在未来理想化的协调研究上，而忽视了冲突的存在。要知道，冲突中产生秩序，其意义也是深远的。所以在康蒙斯看来，交易冲突可以通过公正的仲裁人进行调节，这个公正的仲裁人就是国家、法律、法院，他们需要积极发挥调和利益冲突、维护社会秩序的作用。

制度发展是康蒙斯不同著作的主线，特别是资本主义内部制度的发展，他把制度看成是人类社会经济的推动力量。就约束个人行动的集体行动而言，在集体行动中，最重要的是法律制度约束。他认为，法律制度不仅先于经济制度而存在，并且对经济制度的演变起着决定性作用。从资本主义的产生发展来看，资产阶级法律制度的胜利为资本主义的发展扫清道路，促使封建经济制度解体，最终资本主义经济制度得以确立。而在资本主义经济制度发展后期，诸如工业资本时期和金融资本主义时期，法律制度起着重要的推动作用，推动着一个阶段向下一个阶段的过渡，比如，美国从工业资本主义发展为金融资本主义，主要就是反托拉斯法的作用，这些垄断组织的活动都是经过立法部门允许才得以进行的。公司法是管理资本主义经济最明显的法律表现。法律可以规范企业行为，那么也就可以保障公民经济权益，因此，康蒙斯主张完善相关法律制度，解决诸如工人困苦无保障的情况，维护劳动者的经济利益，这是一种改良性质的资本主义经济管理方案。康蒙斯不同意资本主义社会存在的阶级对抗，相反，在他看来，雇主和雇工之间的冲突只是交易双方在利益上的不协调，既然劳资双方还有相互信赖的一面，那么通过法律调整就可以实现利益均衡。康蒙斯的这一法制决定论，阐述了法制对经济发展的决定性作用，这也是康蒙斯经济学说最大的特点。

▲这幅漫画讽刺了美国国会被大腹便便的垄断资本家所控制。

在康蒙斯关于法律和经济联系的理论体系中，还有集体行动理论。该理论指出了集体行动对个人行动的控制作用。在《制度经济学》的开篇部分，康蒙斯就指出：“我的观点源于据我参加集体活动的经验，从这些活动中，我得出一种关于集体行动在控制个人行动方面所起的作用的理论。”这表明，康蒙斯研究的是抽象的集体行动，而不是商品、劳动、财富等物质性的东西。

在康蒙斯看来，正是因为集体行动，在人与人之间才建立起权利、义务以及没有权利和义务的社会关系：集体行动要求个人去实行、避免和克制，所以集体行动控制个人行为产生的结果总是对个人有益。集体行动还可以通过它的帮助、强制或阻止来决定一个人能不能做某件事情。在一个强有力的社会经济中，集体行动可以用来协调人与人之间的利益冲突，制定合理的行为范本。因此，集体行动相当于为经济生活中的个人行为建立一个行为规则，来指导和约束个人行为，使个人行动更符合社会的利益。同样，康蒙斯认为，要使集体行动达到更好的效果，就需要法律制度的保证。

同为制度学派的科斯曾对康蒙斯这些老制度学派提出了自己的看法。他说，那些老制度经济学家都是一些充满大智能的人物，但是，他们却是反理论的。他们留给后人的是一堆毫无理论价值的实际材料。可事实上，科斯等人关于财产与财产权利的区分也承袭了康蒙斯的观点，其他经济学学者如塞缪尔斯和施密德，在基本精神上都继承了康蒙斯的衣钵，将法律制度看成是协调冲突的规则体系。施密德还把法律制度看作是协调冲突和人们偏好的规则集合，它决定一个人或集团的选择集，并对经济绩效产生影响。显然，这跟康蒙斯主张通过法律从冲突中造成秩序、强调法律对社会经济发展的决定性作用的观点是相通的。而塞缪尔斯则把法律和经济过程之间看成是统一的体系，即法律是经济的函数，经济也是法律的函数，重在分析二者之间的互动关系及演进趋势。

尽管康蒙斯的思想时常被人们忽略，不过我们仍然能从科斯以及后来的法经济学家那里看到康蒙斯的影子。哈特曾说，“康蒙斯表述上的不成功，无疑使他的理论著作的影响受到了限制。”读过康蒙斯著作的绝大多数人，都纠结于康蒙斯那晦涩含混的语句、杂乱无章的结构。也许是康蒙斯本身理论表述的缺陷，才致使人们忽略他的理论。但这些掩饰不了康蒙斯在经济学领域踏出的新脚步，康蒙斯堪称是法经济学的伟大先行者。

加尔布雷思

——“开放式的经济学”

约翰·肯尼思·加尔布雷思（1908 ~ 2006）有两个重要的身份：美国经济学家和重要政府官员。在经济领域，他是制度学派的领军人物，关注社会贫困、萧条、垄断的问题，曾担任普林斯顿大学副教授，《财富》杂志的编辑，从 1949 年开始担任哈佛大学经济学教授。在政治上，他官居要职，历任美国物价管理局副局长、战后美国战略轰炸调查团团长和美国国务院经济安全政策室主任，还出任过美国驻印度大使，并于 1972 年当选美国经济学会会长。

加尔布雷思出生在加拿大安大略省的一个农场主家庭，父亲原是一位老师，后来从商，最后从政，他的聪明机智很多是受家庭的影响。1931 年，加尔布雷思从加拿大安大略省农学院毕业，获得学士学位，然后出发去了美国。在美国期间，他继续深造，研究农业经济，获得硕士博士学位。加尔布雷思一生写了 30 多部著作，文笔辛辣。如《1929 年大崩盘》、《经济学和公共目标》、《丰裕社会》、《不确定的年代》等。

加尔布雷思是一位典型的新古典主义的批判者。加尔布雷思曾说过："我批判的是传统思维而不是发现和阐述他们的人，因为时代在进步，这些思想已经不合适当下形势，可是人们却浑然不知，还把他们看得神圣不可侵犯。"由此，加尔布雷思提出了几个特别的理论。首先是他的"依赖效应"。按照加尔布雷思的观点，现代资本主义发展形成了大型公司主导的格局，这些公司为了获得更多的利润，开始创造越来越多、形式多样的"欲望"，这些"欲望"会以公司计划和广告的形式出现，进而"诱导"并为消费者提供产品和服务。在这样的体系下，消费者没有自主意识，不再是选择的上帝了。这点显然是与正统古典经济学相违背的——正统经济学自始至终认为消费者是需求的唯一主观因素，不接受所谓的推销因素去代表消费者的真实利益。

加尔布雷思异于常人的消费者需求理论还意味着，市场间私人产品过多地投入，就造成了公共产品配置的不足。这在他 1985 年出版的《丰裕社会》一书中被提到过，提醒人们要关注"公共目标"，私人消费部分过于膨胀就占用了本该投入到社会事业的资金，致使交通道路、医院、学校、住房等因为财政拮据而无法筹建发展。书中"私人丰裕"和"公共贫困"两种现象形成了明显的对比，着实吸引了读者的眼球，成为当年非小说类的畅销书，甚至入选纽约图书馆世纪丛书。

加尔布雷思的"生产者主权论"在一定程度上反映出战后美国社会不断发展形成的一部分经济现象。丰裕社会下，很多产品只能满足生存需求，靠推销满足人们欲望的生产方式成为重要的新意识。不过这是一个极端的角度，消费者终究是有自主判断能力的，只不过是在现代社会，其选择过程中所受到的干扰信息更多了。但是我们不能忽视加尔布雷思这一智慧，这将会使正统经济学家暂时停下发展的步伐，接受加尔布雷思的批评和建议，重拾研究路上可能丢失的珍宝。

美国在经历第一次世界大战后，资本主义得到了长足的发展，成为世界上最大最强的工业主体。在繁华景象背后，很多工薪阶层的生活却是极其狼狈：劳动时间长、工资收入低、住房医疗教育一些基础保障设施系统薄弱，工人安全感缺乏。由此，“公共目标”的字眼也同时出现在加尔布雷思的《经济学和公共目标》中，在书中，他详尽地指出了资本主义社会遇到的失业、通货膨胀、贫富差距、经济失衡、环境恶化等一系列问题。

虽然早期的加尔布雷思受到凯恩斯主义学说的影响，不过他是反对凯恩斯主义和经济自由主义的。传统智慧中，按照凯恩斯的理论，可以通过货币政策和财政政策调节通货膨胀。但加尔布雷斯认为，在丰裕社会中，货币政策和财政政策对于控制通货膨胀是无能为力的。货币政策主要通过利率产生作用，但利率的变化将出现不平均的作用；在生产领域，那些寡头垄断的企业将财务成本转嫁给消费者，而那些竞争性行业则只能自己承担，这进一步导致社会资源的分配不均；在消费领域，考虑到消费者信用的创造，消费者对于利率并不敏感，而只是关心分期还款额，只需要简单地做一些金融创新，就可以抵消利率变化对于消费的抑制作用。财政政策的紧缩可以控制通货膨胀，但这又与传统智慧中扩大生产、解决就业的观念相抵触。

▲这幅壁画反映了在不平等的资本主义社会里，穷人更穷，富人更富，许多人没有社会保险，无家可归，而富人却花越来越多的钱消费那些华而不实的东西。

生活中的加尔布雷思经常被认为是恃才傲物，《纽约时报》就说他傲慢自负。在回忆录里，加尔布雷思自己也承认偶尔会情绪失控。不过这些都不影响加尔布雷思对经济学发展做出的巨大贡献。

缪尔达尔

——循环积累因果联系

纲纳·缪尔达尔（1898 ~ 1987）是瑞典新制度学派和发展经济学的主要代表人物之一。1974 年，缪尔达尔和哈耶克一起荣获诺贝尔经济学奖。

缪尔达尔一生中做过的职业很多，做过很多大学经济学课程讲师和教授；作为社会民主党成员被选人参议院，参加政事决策；还兼任瑞典政府的经济顾问、瑞典商业部部长和瑞典银行的理事，甚至任职联合国经济委员会秘书。担任一系列经济部门的要职，也足以证明缪尔达尔丰富的经济学知识和经济管理能力。

其他经济学家的研究放在了纯经济学上，而缪尔达尔对经济学的研究更为开阔，进入到社会和制度的新领域。缪尔达尔很早就注意到当时社会存在的不平等现象，1929 ~ 1933 年的世界经济危机更是加剧了这种现象，普通人们生活更加贫困，而富裕阶层的财富收入却不断增加。由于长期在政府部门任职，缪尔达尔审视问题的角度更加宏观化，强调区域间协调统筹的重要性。他尝试着把经济分析和社会、人口联系在一起，制度问题成为他关注的重点。

于是，带有缪尔达尔独特思想的著作《经济理论与不发达地区》出版了。在该书中，他系统地提出了“循环积累因果联系”理论。他认为，社会经济制度是一个不断演进的过程，在发展过程中受到经济、政治、文化、技术等因素的相互影响，如果这些因素的其中一个发生变化，就会引起另外一个或几个相关因素的变化，后来变化的因素反过来推动最初的那个因素发生再变化，即 A 的变化影响 B，B 反过来又影响 A，A 再影响 B，这就形成了简单的循环模型。现实中的各个要素之间就是以这种循环积累，通过微妙的、短暂的不守恒来实现整个过程的非均衡状态，并且这种循环具有积累效果。缪尔达尔的循环积累因果联系理论被广泛地应用到区域发展中去。

理论认为，社会发展的市场力量一般倾向于强化而不是弱化区域间的不平衡。这主要是因为各地区间自然禀赋和资源的不同。有些地方最开始就有良好的发展优势，后期的发展自然也会很好；而资源条件本身就相对差的地方，由于不平等约束，会阻碍经济增长，后期的发展情况也是一般的。同时，缪尔达尔还提出，循环积累会在发展过程中带来两种不同的作用，即回流效应和扩散效应。

生活中经常会看到，一些落后地区的优质劳动力会涌向发达地区，享受那里的高工资、高水平社会保障和教育、卫生医疗等资源，这就直接导致落后地区的劳动力数量不足，质量下降，该地区发展阻力更大。这种现象就是循环积累理论提到的回流效应，当然这种效应也不是无限发挥作用的，“大城市病”就是其发展受到节制的体现：由于强大的吸引力，发达地区的人口急剧增加，交通拥挤、环境污染严重、人口与社会资源矛盾尖锐、生活成本不断上升，其外部性效应逐渐下降，经济强势增长的势头受到限制。而扩散效应是指发达地区通过对接支援落后地区人力、技术、资金等资源，以促进其发展。“大城市病”的出现成为发达地区向周边落后地区转移产业链条的重要原因之一。此外，国家政策引导支持也能产生扩散效应。缪尔达尔认为，若没有制度发现并改变这种不平衡，只靠社会经济自由发展，那么发达地区继续积累优势，落后地区继续积累劣势，区域间的失衡愈加明显，就产生了“地理上的二元经济”结构。

要实现某区域社会经济发展的转变升级，关键是要使扩散效应大于回流效应，刺激落后区域经济发展，缩小区域间的差距。对此，缪尔达尔提出了关于区域发展的政策主张——不平衡发展战略，即在经济发展的初期，政府应当采用不平衡发展战略，对经济基础较好的区域和社会重点行业进行投资建设，以求较好的投资效率和较快的经济增长速度。其中值得注意的是，当经济发展到一定水平时，要防止累积因果循环造成地区贫富差距的扩大现象，政府要及时通过一系列特殊的区域经济政策，结合扩散效应刺激落后地区的发展，缩小区域经济差异，最终消除二元经济结构。

用动态的循环积累因果假说取代传统的静态均衡假说，缪尔达尔认为按照这样的“优先次序”的不平衡增长战略，可以使欠发达地区能够有效地利用有限的资源加快经济增长。认同不平衡发展观点的还有赫尔曼、威廉姆森等学者，他们的不同理论，共同构成了发展经济学重要的理论骨干，为当今发展中国家的社会经济建设提供了理论支持。

科斯定理

——牛走失后的设想

1991年荣获诺贝尔经济学奖的罗纳德·哈里·科斯（1910～2013），与其他获奖的经济学家稍显不同。他没有很多的著作，也几乎没有写出过一条数理方程式，但这并没有影响他成为伟大的经济学家。科斯的主要经济学贡献就是揭示了“交易价值”在经济组织结构的产权和功能中的重要性。

1910年，科斯出生于英国伦敦郊外的一个小镇，父母都是当地邮局的普通电报业务员。年幼的科斯因为腿疾不得不在残疾学校入学。腿上沉重的铁制护腿工具，给科斯生活学习带来了很多不便，不过科斯并没有因此在学习上有一丝懈怠。通过不懈努力，科斯顺利考入伦敦政治经济学院，并获得商科学士学位。其后，科斯凭借《公司的性质》的论文，而在经济学界崭露头角。在这篇文章中，科斯以独特的视角——交易成本的角度来分析企业是如何产生的。科斯认为，市场交易是存在成本的，这些成本包括讨价还价、订立执行合同的费用及时间成本等。若市场交易成本高于企业内部的管理协调成本时，企业便产生了。此外，科斯还指出，企业的产生存在就是为了节约市场交易费用。

长期专注于产权问题的科斯，提出了著名的“科斯定理”，并因此获得诺贝尔经济学奖。科斯定理的基本含义出自科斯在1960年发表的《社会成本问题》一文中，“其通俗解释是只要财产的产权清晰，市场交易成本很小或者为零，那么此时无论将财产权给谁，都能实现资源配置最有效率的市场均衡。

外部性的存在和公共品的属性一直是市场机制难以处理的问题，于是包括科斯在内的众多经济学者对此展开了学术研究，试图揭示人类行为的一般规律。外部性是指一项经济活动对非当事人的第三者产生的影响，这种影响没有通过市场价格机制得到反映，外部性有政府效用。以往解决经济外部性的传统思路是对正外部性经济行为进行补贴和奖励，对负外部性进行征税和罚款。这种政府干预行为不是没有成本的，也存在不确定性，还可能会带来寻租活动，最终不一定能实现资源最优配置。科斯为解决外部性提供了新思

▲ 罗纳德・哈里・科斯像

路。他认为，之所以会产生外部性，关键是因为没有明确权利的范围。如果在产权充分界定的条件下，通过当事人的谈判纠正和市场机制，使私人成本和社会成本达到一致，从而避免经济外部性的产生。科斯定理就是针对经济外部性提出的解决方案，它有两个重要前提——明确产权和交易成本。科斯定理由三组构成，分为科斯第一定理、第二定理和第三定理。

科斯第一定理是指在交易费用为零的情况下，不管权利如何进行初始配置，当事人之间的谈判都会导致资源配置的帕累托最优。在说明这条定理的时候，科斯通过牛吃草的案例进行了分析。假设，一位种植小麦的农夫和一位养殖奶牛的牧场主在相邻的两块土地上生活，结果就导致牧场主家的奶牛经常跑到农夫卖地里面吃麦子，养牛者得利，农夫则受损，这就是外部性。此时，若养牛者要向农夫做出赔偿，根据第一定理，养牛者要向农夫赔偿小麦损失，使小麦的损失内化成为养牛者的生产成本。若养牛者不承担给农夫造成的损失，农夫要想避免损失，必须给养牛者以补偿，也就是农夫需要购买控制牛群规模的权利。

科斯定理的第二定理是指在交易费用不为零的情况下，不同的权利配置界定会带来不同的资源配置。现实生活中，任何交易都是有成本的，交易成本为正数时，合法权利的初始界定就会对经济制度的运行效率产生影响。

科斯第三定理是指由于存在交易费用，不同的权利界定和分配就会带来不同效益的资源配置，因此产权制度的设置是优化资源配置的基础。交易成本大于零时，若没有产权制度，产权的交易与经济效率的改进就难以展开，而清晰界定的产权将有助于降低人们的交易成本，提高效率。

萨缪尔森曾错误地偷换概念，认为科斯没有考虑到垄断市场形式，批评科斯定理的正确性。最终，学者们用推论证明只要交易费用为零，即便存在垄断，也可以实现帕累托最优。另外也有很多经济学家认为，科斯定理忽视了产权界定对财富分配和资源配置效率的影响，科斯本人对此解释说，要素的市场价格变动会抵消产权安排对财富分配的影响。事实上，零成本的交易费用现象在现实中是不存在的。此外，该定理也存在逻辑悖论，科斯认为只要政府的管理成本小于市场交易成本，那么政府管理就比市场自动机制有效，这点与他的产权论主旨的基本论点相悖。

尽管带有瑕疵，科斯定理仍有闪光之处，他发现了交易费用与制度安排之间的关系，为人民在经济生活中做出合适的制度产权安排提供了可行的解决方法。同时，科斯这种独特的分析视角，为解决外部性开辟了一条新的研究途径。

下篇

生活中的经济学

Economics Of Our Life

第一章 不可不知的经济学原理

鱼和熊掌之间的权衡取舍

经济学是一门理性选择的学问，它与人自身最根本的利益息息相关，教人从对自己、对社会最有利的角度去分析、解决问题，给我们的生活提供了理性且有益的帮助，给我们警示，让我们清醒。

“有得必有失”、“鱼与熊掌不可兼得”之类的俗语，说明人生总是处在选择中。早上起来要穿哪一套衣服出门，你在选择；中午要去哪里吃饭，你又在选择；女孩子有众多的追求者，在考虑结婚的时候，到底哪一位男士比较适合自己，你要选择；毕业后找工作时，面对多家企业，你也要做出选择。虽然以上的选择有大有小，但每日、每月所有的选择累积起来，就影响了你的人生。

经济学家正在房间里埋头忙着做自己的学问。这时，一个中意他的女子大胆地敲开了他的房门：“让我做你的妻子吧，错过我，你将再也找不到比我更爱你的女人了。”经济学家虽然也很中意她，但仍回答说：“让我考虑考虑！”于是，他陷入长期的苦恼之中，迟迟无法作决定。最后，他终于得出一个结论：“我该答应那个女人的请求。”

于是，经济学家来到女子的家中，对女子的父亲说：“你的女儿呢？我决定娶她为妻。”老父亲冷漠地回答：“你来晚了10年，她现在已经是3个孩子的妈妈了。”经济学家听了，整个人近乎崩溃，他万万没有想到向来自以为傲的经济学头脑，最后换来的竟然是一场悔恨。

每个人对同样的问题都有不同的认知，在经济生活中也是如此。面对一件相同的商品，不同的人可能会有不同的选择。有人作选择是从经济学的成本收益角度来看，比如人们选择一项投资，总是选择投入最少、收益最大的。有人做出选择是从物品的使用价值角度来实现的，例如人们在沙漠中对水的珍视就比其他物品要高。还有人是从自己的兴趣爱好方面来做出选择的，如有人喜欢集邮，花费千金也要集齐一套完整的邮票。如果非要说谁做出的决策或者选择是最优的，恐怕谁也不能说服谁。

实际上，世界上有许多美好的东西，追求不尽，每个人的价值观、客观条件各不相同，只有适合自己的才是最佳选择。日常生活中，我们经常可以看到有不少人见到别人做出了某种选择，于是自己也跟着做出同样的选择，全然不顾自身的条件，这种选择和决策往往不能得到令人满意的结果。

其实，无论做出何种选择，适合自己的才是最佳的。在别人看来并非是最佳选择，但对自己而言是最佳的，这就够了。比如，小李和小黄都拥有 100 万元资本准备投资，小李对塑料刷颇有研究，小黄对装潢设计十分在行。但是，如果小李将资本投入装潢设计行业，小黄将资本投入塑料刷业，对他们来说恐怕都不是最佳选择。

以下是一则非常有趣的经济学分析：

一个美女想知道如何才能傍到大款。她在一个大型网站论坛的金融版上发了帖子："本人 24 岁，非常漂亮，是那种让人看一眼就觉得惊艳的漂亮；谈吐高雅，举止端庄，想找个年薪百万的富翁做情侣。可是，怎样才能做到这一点呢？"

照理说，如此年轻优秀的美女，即使是百万富翁也会乐意选择她。但是，有个华尔街的生意人给她写了回帖，他说："从生意人的角度来看，选择你是个很糟糕的决定（至少像我这样的有钱人不会选择你）。

"通过你的描述，我们可以理解男女之间的关系是一笔简单的'财'和'貌'的交易：甲方提供迷人的外表，乙方出钱，交易平等，绝无欺瞒。但是，这里有个致命的问题，你仅仅拥有美貌而已，时间长了，美貌会消逝，我的钱却不会减少。

"更残酷点说，从经济学的角度看，我是增值资产，你是贬值资产，不但贬值，而且是加速贬值！你现在 20 多岁，在未来的 10 年里，你仍可以保持窈窕的身段，虽然每年可能会略有退步。但美貌消逝的速度会越来越快，如果它是你仅有的资产，10 年以后你的价值堪忧。所以，你仅仅想靠美貌来完成这个交易，估计是不太现实的，或者交易不会持续太久。与其苦苦寻找有钱人，你为什么不想办法把自己变成有钱人呢？”

这个商人不愧是以经济学理性思考的高手！其实每个人都会面临选择和决策的问题，大致上会体现如下的规律：每个人都会自然地做出趋利避害的决策，选择对自己利益最大化的结果；人们会清楚认识到自己面临的选择约束条件，以尽可能实现自己付出的代价最小化。选择的情况越多，意味着人们的选择和自由度越大。

选择与决策是一门高深的学问，以经济学的思维思考问题，根据自己的实际情况和条件，才能做出能使自身利益最大化的最优决策。

两堆稻草间饿死的驴子：机会成本

有一头驴子，它非常饿，到处找吃的，终于看到了两堆草。它迅速跑过去，却为难了，因为两堆草同样鲜嫩，它不知道应该先吃哪一堆。它犹豫不决，在两堆草之间徘徊，一直在思考先吃哪一堆。因为不知道如何选择，最终这头驴子饿死了。

这则选自《拉封丹寓言》的故事，其实讲的就是机会成本。经济学家常说世界上没有免费的午餐，就是指任何选择行为都有机会成本。

机会成本是指为了得到某种东西所要放弃的另一样东西。简单来说，可以理解为把一定资源投入某一用途后所放弃的在其他用途中所能获得的利益。我们在做一件事情上权衡利弊，然后做出最优选择，那个被放弃的价值最高的选择，就是机会成本。

比如一个农民有一块土地，他可以用来种小麦、种蔬菜、养猪。假设这块地种小麦的成本是 100 元，种蔬菜的成本是 150 元，如果养猪的话，将会收益 200 元。如果农民拿这块地用来种蔬菜了，相应的他就没法去种小麦或养猪，那么他种蔬菜的成本是多少呢？是 150 元吗？不是，150 元只是会计成本，真正的成本是 200 元，即他舍弃的另外两个项目中价值最大的那一个项目的价值!

明确机会成本的概念，必须明确以下几点：

一是机会成本中的机会必须是你可选择的项目。若不是你可选择的项目便不属于你的机会。比如农民只会种小麦、种蔬菜和养猪，搞房地产就不是农民的机会；又比如你只想吃豆沙糕或者巧克力薄饼，那么油条就永远成不了你的机会。

二是机会成本必须是指放弃的机会中收益最高的项目。放弃的机会中收益最高的项目才是机会成本，即机会成本不是放弃项目的收益总和。例如农民只能在种小麦、种蔬菜和养猪中选择一个，三者的收益关系为养猪＞种蔬菜＞种小麦，那么种小麦和种蔬菜的机会成本都是养猪，而养猪的机会成本仅为种蔬菜。

可见，如果农民把地用来种蔬菜或种小麦，他的经济利润是负的，只有他把地用来养猪，他才能获得利润。

经济学假设人们在理性的指导下，将有限的资源进行最优化的配置，以实现效益的最大化。可以看出，产生机会成本是因为资源稀缺。由于任何一种资源都是有限的，而有限的资源又可以有多种用途，把资源用于某种用途就必须同时放弃其他选择。

机会成本可以分析很多领域的问题，生活中到处存在着机会成本，善于利用机会成本分析利弊做出效用最大化的选择是理性人的首选。

值得注意的是，有些机会成本是可以用货币进行衡量的。比如，要在某块土地上发展养殖业，在建立养兔场还是养鸡场之间进行选择，由于二者只能选择其一，如果选择养兔就不能养鸡，养兔的机会成本就是放弃养鸡的收益。在这种情况下，人们可以根据对市场的预期大体计算出机会成本的数额，从而做出选择。但是有些机会成本是无法用货币来衡量的，它们涉及人们的情感、观念等。

我们必须不断地决定如何使用我们有限的时间或收入。当你决定是否购买汽车，或是否上大学时，你必须考虑做出一个选择需要放弃多少其他的机会。

不管怎样，我们在作选择的时候，应该时刻谨记机会成本的概念。经济学告诉我们，必须面对机会成本的选择。如果去 KTV（配有卡拉 OK 和电视设备的包间）和去电影院对你同样有吸引力，不妨掷硬币决定去哪儿。当然，如果是重大决策，还是多犹豫一下为好。如果选择爱人，可不能用掷硬币的方法。机会成本越高，选择越困难，因为在心底我们从来不愿轻易放弃可能得到的东西。的确，有时做出一个选择真是太难了，可我们不得不选，而我们的人生轨迹将随着我们选择的坐标前行，回头看看我们的选择，仔细算算我们所付出的机会成本，值吗？

机会成本广泛存在于生活当中。一个有着多种兴趣的人在上大学时，会面临选择专业的困难；辛苦了 5 天，到了双休日，究竟是出去郊游还是在家看电视剧；面对同时间的面试机会，选择了一家单位就不能去另一家单位……对于个人而言，机会成本往往是我们做出一项决策时所放弃的东西，而且常常比我们预想中的还多。按经济学观点，做任何事情都需要一定的成本，下面以读研究生为例作一番分析。

先算一下经济方面的机会成本。拿考研来说吧。应届大学毕业生的考研费一般比较昂贵，在职考研者的花费也不会少到哪儿去。还有心理压力成本。几乎每个考过研的人都认为那段时间（复习时间）非常难熬，来自社会、家庭以及自身的压力都很大。特别是家庭状况不是很好的考生，意味着不仅不能为家里创收，还要拿家里的钱。再算算其他方面的机会成本。时间方面，考研者的时间成本都大于其直接用于考研的时间，考的次数越多，时间成本也越大。相反的例子莫过于比尔・盖茨了，他停学创业，而不是继续求学。如果真选择后者，说不定他也错过了时机，成就不了今日的微软。从某种意义上说，那些考研者是不是错过了很多机遇呢？

考研也应该考虑机会成本的问题。首先，仔细考虑一下，考上了这个专业的研究生，两年或三年之后，你的就业方向和出路在哪里。这样的出路，是否令你感到满意？是否令你觉得为其付出的时光是非常值得的？再想一想，自己所要考的专业以及这个专业的毕业生所从事的工作是否是你真正喜欢的，还是说只是迫于形势的无奈而做出的选择？要知道，一个人只有热爱他的工作，对他的工作时刻保有兴趣和激情，才可以做出好的成绩。最后要想，考上这个专业的研究生，是否能为你将来的就业增加一定分量的砝码，当然，这个砝码并非单指一纸文凭，还应该包括你自身学识的积累和能力的提高。

思考过以上的问题后，如果你当初的考研信念仍然坚定不移的话，那么考研仍是你的最优选择，那就静下心来全力以赴地准备考试吧；而如果你对自己是否考研产生了动摇，那么，奉劝你勇敢面对应该面对的问题，不要盲目做出选择。

我们只看最后新增的一个

在经济学上，边际的意思是“最后的”，或者“新增的”。边际考虑就是只考虑最后的一个或者新增加的一个所引起的变化，从而判断事情的整体性质。

19 世纪 70 年代初出现的边际概念，是西方经济学自亚当·斯密以来提出的一个极为重要的经济学概念。经济学家把它作为一种理论分析工具，可以应用于任何经济中的任何可以衡量的事物上。正因为这一分析工具在一定程度上背离了传统的分析方法，故有人称之为“边际革命”。

经济学认为，某种要素的贡献，是由其边际的一单位的贡献决定的。举一个例子，是关于农民种粮食的：

假定只有一亩地，如果一个人种，可以打 1000 斤稻米，但是两个人却不会打 2000 斤，只能打 1800 斤，3 个人只能打 1900 斤，等等。想想，如果人数不断增加，在这一亩地里有 1 万个人，能打多少斤稻米？ 0 斤！因为 1 万个人一块儿上去会把土地踏平的。

从中可以观察到一个规律，第二个人没有第一个人打的稻米多，第三个人没有第二个人打得多，以此类推。总之，后一个人没有前一个人打得多。经济学家把这个规律叫作“边际产量递减”，也就是说，新增加的人所增加的总产量越来越少。

我们可以想象，如果产量不递减，那就是递增或者不变。我们看看这是否可能。如果边际产量不变，那就意味着后一个农民的产量永远与前一个一样多，那我只要用一亩地，就可以生产出养活全国人需要的粮食，只要不断地增加农民就行了。这当然是不可能的。

如果有 100 个人来种这一亩地，那么每个农民应该得到多少工资，也就是多少稻米呢？因为每个农民没有差异，所以他们得到的稻米应该是一样多的。农民得到多少，取决于农民的劳动贡献有多大。他们每个人都得到1000斤，还是所有这100个人的产量总和的平均数，抑或是其他呢？

当然不可能是1000斤，因为一共也没有这么多的稻米。所以，一般人会说是平均数，也就是把所有100个人的产量加起来，除以100。这似乎有道理，既然每个人得到的都一样多，当然得是平均数。但是，如果每个人拿走平均的产量，农民就把所有稻米都拿走了，土地的主人不会同意。

每个人到底能分得多少稻米？必须进行边际考虑，也就是看最后一个人，即第100个人的产量是多少。比如说99个人打了1490斤，第100个人来了之后，能打1500斤，那么最后所增加的产量是10斤，这个产量就叫“边际产量”。经济学家说，每个人应该获得的稻米就是这个边际产量，即10斤。为什么？因为每个人劳动的贡献只有10斤！

最后一个人对粮食的贡献只有10斤，其实每个人，包括第一个人的劳动的贡献也只有10斤。

首先，稻米能生产出来，不仅仅靠农民的劳动，还要有土地，因此，稻米是劳动和土地共同作用的结果，缺一不可。

其次，如果让第一个农民排到第100个，他能打的稻米也只能是10斤，而不再是1000斤；让最后一个人排到第一个，他打的稻米也将是1000斤，而不再是10斤。第一个来的和最后一个来的，区别在于：第一个人自己用1亩地，而最后一个人只能用1%亩的地！这说明，他们劳动的贡献是没有差别的，都是10斤。农民应该按照自己劳动的贡献分得稻米，也就是每人10斤。

与边际产量递减类似，效用也是递减的。为了加深理解，先讲一个简单的例子。俄国的克雷洛夫写过一则寓言《杰米扬的汤》。

杰米扬准备了一大锅汤，请朋友福卡前来品尝。

杰米扬热情地说：“请啊，老朋友，感谢你的光临！这个汤是特别为你预备的。”

福卡回答：“不，亲爱的朋友，吃不下了！我已经吃得塞到喉咙眼了。”

“没关系，才一小盆，总会吃得下去的。这汤味道多鲜啊！”

“可我已经吃过三盆哩！”

“嗨，何必计数呢？尽量喝吧，只要你喜欢。凭良心说，这汤真香，真稠，看那层浮油在盆子里凝结起来，简直跟琥珀一样。请啊，老朋友，替我吃完它！吃了有好处的！喏喏，这是鲈鱼，这是肚片，这是鲟鱼。只吃半盆，吃吧！”杰米扬喊自己的妻子，“亲爱的，你来敬客，客人会领你的情的。”

杰米扬就这样热情地款待福卡，一个劲儿劝他吃，不让他休息，不让他喘气。福卡的脸上大汗如注，勉强又吃了一盆，并装作吃得津津有味的样子，把盆子里的汤吃了个精光。

杰米扬嚷道：“这样的朋友我才喜欢，我最讨厌那些吃东西挑三拣四的人了。看你吃得这么香，我真高兴！好，再来一盆吧！”

可怜的福卡虽然喜欢喝汤，但这样喝却跟受罪一样。他马上站起身来，抓起帽子、腰带和手杖，用足全力跑回家去了，从此再也不来杰米扬的家了。

当福卡喝第一碗汤时，感到无比鲜美，在经济学家看来，就是这碗汤发挥了效用。所谓效用就是指人们消费某种物品时所得到的满足程度。例如，吃一个面包得到的物质上的满足，或看一场电影得到的精神满足。效用完全是消费者的主观感觉，取决于个人的偏好，没有什么客观标准。

尽管效用是主观的，但所有人的消费都遵循一个共同规律，这就是随着所消费同一种物品的增加，该物品给消费者带来的满足程度是递减的。例如，福卡喝杰米扬的第一碗汤时，一定感到味道鲜美（满足程度高），喝第二碗汤的感觉不如第一碗汤那么好（满足程度减少了）。当喝了一碗又一碗时，满足程度越来越低，最后成为痛苦（负效用），以至于不得不逃之夭夭。经济学家把这种普遍现象概括为边际效用递减规律。

边际学派认为，人们在资源有限的情况下，不能使全部欲望得到满足，他们只能根据欲望的重要性进行分配，首先满足最重要的和较重要的。但是总有一个是最后被满足的最不重要的、意义最小的处在边沿上的欲望，它是随着资源的减少而首先放弃的欲望，这种欲望就是边际欲望，满足这种边际欲望的能力就是边际效用。

中国号称瓷器大国，但市场上却几乎都是图案与造型极为相似的青花瓷。同一类型的瓷器，你顶多需要一套就可以了。相同的瓷器多了也会产生边际效用递减，没地方放，边际效用甚至就为负的了。但是不是瓷器市场就这样有限呢？当然不是。相同的瓷器才会带来边际效用递减，不同的瓷器就不存在边际效用递减——记住，边际效用递减是对同样东西数量增加而言的，不同的东西满足消费者的不同需要，就不会发生边际效用递减。瓷器可以有不同造型与图案，每种瓷器可以满足不同需求，带来不同的效用。例如，实用性的瓷器可以在生活中用；艺术瓷器可以给消费者带来精神享受；为儿童喜爱的动画瓷器，可以满足父母爱孩子的需求。类似这样的瓷器当然就不存在边际效用递减，因而也就不会没有需求了。

消费者对物品有多大需求取决于他消费这种物品得到了多少边际效用。消费者从一种物品中得到的边际效用大，就愿意出高价买。反之，消费者从一种物品中得到的边际效用小，就只愿出低价。如果边际效用为零，甚至负数，像杰米扬的第三、第四碗汤，消费者决不会买。经济学家常说，没有卖不出去的产品，只有消费者不需要的产品。只要不是杰米扬的汤，一定可以卖出去。

可以说，边际分析法是经济学的基本研究方法之一，不仅在理论上，而且在实际工作中也起着相当大的作用。

朝三暮四与朝四暮三的区别

《庄子·齐物论》中有个“朝三暮四”的故事：

宋国有一个很喜欢饲养猴子的人，名叫狙公。他家养了一大群猴子，他能理解猴子的意思，猴子也懂得他的心意。狙公宁可减少全家的食用，也要满足猴子的要求。然而过了不久，家里越来越穷困了，狙公打算减少猴子的栗子供应量，但又怕猴子不顺从自己，就对猴子说：“给你们的栗子，早上三个，晚上四个，够吃了吗？”猴子一听，都站了起来，十分恼怒。过了一会儿，狙公又说：“给你们的栗子，早上四个，晚上三个，这该够吃了吧？”猴子一听，一个个都趴在地上，非常高兴。

这个成语故事原本是揭露狙公愚弄猴子的骗术，告诫人们要注重实际，防止被花言巧语所蒙骗。在这个故事里，猴子是作为一种愚蠢的动物而出现的。实际上，我们从经济学的角度来看，可能会得出不一样的结论。古人们认为总量是没有变化的，因此觉得早上三个晚上四个和早上四个晚上三个是完全一样的。其实不然，朝三暮四和朝四暮三还是有些区别的，它们能给猴子带来不同的效用。那么，什么才是效用呢？

在经济学的发展史中，“效用”概念的出现无疑是一个突破。物品的效用在于满足人的欲望和需求。任何物品能满足人类天生的肉体和精神欲望，才能成为有用的东西，才拥有价值。在经济学中，效用是用来衡量消费者从一组商品和服务之中获得的幸福或者满足的尺度。有了这种衡量尺度，我们就可以在谈论效用的增加或者降低的时候有所参考，在解释一种经济行为是否带来好处时就有了衡量标准。效用不同于物品本身的使用价值，使用价值产生于物品的属性，是客观的，效用是消费者消费某种物品时的感受。

在度量效用的问题上，西方经济学家先后提出了基数效用和序数效用的概念。在此基础上，形成了分析消费者行为的两种方法：基数效用论的边际效用分析法和序数效用论的无差异曲线分析法。

在 19 世纪和 20 世纪初，西方经济学中普遍使用基数效用概念。基数是指 1、2、3……是可以加总求和的。基数效用论认为，效用可以具体衡量并加总求和，具体的效用量之间的比较是有意义的。表示效用大小的计量单位被称作效用单位。例如：对某消费者而言，看一场精彩的电影的效用为 10 效用单位，吃一顿麦当劳的效用为 8 效用单位，则这两种消费的效用之和为 18 效用单位。

序数效用论认为，效用无法具体衡量，也不能加总求和，效用之间的比较只能通过顺序或等级表示。自 20 世纪 30 年代至今，西方经济学中多使用序数效用概念。序数是指第一、第二、第三……只表示顺序或等级，是不能加总求和的。例如，消费者消费了巧克力与唱片，他从中得到的效用是无法衡量，也无法加总求和的，更不能用基数来表示，但他可以比较从消费这两种物品中所得到的效用。如果他认为消费一块巧克力所带来的效用大于消费唱片所带来的效用，那么就可以说一块巧克力的效用是第一，唱片的效用是第二。

效用价值论强调物品对人的满足程度，而满足程度完全是主观的感觉，主观价值是客观交换价值的基础。物品的有用性和稀少性都是价值形成不可缺少的因素，都是主观价值的起源。经济学依赖一个基本的前提假定，即人们在作选择的时候倾向于选择在他们看来具有最高价值的那些物品和服务。效用是消费者的主观感觉，取决于消费者对这种物品的喜欢程度。消费者对某种物品越喜欢，这种物品带来的效用就越大，他就越愿意购买，需求就越高。比如有人喜欢抽烟，那么香烟对他而言的效用就很高，但对于一位不愿意闻烟味的女士来说，香烟的效用就会很低甚至是负效用。很显然，在作决定的时候，烟民自然会把香烟视为至宝，而女士们可能更钟情于化妆品或者衣服之类的东西。

我们也可以通过红皮鸡蛋与白皮鸡蛋的差价来解读效用。根据科学研究，不管是鸡蛋的味道还是营养价值，都跟蛋壳的颜色毫无关系。那为什么以前满市场的白皮鸡蛋都不见了？这是因为，在我国很多地区，人们都喜欢红皮鸡蛋，红色给人一种吉利的象征。当它大量涌入市场，价钱与白皮鸡蛋差不多的时候，多数市民都会选择红皮鸡蛋，如此一来，红皮鸡蛋便抢占了市场。正是因为人们对红皮鸡蛋有更大的满足感，所以才造成了市场上“尽是红皮鸡蛋”的状况。

现在的红皮鸡蛋还具有以前的效用吗？答案是否定的。红皮鸡蛋本来是很吸引人的，越稀少就越受到尊崇。当红皮鸡蛋充斥市场时，人们对于红皮鸡蛋的满足感是逐渐降低的，这就是边际效用递减。这也就解释了为什么现在的白皮鸡蛋反倒比红皮鸡蛋贵了。

某种商品给消费者带来的效用因人而异，效用大小完全取决于个人的主观感受，没有客观标准。比如有的消费者会认为购买胶卷相机带给他们的效用比购买数码相机更大，喝矿泉水比喝啤酒带给他们的效用更大，吃米饭比吃面更能带给人愉悦感。这些，都需要由消费者的主观感受来决定。

实际上，一种商品对消费者是否具有效用，取决于消费者是否有购买这种商品的欲望，以及这种商品是否具有满足消费者欲望的能力。从这个意义上来看，消费者购买商品就是为了从购买这种商品中得到物质或精神的满足。效用是消费者消费某物品时的感受，本身就是一个主观的、抽象的、虚无的概念，而不是一个客观的尺度。

我们总是追求物美价廉的商品，但随着商品的丰富、营销手段的多样以及竞争的加剧，物美与否并非我们所能简单判断的。商家常常在商品上标明“原价 ××，现价 ××”，商家这样做很多时候是想通过所谓的“原价”增加商品的预期效用，即使“原价”从来没有出现过。较低的现价会使消费者认为用较低的支出会得到效用较高的商品，销售量自然会增加。

如果在使用商品之前不清楚商品的效用，我们就会根据价格判断商品的效用。“便宜没好货”就是这个道理。于是很可能价格越高，人们对它的评价就越高，购买的欲望就越强，购买的人就越多，这就形成了“越贵越买”现象。当然贵到一定程度，商品可能会成为奢侈品，买的人就会少。

有时候效用是无法衡量的，这时只能根据价格来判断物品的效用。举例说，这类商品有药品、衣服、珠宝首饰等。患者一般对药品效用不清楚，所以常觉得好药应该贵一些，并且价格不是病人考虑的主要因素，所以会有一段需求曲线是上升的。衣服有其特殊性，我们每次买的衣服都不一样，这时候经验就不起作用了，因此对其效用评估的一个重要标准是价格，况且很多人并不把衣服价格作为考虑的主要因素，甚至有人把衣服的价格作为炫耀的资本。珠宝首饰也是如此，特别对于玉器、玛瑙等需要专业鉴别知识的商品，我们判断它们的预期效用更依靠价格，所以常常发生有人高价买来假货的悲剧。

猎狗追兔子的启示

一条猎狗追逐一只兔子，追了好久也没有追到。牧羊犬看到了，讥笑猎狗。猎狗回答说：“我仅仅为了一顿饭而跑，它却是为了性命而跑呀！”话被猎人听到了，猎人想：猎狗说得对啊，那我要想得到更多的猎物，得想个好法子。

猎人又买来几条猎狗，并告诉它们，凡是能够在打猎中捉到兔子的，就可以得到几根骨头，捉不到的就没有饭吃。这个办法果然奏效，猎狗们纷纷去追兔子，因为谁都想捕到更多猎物以换得温饱。这样过了一段时间，问题又出现了。大兔子难捉，小兔子好捉，而得到的骨头都差不多，猎狗们发现了这个窍门，就专门去捉小兔子。猎人问猎狗：“最近你们捉的兔子越来越小了，为什么？”猎狗们说：“反正没有什么区别，为什么费那么大的劲去捉那些大的呢？”

猎人思考后，决定不将分得骨头的数量与是否捉到兔子挂钩，而是采用每过一段时间就统计一次猎狗捉到兔子的总重量的方法，按照重量来决定其在一段时间内的待遇。这样一来，猎狗们捉到兔子的数量和重量都增加了。

猎人很开心。但随后，新问题又出现了，猎狗抓的兔子又少了很多，而且越有经验的猎狗，捉兔子的数量下降得就越厉害。于是猎人又去问猎狗们。

猎狗们说：“我们把最好的时间都奉献给了您，但是我们会变老，当我们捉不到兔子的时候，您还会给我们骨头吃吗？”

猎人经过一番思考后，分析与汇总了所有猎狗捉到兔子的数量与重量，规定如果捉到的兔子超过了一定的数量后，即使捉不到兔子，每顿饭也可以得到一定数量的骨头。猎狗们都很高兴，大家都努力去做，以完成猎人规定的数量。一段时间过后，终于有一些猎狗做到了。这时，其中有一只猎狗说：“我们这么努力，只得到几根骨头，而我们捉的猎物远远超过了这几根骨头，我们为什么不自己捉兔子吃呢？”于是，有些猎狗离开了猎人，自己捉兔子去了。猎人意识到猎狗正在流失，于是又进行了改革，使得每条猎狗除基本骨头外，可获得其所猎兔肉总量的n%，而且随着服务时间加长，贡献变大，该比例还可递增，并有权分享猎人总兔肉的m%。这样，出走的猎狗们纷纷强烈要求重归猎狗队伍。

经济学的基本前提是承认人的本性是利己的，也就是说，人们行为的目标是个人利益的最大化。人生是一个不断与人合作和分裂的过程，但无论分合，每个人都想让自己的利益最大化。然而，一个好的激励制度可以有效满足个人利益需求，激发团体组织成员的无限工作动力。猎人对猎狗的有效管理就在于他有效应用了激励效应。

一种制度把个人利益与组织整体利益统一起来，让个人在实现自身利益的同时也实现了组织的整体利益，这样的制度就是激励机制。激励机制一旦形成，它就会内在地作用于组织系统本身，使组织机能处于一种稳定的状态，并进一步影响组织的生存和发展。

18世纪，英国政府为了开发新占领的殖民地——澳大利亚，决定将已经判刑的囚犯运往澳大利亚。从英国运送犯人到澳大利亚的船运工作由私人船主承包，政府支付长途运输费用。据英国历史学家查理·巴特森写的《犯人船》记载，1790~1792年间，私人船主运送犯人到澳大利亚的26艘船共4082人，死亡498人，死亡率很高。其中有一艘名为海神号的船，424个犯人死了158个。英国政府不仅经济上损失巨大，而且在道义上受到了社会的强烈谴责。

对此，英国政府实施了一种新制度，政府不再按上船时运送的囚犯人数支付船主费用，而是按下船时实际到达澳大利亚的囚犯人数付费。新制度立竿见影，据《犯人船》记载，1793年，3艘新制度下的船到达澳大利亚后，422名罪犯只有1人死于途中。此后，英国政府对这些制度继续改进，如果罪犯健康良好还给船主发奖金。这样，运往澳大利亚的罪犯的死亡率下降到1%左右。

如果用我们熟悉的一般思维方式解决以上犯人死亡的问题，一般可以列举出三种做法：对船主进行道德说教，寄希望于私人船主良心发现，为囚犯创造更好的生活条件，或者政府进行干预，使用行政手段强迫私人船主改进运输方法。但以上两种做法都有实施难度，而且效果也许甚微。然而，新的激励机制顺应了船主们牟利的需求，也使得犯人平安到达目的地，这就是激励机制的重要作用。

作为经济学中的重要原理之一，激励现象存在于人们的任何决策和行为之中。就个人而言，根据行为科学理论，只有尚未满足的需要才有激励作用，已经满足的需要只能提供满意感。需要本身并不能产生激励，对满足需要的期望才真正具有激励作用。

在能力一定的情况下，激励水平的高低将决定其工作成绩的大小。综合运用多种激励方法是有效提高激励水平的一大法宝。激励机制是否产生了影响，取决于激励方法是否能满足个人的需要。主要的激励方法包括如下几种：

一是物质激励。通过满足个人利益的需求来激发人们的积极性与创造性。只对成绩突出者予以奖赏，如果见者有份，既助长了落后者的懒惰，又伤害了优秀者的努力动机，从而失去了激励意义。

二是精神激励。通过满足个人的自尊、自我发展和自我实现的需要，在较高层次上调动个人的工作积极性。精神激励主要有目标激励、荣誉激励、感情激励、信任激励、尊重激励。

三是任务激励。让个人肩负起与其才能相适应的重任，由社会提供个人获得成就和发展的机会，满足其事业心与成就感。

四是数据激励。明显的数据可以使人产生深刻的印象，激发他强烈的干劲。数据激励，就是把各人的行为结果用数字对比的形式反映出来，以激励先进，鞭策后进。

五是强化激励。对良好行为给予肯定，即正强化，使之能继续保持；对不良行为给予否定与惩罚，即负强化，使之能记住教训，不再犯同样的错误。

在任何一个组织中，引入激励机制都是必不可少的。激励机制一方面可以调动大家工作的积极性，另一方面还可以增加团队业绩，达到双赢的目的。激励机制可以有效控制“做一天和尚撞一天钟”的行为，可以使被激励者在工作中更有生机和效率。有句名言说得好“人们只有在被追赶和被督促中才能进步”，说的也正是激励机制的重要性。

生活中的黄金搭档

春秋时期，鲁国非常弱小，有很多鲁国人在其他国家沦为奴隶。为了振兴国力，鲁国国君颁布了这样一条法律：如果鲁国人在其他国家遇见沦为奴隶的同胞，可以先把这个奴隶赎回来，回国后国家报销赎金。

孔子有一位学生子贡，家里比较富裕，他曾多次将沦为奴隶的鲁国人赎回，而且事后并不去找国君报销。子贡觉得自己是在施行老师的“仁”，为此非常得意。

后来，孔子知道了此事，非但没有表扬子贡，还批评他说：“我知道你追求高尚，也不缺钱花，可是这个补偿你一定要去领。现在你掏钱救人，受到社会的赞扬。但是从今以后，当别人在国外再遇见沦为奴隶的鲁国人时，他就会想自己是不是应该去赎人呢？如果赎了人，回国后还去不去找国君要钱呢？不去找国君，自己会损失一大笔钱；去找国君，别人又会拿你的高尚来讽刺他。这样一来，他们再看到身为奴隶的鲁国人就会装作没有看见，你的行为正好是阻碍解救沦为奴隶的鲁国人的根源！”子贡听完老师的话，顿感羞愧。

还有一次，孔子的另一位学生看到有人掉进河里，于是他把遇难者救上岸来。被救的人为了表示感谢，送给这位学生一头牛，学生收下了。孔子对这个学生的行为大加赞赏，因为这会激励更多的人去救人。

这两件事体现的正是经济学中的帕累托效率准则。意大利经济学家帕累托曾针对资源的最佳配置提出了帕累托效率准则：经济的效率体现于配置社会资源以改善人们的境况，主要看资源是否已经被充分利用，如果资源已经被充分利用，要想再改善就必须损害别人的利益。

帕累托最伟大的成就，是提出了“帕累托最优”这个理念。所谓帕累托最优，指的是资源分配的一种理想状态。一旦达到了这种理想状态，想要使某些人的处境变好，就必定要使另外某个人的境况变坏。换句话说就是，你的得到是以他人的失去为代价的。在某种意义上，我们可以认为，帕累托最优是一个兼顾公平与效率的“理想王国”。相反，如果还可以在不损害其他人利益的情况下改善某个人的处境，我们就可以认为资源尚未被充分利用，这时就没有实现帕累托最优。

鲁国原有的制度其实已经发挥出很好的效果，人们开始积极赎回沦为奴隶的同胞，而子贡的做法，很可能会破坏这种积极性，从而使鲁国已有的制度出现问题。

根据帕累托的说法，如果社会资源的配置已经达到任何调整都不可能在不使其他人境况变坏的情况下，使任何一个人情况变得更好，那么，这种资源配置的状况就是最佳的，是最有效率的。如果没有达到这种状态，即重新调整可以使某人境况变好，而不使其他任何一个人情况变坏，那就说明这种资源配置的状况不是最佳的，是缺乏效率的。试举一例：

球迷们去体育场观看一场精彩的足球比赛，球场能坐 50000 人。假如在比赛开场前，坐到了 49000 人，那么，体育场在此时还没有处在“帕累托最优”的状态，因为如果再进入 1000 名球迷，他们也可以看到比赛，即“他们的处境会变得更好”，这个增加球迷的过程就是“帕累托改进”。但是如果已经坐满了 50000 人，如果再进入 1000 名甚至更多的球迷，这些新增加的球迷可能会因为看到球赛而使“自己的处境变好”，但对于原有的那 50000 名观众来说，处境却会变差，原因很简单，超过规定人数，安全性就受到损害了。

同样的情况也适用于长途汽车。在没有满员的情况下，可以再上乘客，以达到“帕累托最优”，但是满员后再超载，全体乘客的安全就会受到影响。

在经济学上，“帕累托最优”无疑是一颗闪烁着迷人光泽的宝石。在这种状态下，每个人均不会为了自己的利益而损及他人，最终将实现社会的充分富裕。由此看来，“帕累托最优”确实令人神往。但是，需要指出的是，在经济学上，“帕累托最优”描述的是一种过于理想化的状态，在现实的经济生活中比较难以达到。为了达到“帕累托最优”，便有了“帕累托改进”。“帕累托改进”是指在没有使任何人处境变坏的前提下，使得至少一个人的处境能变得更好。

“帕累托改进”的特点是自己变好，同时又不使他人变差。正是由于“帕累托改进”没有损害到他人的利益，其行为所遇到的阻力往往很小。以我国初期的改革开放为例，其政策大多都是帕累托改进，比如“分田到户”和“联产承包责任制”，它们的特点是广大农民获得了切实的好处，而其他行业也没有受到什么损失，所以推行起来阻力不大。但是，如果不是帕累托改进的话，即在使一部分人变好的同时，使另一部分人变差，阻力就会增大。

在工作生活中，就要学会合理利用帕累托效率准则，当你的资源配置达到最佳状态时，只需要保持就能实现效益最大化。

开放比封闭更美好

有一个妈妈把一个橙子给了两个正在玩耍的孩子。于是这两个孩子便讨论如何分这个橙子，两个人吵来吵去，最终达成了一致意见，由一个孩子负责切橙子，而另一个孩子选橙子。结果，这两个孩子按照商定的办法各自取得了一半橙子，高高兴兴地拿回家去了。

第一个孩子把半个橙子拿回家，把皮剥掉扔进了垃圾桶，把果肉放到果汁机里榨果汁喝。另一个孩子回到家把果肉挖掉扔进了垃圾桶，把橙子皮留下来磨碎了，混在面粉里烤蛋糕吃。

我们可以看出，虽然两个孩子各自拿到了看似公平的一半，然而，他们各自得到的东西却未物尽其用。这说明，他们在事先并未做好沟通，也就是两个孩子并没有申明各自的利益所在，导致双方盲目追求形式上和立场上的公平，结果，双方各自的利益并未达到最大化。

后来，这两个孩子变得聪明了，他们充分交流，各取所需，爱喝果汁的孩子把他的橙子皮给了另一个小孩，然后从另一个小孩那里换回了他需要的果肉。两个孩子将皮和果肉分开，一个拿果肉去榨汁，另一个拿皮去烤蛋糕，双方的利益都达到了最大化。

这其实就是贸易。我们都希望自己有一天能够富有起来，希望自己能够拥有别人数倍的财产。从人们开始交换手中的剩余物品的那天开始，贸易就产生了。

我们能够同意一桩交易，是因为我们期望以尽可能小的成本获得尽可能大的收益，符合条件时，贸易才能够发生。因此，贸易能够产生效益，贸易的基础就是互利。从贸易中获利的主要来源有三个：

第一，贸易把东西从认为其价值较小的人那里转移到认为其价值更大的人手里。

人们的偏好、知识和目标有很大的不同，对一个人而言毫无价值的东西也许对另外一个人来说就是价值连城的。将莫奈的画交给一位做农活的妇人，也许在她看来这就是一张脏兮兮的纸，而在懂得欣赏艺术的人眼里，就是价值连城。交易使产品移向那些认为其价值更大的人，交易的产生增加了购买者的财富。

第二，贸易让更高水平的产量和消费成为可能，是由于其允许我们每一个人更加专注于做那些我们擅长的事情。

从原始社会开始，人类就出现了社会的分工，当人们专心致力于其能以低成本来生产的产品和服务时，他们可以通过贸易，用得到的收入交换自己不能制造的产品。

例如，大多数的医生可能擅长记录档案和护理病人的工作，但一般不会有医生亲自去做那些工作，他们更愿意雇佣人来提供这些服务。他们则用记录档案、护理病人的时间去替更多的人看病，因为花在看病上的时间更有价值。如果他们花大把的时间用来记录档案而不是看病，那他们的收入就会减少。问题的关键不是医生能否比雇佣的助手记录档案做得更好，而是医生如何更有效地利用他的时间。

第三，资源交易使企业通过采用大规模生产的方法来降低单位成本成为可能。

在现代社会中，无论怎样强调贸易在生活中的重要性都不为过，毕竟我们不是鲁滨孙，我们不能够自己制造生活所需的一切商品，我们也很难仅凭一己之力制造电视、网络、汽车、电话以及食物、房屋。

我们现在能够拥有这些，很大程度上是因为我们的经济是以这样的一种方式组织起来的，人们一直能够合作从事更专业的领域和参与更加频繁的交易活动。

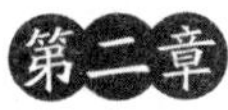

供需：推动价格变化的神奇力量

供需机制：经济学的永恒话题

美国著名经济学家萨缪尔森曾经说过，学习经济学是再简单不过的事了，你只需要掌握两件事：一个叫供给，一个叫需求。什么叫供给和需求？供给指的是生产者在一定时期内在各种可能的价格下愿意而且能够提供出售的该商品的数量。这种供给是指有效供给，必须满足两个条件：生产者有出售的愿望和供应的能力。需求指的是消费者在一定时期内的各种可能的价格下愿意而且能够购买的该商品的数量，指的是消费者想得到某种商品的愿望。需求不是自然和主观的愿望，而是有效的需要，它包括两个条件：消费者有欲望的购买和有能力的购买。

关于供给与需求的关系，人们普遍认为需求决定供给，如人们有穿皮鞋的需求，市场上才会出现皮鞋的生产与销售。不过，供给学派强调经济的供给方面，认为需求会自动适应供给。

一般来说，供需平衡时，市场价格就是正常价格。当供大于求时，市场价格低于正常价格；当供不应求时，市场价格高于正常价格。鲁迅先生在《朝花夕拾》中的《藤野先生》一文中有这样的句子："大概是物以稀为贵吧。北京的白菜运往浙江，便用红头绳系住菜根，倒挂在水果店头，尊为'胶菜'；福建野生着的芦荟，一到北京就请进温室，且美其名曰'龙舌兰'。"供需不平衡导致这些商品的尊贵，因此，白菜在浙江能卖出好价钱，而芦荟在北京也能卖出好价钱。而"洛阳纸贵"的故事说明了供不应求，从而导致纸的市场价格成倍增长。

《晋书·文苑·左思传》中记载：

西晋太康年间出了位很有名的文学家——左思。在左思小时候，他父亲就一直看不起他，常常对外人说后悔生了这个儿子。等到左思成年，他父亲还对朋友们说：“左思虽然成年了，可是他掌握的知识和道理，还不如我小时候呢。”左思不甘心受到这种鄙视，开始发奋学习。

经过长期准备，他写出了一部《三都赋》，依据事实和历史的发展，把三国时魏都邺城、蜀都成都、吴都南京写入赋中。当时人们都认为其水平超过了汉朝班固写的《两都赋》和张衡写的《两京赋》。一时间，在京城洛阳广为流传，人们啧啧称赞，竞相传抄，一下子使洛阳纸贵了几倍。原来每刀千文的纸一下子涨到两千文、三千文，后来竟倾销一空。不少人只好到外地买纸，抄写这篇千古名赋。

为什么会“洛阳纸贵”？因为在京都洛阳，人们“竞相传抄”《三都赋》，以致纸的需求越来越大，而纸的供给却跟不上需求，这样一来纸的价格才会不断上涨。

在一般情况下，需求与价格的关系成反比，即价格越高，需求量越小；价格下降，需求量上升。例如，如果每勺冰激凌的价格上升了 2 毛钱，你将会少买冰激凌。价格与需求量之间的这种关系对经济中大部分物品都是适用的，而且，实际上这种关系如此普遍，以至于经济学家称之为需求规律：在其他条件相同时，一种物品价格上升，该物品需求量减少。

另外，供需的变化与市场环境的变化也息息相关。例如，当“非典”袭击中国的时候，全国食醋、消毒液、药用口罩的价格都上升了，一些日用品也成了普通消费者的抢购对象，这主要是因为突如其来的“非典”病毒造成了消费者对这些物品需求的剧增。在欧洲，每年夏天当新英格兰地区天气变暖时，加勒比地区饭店房间的价格就会直线下降。当中东爆发战争时，美国的汽油价格上升，而二手凯迪拉克轿车价格下降。这些都表现出供给与需求对市场的作用，而所有的这一切都是通过价格来反映的。在少数情况下会出现相反的情形，即价格越高，需求量越大；价格越低，需求量反而越小。这种商品通常是社会上具有象征地位的炫耀性商品，比如钻石、古董等，它们常常会因为价格的提高需求量反而增加。

供求机制是市场机制的主体。供求联结着生产、交换、分配、消费等环节，是生产者与消费者关系的反映与表现。供求运动是市场内部矛盾运动的核心，其他要素（如价格、竞争、货币流通等）的变化都围绕供求运动而展开。

供求机制对社会经济的运行和发展具有重要功能。供求机制可以调节商品的价格，调节商品的生产与消费的方向和规模；供求结构的变化能调节生产结构和消费结构的变化。

供求机制起作用的条件是：供求关系能够灵活地变动，供给与需求背离的时间、方向、程度应当是灵活而适当的，不能将供求关系固定化。供求关系在不断变动中取得相对的平衡，是供求机制作用的实现形式。供求机制的直接作用具体表现为：

第一，调节总量平衡。供不应求时，价格上涨，从而吸收更多的投资；供过于求时，一部分商品的价值得不到实现，迫使部分滞销企业压缩或退出生产。

第二，调节结构平衡。供求机制通过“看不见的手”使生产资料和劳动力在不同部门之间合理转移，导致经济结构的平衡运动。

第三，调节地区之间的平衡。它促使统一大市场的各个地区调剂余缺，互通有无，使总量平衡和结构平衡得到具体落实。

第四，调节时间上的平衡。它促使部分劳动者从事跨季节、跨时令的生产经营活动（如温室种植、跨季节仓储等），在一定程度上满足了市场需求，缓解了供求矛盾。

欲望与供给的永恒矛盾

稀缺性的概念在整个经济理论中起着至关重要的作用，一些经济学家认为稀缺性是经济学存在的前提条件，所以往往用稀缺性来定义经济学。由于稀缺性的存在，决定了人们在使用经济物品中不断做出选择，如决定利用有限的资源去生产什么，如何生产，为谁生产以及在稀缺的消费品中如何进行取舍及如何用来满足人们的各种需求，这些问题被认为是经济学所研究的主题。

我们所处的社会最大的遗憾就在于：人的需求是无限的，而资源总是有限的。

满足这种欲望的物品，有的可以不付任何代价随意取得，称之为“自由取用物”，如阳光和空气。但绝大多数物品是不能自由取用的，因为世界上的资源（包括人力资源和物力资源）有限，这种有限的为获取它必须付出某种代价的物品，称之为“经济物品”。这样，一方面人类对经济物品的欲望是无限的，另一方面用来满足人类欲望的经济物品却是有限的。相对于人类无穷的欲望而言，经济物品或生产这些经济物品的资源是不足的。这种获得人们所需物品上存在的自然限制叫“稀缺”，所以经济物品又称“稀缺物品”。

因此，稀缺不是就资源和物品的绝对数量而言，而是就有限的资源和物品相对于人类的欲望而言，所以它是相对的，但它又是绝对的，存在于人类的任何地方和任何时期，是人类普遍存在的永恒问题。

对某些稀缺的产品来说，其价格往往会高到令人瞠目结舌的地步。以手机号为例：在 2009 年新版的吉尼斯世界纪录中，卡塔尔电信运营商 Qtel 被认定拍出了全球最昂贵的手机号码。一个 6666666 的手机号是于 2006 年 5 月 23 日被拍卖的，最终成交价格为 1000 万卡塔尔里亚尔，根据当时汇率水平计算约合 275 万美元。吉尼斯世界纪录此前记载的最昂贵的手机号码是中国四川航空以 48 万美元拍得的 88888888 手机号。

花钱买房产、汽车等，这些都是实实在在的物品，或有一定的使用价值，或日后有升值的潜力；花钱买服务，也能得到实实在在的享受。而天价手机号码既不是实在的物品，也不是实在的服务，那么，人们如此狂热地追捧本身并没有什么特殊价值的号码，甚至不惜血本将其收入囊中，到底图什么呢？

我们从资源的稀缺性角度来分析。这些数字往往由于谐音或传统的思维习惯形成。比如说，我国有很多人认为“8”字能给自己带来好运，主要就是因为 8 与“发”谐音，例如“168”（一路发）、“888”（发发发）、“518”（我要发）等号码很受人们的喜爱。但是这些号码毕竟是有限的，有限的资源不可能使每个人都得到满足。因此，在资源稀缺的前提下，对于这些吉祥号码，就必须以高价才能获得。这也正是“物以稀为贵”的一个佐证。

其实资源的稀缺性，有些是天生的，如金子、钻石等；有些是衍生的，如耕地，随着人口的增多，人均耕地越来越少，因为稀缺才能更显其价值。用经济学中的稀缺性解释我们生活中的许多现象，会使我们明白很多经济学道理。

资源的稀缺性是经济学的前提之一。其对社会、对人们的生活产生巨大的影响。我们必须深刻认识稀缺性。

首先，稀缺性导致了竞争和选择。也就是说，稀缺性促进了社会的发展。想象一下，如果资源不是稀缺的，而是极大富足的，那么世界会完全变样。自然界中不会有优胜劣汰，不会有厮杀，每个生物都可以得到满足。人们不用工作，不用考虑衣食住行，不用考虑买房子了，因为土地是富足的，一切资源都是富足的。那这样的世界就没有任何活力，就会变成死水一潭，最终毁灭。

生产多少，市场说了算

1986 年，艾滋病的发现引起了世人的恐慌，转眼间，几乎使全美的乳胶手套脱销。所有的人都害怕被该病毒感染，美国医护人员套上两、三层手套以加强防护，甚至警察不戴上乳胶手套就绝不对嫌疑犯下手。于是，国际市场上的乳胶手套一时供不应求，价格上扬。这一消息被我国某报披露后，全国各地许多企业闻讯纷纷投产上马，一哄而上。但多数企业都是在既不知道国际上到底有多大的需求，也不清楚国内生产能力到底形成了什么规模的情况下盲目建设投产的。如江苏省张家港市到 1988 年春，便建成了 77 条乳胶手套生产线，大有方兴未艾之势。结果，这些不重视商品供求关系的行为，不久即遭到市场经济规律无情的惩罚。1988 年下半年，国际乳胶手套市场出现疲软。据《市场报》报道，仅江苏就积压了乳胶原料 5800 吨，成品手套 22.5 万双。

上述案例形象地向我们说明了市场的供求定律。在经济学中，供给是指在一定时期内，在每一价格水平上，生产者愿意而且能够提供的商品的数量，包括新提供的和库存的物品。一般来说，市场上的供给涉及企业愿意生产和销售一种商品的条件。例如，西红柿的供给量反映的就是在市场每一价位上西红柿的销售量。对于厂商而言，生产者提供商品最主要的目的是为了利润。例如，20 世纪 90 年代摩托车曾风靡一时，在有利可图的情况下很多厂商投资生产摩托车；当摩托车市场饱和，利润率下降的情况下，厂商又纷纷转产汽车或进入其他行业。影响厂商供给的另外一个重要因素就是产品的成本。当一种产品的生产成本相对于市场价格较低的时候，生产者大量提供该产品就有利可图。例如，20 世纪 70 年代，石油价格急剧上升，提高了制造商的能源开销，从而提高了其生产成本，进而便降低了其产品的供给。

供给量随着价格上升而增加，随着价格下降而减少，也就是说，某种物品的供给量与价格是正相关的。价格与供给量之间的这种关系被称为“供给规律”。

供给曲线表明了价格与产量的关系。供给是指在某种价格水平时，整个社会的厂商所愿意供给的产品总量，取决于厂商在提供这些产品时所得到的价格，以及他们在生产这些产品时所必须支付的劳动与其他生产要素的费用。

当水价是 1 美分的时候，自来水公司只愿意供应 20 万桶自来水；当水价是 5 美分的时候，自来水公司愿意供应 110 万桶自来水；当水价是 6 美分的时候，自来水公司愿意供应 120 万桶自来水，详细数据见下表。

某自来水公司水价与供给量关系表

价格（美分）	1	2	3	4	5	6	7
供给量（万桶）	20	60	80	100	110	120	130

我们把这些信息转化成图表（见下页），纵轴 OP 表示可能的水价，横轴 OQ 表示自来水公司在不同的价格下愿意供给的水量。把表中相应的数字标在图中，并连接起来，我们就得到了一条向右上方倾斜的曲线 S，经济学家称其为“供给曲线”。

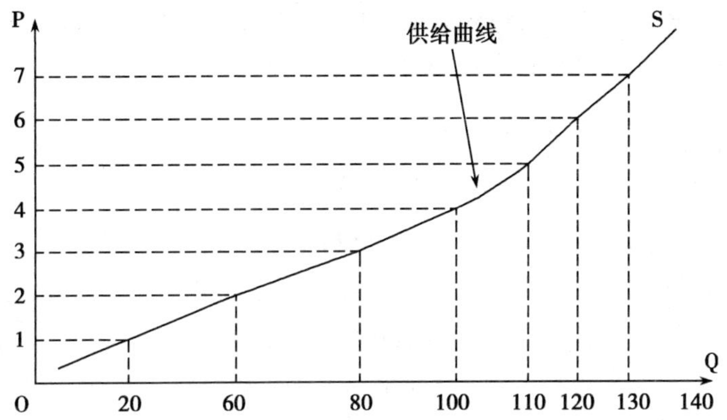

价格越高，需求越少

需求是指消费者在某一特定时期内，在某一价格水平上愿意而且能够购买的商品量。需求定律认为，价格与需求是成反向变动的。下面这则趣味小故事就从一个侧面反映了需求定律：

20世纪80年代，斯坦福大学教授保罗·埃尔里奇认为，由于人口爆炸、食物短缺、不可再生性资源的消耗、环境污染等原因，人类的前途堪忧；而马里兰州立大学教授朱利安·西蒙认为，人类社会的技术进步和价格机制会解决人类社会发展中出现的各种问题，所以人类社会的前途还是光明的。他们都有自己的支持者，形成了两个派别——悲观派和乐观派。由于公说公有理，婆说婆有理，谁也说服不了谁，只好用时间来检验。为此他们打了赌，赌不可再生性资源是否会消耗完。如果像埃尔里奇说的那样，不可再生性资源总有一天会消耗完的话，它们的价格必然会大幅度上升；如果像西蒙说的那样，技术的进步和价格机制会解决人类社会出现的各种问题的话，它们的价格不但不会大幅度上升，还会下降。他们选了5种金属：铬、铜、镍、锡、钨，各自以假想的方式买入1000美元的等量物质，每种金属各200美元。以1980年9月29日的各种金属价格为准，假如到1990年9月29日，这5种金属的价格在剔除通货膨胀的因素后果然上升了，西蒙就输了，他要付给埃尔里奇这些金属的总差价。反之，假如这5种金属的价格下降了，埃尔里奇就输了，他将把总差价支付给西蒙。经过了漫长的 10 年等待，事情终于有了结果：西蒙赢了，5 种金属无一例外都降了价。

为什么这 5 种不可再生性资源的价格都下降了呢？这是因为世界上任何资源都有替代品，当这些资源的价格上升时，会刺激人们去开发和使用它们的替代品，它们的需求就会减少，需求的减少又会使其价格下降，这就是需求定律。比如在青铜器时代，人们用铜做器物，铜锅、铜盆、铜剑，甚至镜子和货币也是铜做的。现在为什么只能在博物馆看到这些东西呢？就是因为随着科学技术的进步，人们发现了很多青铜的替代品，比如用铁制锅和剑，用塑料制盆，用玻璃制镜，用纸制钱，等等。铜的需求大大减少，价格也就下降了。

在其他条件不变时，我们对某物品的需求量与其价格呈反向变动，这就是需求定律。在理解需求定律时要注意以下几点：

1. “其他条件不变”是指影响需求的其他因素不变，离开了这一前提，需求定律就无法成立。例如，如果收入增加，商品本身的价格与需求量就不一定呈反方向变动。

2. 需求定律指的是一般商品的规律，但这一定律也有例外，如炫耀性商品。

3. 需求定律反映了商品价格与需求量之间的反方向变动关系，这种变动关系是由收入效应和替代效应共同作用形成的。

4. 贵的优势商品和差的劣势商品各加上一个相同的固定费用，那么贵的优势商品就相对便宜，根据需求定律，相对便宜即意味需求量上升。

我们以某种品牌的口香糖为例，当它的单价为 1 元时，你可能会消费 6 块；当单价为 2.5 元时，你可能买 3 块；当单价为 5 元时，你可能就会选择购买其他的品牌。我们可以把这些关于价格和购买（需求）量的信息整理成下表：

某品牌口香糖价格与需求量表

价格（元）	1	1.5	2	2.5	3	4	5
供给量（万桶）	6	5	4	3	2	1	0

我们把表中的数字标在图中，并连接起来，就可以得到一条向右下方倾斜的曲线D。我们称之为“需求曲线”。

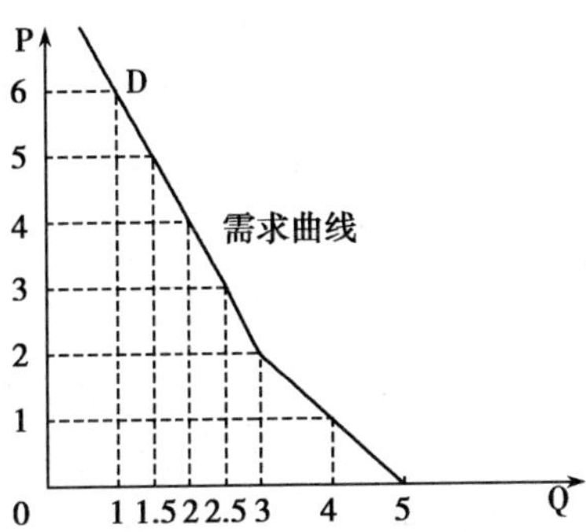

薄利不一定能够多销

需求规律表明，一种物品的价格下降会使需求量增加。需求价格弹性就是用来衡量需求量对其价格变动的反应程度的。如果一种物品的需求量对价格变动的反应大，可以说这种物品的需求是富有弹性的。反之，需求是缺乏弹性的。用公式可以表达为：

需求价格弹性 =ED= 需求量变动的百分比 / 价格变动的百分比

当弹性大于1，需求是富有弹性的；小于1，需求是缺乏弹性的；等于1，需求是单位弹性；等于0，需求完全没有弹性。在我们的现实生活中，有很多商品的需求是缺乏弹性的，比如粮食。如今，商品打折已经成了一种风气，无论大街小巷，总会看到“大甩卖”、“跳楼价”、“大放血”等字样，但我们很少看到粮食等商品打折销售，缺乏弹性就是其主要原因。

在商业活动中，对于需求富有弹性的商品可以实行低定价或采用降价策略，这就是薄利多销。“薄利”是价格低，每一单位产品利润少，但销量大，总利润也就不少。因此，降价策略适用于这类物品。但是对于需求缺乏弹性的商品不能实行低定价，也不能降价出售，降价不仅不能获利，反而会使总收益减少，所以现实中很少有米面、食盐之类的商品降价促销。

那么，究竟是什么因素决定一种物品的需求是富有弹性，还是缺乏弹性呢？决定某种物品需求弹性大小的因素很多，一般来说有以下几种：

1. 消费者对某种商品的需求程度。越是生活必需品如食盐、蔬菜，其需求弹性越小；反之，如奢侈品的需求弹性就大。

2. 商品的可替代程度。如果一种商品有大量的替代品则该商品的需求弹性大，如饮料；反之则需求弹性小，如食用油。

3. 商品本身用途的广泛性。一种商品用途越广，如水电，其需求弹性就越大，反之一种商品用途越窄，如鞋油，其需求弹性就越小。

4. 商品使用时间的长短。使用时间长的耐用品比如电视、汽车的需求弹性大，而晚报等易抛品需求弹性小。

5. 商品在家庭支出中所占的比例。比重小的商品如筷子、牙签等，其需求弹性小；而电视、汽车等商品比重大，需求弹性也大。

从生活中，我们也能得到这样的体会，必需品倾向于需求缺乏弹性，而奢侈品倾向于需求富有弹性。例如，当看病的价格上升时，尽管人们会比平常看病的次数少一些，但不会大幅度地改变他们看病的次数。同理，小麦、大米这些生活必需品的需求量并不会因为价格的变动而起太大的改变。与此相反，当游艇价格上升时，游艇需求量会大幅度减少，原因是大多数人把小麦、大米作为必需品，而把游艇作为奢侈品。同样，一些珠宝或者名牌服饰很容易因为价格的下调而导致抢购风潮，这也是因为珠宝以及名牌服饰是奢侈品的缘故。

另外，有相近替代品的物品往往较富有需求弹性，因为消费者从这种物品转向其他物品较为容易。例如，CD（compact disc，激光唱盘）机和 MP3（MPEG I audio layer3 的缩写，一种常用的数字音频压缩格式）播放器就很容易互相替代。当前者的价位上升时，就很容易导致后者需求量的增加。此外，物品往往随着时间发展而变得需求更富有弹性。当汽油价格上升时，在最初的几个月中汽油的需求量只略有减少。但是，随着时间推移，人们购买更省油的汽车，转向公共交通，或迁移到离工作地方近的地点居住。在几年之内，汽油的需求量会大幅度减少。

再如，2004 年禽流感的出现在一定程度上打击了家禽类相关产品的生产，但并没有从整体上影响整个农村经济的发展。因为在禽流感流行期间，人们在饮食上对鸡肉的抵制是最明显的，对于鸭、鹅等家禽的相关产品也颇有顾忌。家禽本来是人们主要的肉食对象，而如今它们的供应量却大幅度减小。于是，人们的肉食对象集中在猪、牛、羊、鱼等动物上。

需求弹性对企业营销的影响很大。例如，生产饮料的企业，对价格的调整就要非常谨慎。因为饮料的需求弹性很大。类似的饮料很多，如各种可乐或各种果汁或各种奶茶，如果某饮料突然涨价，就会让顾客转而消费其他品牌的类似饮料。这种取代性商品众多、需求弹性很大的商品，调高价格将会导致销量迅速变化。

如果商品需求弹性很小，商品的供给方提高价格，需求量减少幅度不大，收入会升高；反之降低价格，收入会降低；如果商品有弹性，供给方提高价格，需求量减少的幅度较大，收入会降低；反之降低价格，收入会增加。因此，供给方在制定价格时必须考虑到商品的价格弹性，弹性低不妨提高价格，弹性高就降低一点价格。

能源供给紧张的背后

与需求弹性类似，供给也有弹性。有的商品的价格发生一个较小的变化，就能引起供给量一个较大的变化，就像充足气的皮球轻轻一拍，它就能弹得很高一样，我们说这种商品的供给富有弹性。有的商品价格发生一个较大的变化只能引起供给量一个较小的变化，就像气不够的皮球，再使劲拍它也只能弹起一点点，我们说这种商品的供给缺乏弹性。我们用供给弹性系数来表示供给弹性的大小。

供给价格弹性 =ES= 供给量变动的百分比 / 价格变动的百分比

当弹性大于 1，供给是富有弹性的，供给曲线比较倾斜；小于 1，供给是缺乏弹性的，供给曲线比较陡直；等于 1，供给是单位弹性，表明供给量变动的幅度等于价格变动的幅度，供给曲线是一条 45 度线；等于 0，供给完全没有弹性，表明无论价格怎样变化，供给量都不变，供给曲线向下垂直。由于价格越高，生产者越愿意提供产品，价格与供给量存在同方向变动的关系，所以供给价格弹性一般是正数。

很容易看出，供给的价格弹性与需求的价格弹性定义完全相同。唯一的差别在于：对于供给而言，供给量与价格正向变动；而对于需求来说，需求量与价格反向变动。

供给规律表明，价格上升供给量增加。供给价格弹性衡量的是供给量对价格变动的反应程度。如果供给量对价格变动的反应很大，可以说这种物品的供给是富有弹性的；反之，供给是缺乏弹性的。

供给价格弹性取决于卖者改变他们生产的物品产量的伸缩性，例如，海滩土地供给缺乏弹性是因为几乎不可能生产出土地，相反，书、汽车这类制成品供给富有弹性。

在美国加利福尼亚州，由于能源供应长期以来都比较紧张，所以从20世纪70年代以来政府就实施了一系列严格的能源控制计划。但是新自由主义经济学家们认为，如果加州真的能源紧张，那么价格就会上涨，这一方面会使人们减少使用能源，另一方面会使能源供应商增加供应，这样能源紧张局面就会扭转。在这些经济学家的鼓动下，里根政府放弃了对加州的能源管制，使能源使用量猛增，价格上涨，仅电价就翻了十几倍。可加州的能源供求关系不仅没有因市场调节而趋于缓和，反而愈发紧张。2000年夏天，加州终于遭遇了前所未有的供电危机，最后，加州政府重新启用了严格的能源管制措施。

为什么自由主义经济学家的理论不灵了？原来，能源生产专用性强，固定资产占用大，生产周期长，所以能源供给缺乏弹性。尽管能源价格的上涨会使供给增加，但增加幅度十分有限。与此同时，能源作为一种生活必需品，人们对其需求并不会因为价格上涨就会有大的减少，即其需求也缺乏弹性。这样就会造成能源供应进一步紧张，推动价格进一步提升。价格的上涨又使得很多用户无法及时交纳电费，使得能源公司不仅得不到高额利润，反而濒临破产，不得不求助于政府帮助和保护。

那么影响供给弹性的因素究竟有哪些呢？主要有如下几个方面：

1. 时间

这是影响供给弹性一个很重要的因素。当商品的价格发生变化时，供给方对产量的调整需要一定的时间。在较短的时间内，供给方根据商品的涨价及时地增加产量，或者根据商品的降价及时地缩减产量，都存在不同程度的困难，因而供给弹性较小；相反，在较长的时间内，生产规模的扩大与缩小，甚至转产，都是可以实现的，供给量可以对价格变动做出较充分的反应，因而供给弹性相应较大。

2. 单位产品的生产成本对产量的敏感程度

如果单位产品的生产成本对产量非常敏感，供给方就不会轻易调整产量，从而供给弹性较小；反之，则供给弹性较大。

3. 产品的生产周期

在一定的时期内，对于生产周期较短的产品，厂商可以根据市场价格的变化及时地调整产量，供给弹性就比较大；相反，生产周期较长的产品的供给弹性往往就小。

另外，生产的难易程度、生产规模变化的难易程度、对未来价格的预期等也会影响供给弹性。

消费量并不是唯一受价格涨跌影响的变量，企业在制定其生产决策时也会受价格影响。大多数市场上，决定供给价格弹性的关键因素是所考虑的时间长短。长期供给弹性通常都大于短期。在短期中，企业不能轻易地改变工厂规模来增加或减少一种物品的生产。在长期中，企业可以建立新工厂或关闭旧工厂，此外，新企业可以进入一个市场而旧企业可以关门，因此在长期供给中供给量可以对价格做出比较大的反应。

价值："值不值"与"贵不贵"

价值规律，商品经济的基本规律

价值规律是商品生产和商品交换的基本经济规律。即商品的价值量取决于社会必要劳动时间，商品按照价值相等的原则互相交换。

值得注意的是，价值规律是商品经济的基本规律，但并不是商品经济中唯一的经济规律。商品经济中有许多经济规律，价值规律是基本的规律。价值规律作为商品经济的基本规律，同其他任何规律一样，是客观的，是不以人的意志为转移的。

价格围绕价值上下波动正是价值规律作用的表现形式。因商品价格虽然时升时降，但商品价格的变动总是以其价值为轴心。另外，从较长时期和全社会来看，商品价格与价值的偏离有正有负，可彼此抵消。因此总体上商品的价格与价值还是相等的。

价格是一种从属于价值并由价值决定的货币价值形式。价值的变动是价格变动的内在的、支配性的因素，是价格形成的基础。但是，由于商品的价格既是由商品本身的价值决定的，也是由货币本身的价值决定的，因而商品价格的变动不一定反映商品价值的变动。例如，在商品价值不变时，货币价值的变动就会引起商品价格的变动；同样，商品价值的变动也并不一定就会引起商品价格的变动，例如，在商品价值和货币价值按同一方向发生相同比例变动时，商品价值的变动并不引起商品价格的变动。

因此，商品的价格虽然是表现价值的，但是，仍然存在着商品价格和商品价值不相一致的情况。在简单商品经济条件下，商品价格随市场供求关系的变动，直接围绕它的价值上下波动；在发达商品经济条件下，由于部门之间的竞争和利润的平均化，商品价值转化为生产价格，商品价格随市场供求关系的变动，围绕生产价格上下波动。

价值规律告诉我们，商品价值是价格的本质，价格只是商品价值的货币表现。价值就是体现在商品里的社会必要劳动，即凝结在商品中的无差别的人类劳动。简单来说，社会必要劳动时间长，则价值大；社会必要劳动时间短，则价值小。社会必要劳动时间一般是指社会生产这种商品的平均时间，如生产一把铁锹的社会平均劳动量是 2 个小时，这 2 个小时就是生产铁锹的必要劳动时间，这 2 个小时的劳动量就是生产铁锹的价值。而随着社会的发展和技术的进步，劳动生产率不断提高，单位商品所包含的社会必要劳动时间缩短，也就是说，商品的价值不断贬值，商品会越来越便宜。

商品价格由两大因素组成：生产成本和利润。商品的生产成本，包括生产商品所消耗的原料、能源、设备折旧以及劳动力费用等；商品的利润，则是劳动者为社会所创造的价值的货币表现。值得指出的是，生产成本应当是生产商品的社会平均成本或行业平均成本，利润应当是平均利润。按照社会平均成本加上平均利润制定的价格，便是商品的市场价格。

价值规律表明，价格围绕价值上下波动，也就是说，价格高于或低于商品价值都是价值规律的表现形式。实际上，商品的价格与价值相一致是偶然的，不一致却是经常发生的。这是因为，商品的价格虽然以价值为基础，但还受到多种因素的影响，使其发生变动。但是，价格不能过分偏离商品的基本价值。市场经济条件下，绝大多数商品实行市场调节价。因此，一些生产经营者认为自己可以随意确定自己商品的价格，实际上，他们的定价必须遵循价值规律和相关法律。

郑州一家名叫保罗国际的理发店，它创造了一项惊人的纪录，两个顾客理发，收费 12000 元，平均一个人就是 6000 元。消费者在购买一些产品和服务时，其天价让人们瞠目结舌。而理发作为一种有偿服务，其所定的价格可以有多高？价格制定的依据在哪里？为什么郑州的天价理发事件会引起人们的诧异？在市场经济条件下，理发作为一项有偿性服务，其定价必须遵循价值规律的基本原则，即价格不能过分远离价值。“1.2 万元”的天价理发无疑偏离了“理发”这项服务的基本价值，这明显是商家的消费欺诈行为。由此，“天价理发”已经不是单纯的商品价格定价过高，而是涉嫌犯罪了。

那么，价值规律有哪些作用呢？

（1）调节作用。价值规律调节生产资料和劳动力在各生产部门的分配。这是因为价值规律要求商品交换实行等价交换的原则，而等价交换又是通过价格和供求双向制约实现的。所以，当供不应求时，就会使价格上涨，从而使生产扩大；供过于求会使价格下跌，从而使生产缩减。这里价值规律就像一根无形的指挥棒，指挥着生产资料和劳动力的流向。当一种商品供大于求时，价值规律就指挥生产资料和劳动力从生产这种商品的部门流出；相反，则指挥着生产资料和劳动力流入生产这种商品的部门。当然，价值规律的自发作用，也会造成社会劳动的巨大浪费，因而需要国家宏观调控。

（2）刺激作用。由于价值规律要求商品按照社会必要劳动时间所决定的价值来交换，谁首先改进技术设备，劳动生产率比较高，生产商品的个别劳动时间少于社会必要劳动时间，谁就获利较多。因而，同部门同行业中必然要有竞争，这种情况会刺激商品生产者改进生产工具，提高劳动生产率，加强经营管理，降低消耗，以降低个别劳动时间。

（3）筛子作用。促使商品生产者在竞争中优胜劣汰，这是第二个作用的结果。在商品经济中存在竞争，由于竞争，促使商品生产者想方设法缩短个别劳动时间，提高劳动生产率，也会促使优胜劣汰。这是不以人的意志为转移的。

有用的物品，为什么不值钱

庄子曾经讲过一个“大瓠无用”的故事。惠施对庄子说：“魏王送给我一粒大葫芦种子，我把它种了下去，没想到培育出来的葫芦太大了，竟然能在里面存放五石粮食。我想用它来存水，可是皮太脆，没有力量承受；我想把它剖开当瓢用，可是它太大，没有水缸能够容纳它。它太大，大到了无所适用的地步，所以我一生气，就把它给砸碎了。”庄子回答说：“现在先生有一个可放五石粮食的葫芦，为什么不把它剖开做成小舟，漂浮于江湖之上呢？”

庄子重点论述了大瓢的使用价值，大瓢不能存放粮食，不能当普通的瓢用，但是仍旧有它的使用价值——可以做成小舟。

简单来说，使用价值就是能满足人们某种需要的物品的效用，如粮食能充饥，衣服能御寒。使用价值是商品的基本属性之一，是价值的物质承担者，是形成社会财富的物质内容。空气、草原等自然物，以及不是为了交换的劳动产品，没有价值，但有使用价值。我们为什么要购买某种物品，其背后的原因在于这种商品具有某种使用价值。

通常情况下，同一事物蕴涵着多种使用价值；同一使用价值又可由多种事物表现出来；同一事物对于不同使用主体可表现出不同的使用价值；同一事物对于同一使用主体在不同使用时间或在不同的环境条件下又可表现出不同的使用价值。

商品的使用价值是指能够满足人们某种需要的属性。使用价值是一切商品都具有的共同属性之一。任何物品要想成为商品都必须具有可供人类使用的价值；反之，毫无使用价值的物品是不会成为商品的。

沉香和沉香木可以用来雕刻佛像，制作念珠，制作供香，装藏供佛，配制中药等，具有十分广泛的使用价值，而普通树木却不能有如此之多的使用价值，不同的使用价值决定了两者价值相差极大。我们购买商品，其实购买的是商品的使用价值。一般来说，我们不会购买没有任何使用价值的商品。

生活中一个明显的事实是，物品的使用价值总是相对于人的需要而言的，因而是在人与物之间需要与被需要的关系中产生的，离开了这种关系，物品就无所谓使用价值。消费者在购买和消费一种商品时，的确只对该种商品的具体的有用性感兴趣，即看中的只是商品的具体的使用价值。消费者之所以购买粮食，是因为粮食可以满足吃的需要，之所以购买衣服，是因为衣服可以满足穿的需要。

因此，我们可以说人类劳动的每一产品都有一种使用价值。不过，“使用价值”一词有两种不同的意思。我们说一件商品有使用价值，只是把使用价值本身看成一件东西，比方说，我们说一个社会只生产使用价值，这时候我们的意思是说，这个社会中的产品是为了其直接消费而生产的，不管是由生产者本人来消费抑或是由消费者来消费。

使用价值之外，人类劳动的产品存在另一种价值，即交换价值。有时候，一件产品不是为了生产者或富有阶级的直接消费而生产的，而是为了在市场上交换、出卖而生产的。一大批为了销售而创造出来的产品，不再是单纯使用价值的生产，而是商品的生产。因此，商品便是为了在市场上交换而创造出来的产品，即非为了直接消费而生产的产品。每一件商品都必须同时具备使用价值及交换价值。

商品必须有使用价值，不然就没有人愿意买它了。购买者关心的是最后消耗掉这商品，关心的是借此购买以满足他的某一项需要。一件商品若对任何人都没有使用价值，最后的结果便是卖不掉，形成了无用的生产，正因为它没有使用价值，所以也不会有交换价值。

但在另一方面，有使用价值的产品却又不一定都有交换价值。一个产品有没有交换价值，要看产生这产品的社会本身是否以交换制度为基础，如果每个人都是自己生产自己消费，不参加社会交换，那就无所谓交换价值了。

发达到某一程度的社会分工，是交换价值以及更进一步贸易及市场的基础。如果要让产品不致直接被生产者消耗掉，首要条件是不要让每一个人都生产同样的东西。一个社会如果毫无分工可言，那么显然不会有交换现象存在。一般言之，两个麦农之间是没有什么东西可以交换的。但是，只要有了分工，只要生产不同使用价值的两个社团有了接触，便会发生交换。起先他们之间也许只是偶然交换，但随后交换会变得更恒常、更固定。这样，逐渐地，在生产者只是为了自身消费而制造的产品之外，便出现了为了交换而制造的产品，亦即商品。

不过在现代社会中，生产也仍并非完全都是商品的生产，有两类产品仍然仅具使用价值。第一类仅具使用价值的产品，是农民为了本身消费而生产的产品，即农民生产出来而被农民直接消费掉的产品。这种目的在于农民自身消费的生产，即使在市场经济高度发达的国家如美国，也依然存在。当然，这种产品在其整个农业生产中只占极微不足道的一小部分。一般而言，一个国家的农业愈落后，其农业生产中供农民自身消费的比例便愈大。由于这个原因，我们平常很难准确估计这种国家的国民所得。

现代社会另外一种只有使用价值而不构成商品的产品，是家庭中自己生产的一切东西。虽然极可观数量的人类劳动都属于这种家庭生产，但是它仍然仅是使用价值的生产，而不是商品的生产。煮一碗汤、缝一颗扣子，都是生产，但却不是为了交换而进行的生产。

使用价值和交换价值反映了事物对于人类生存和发展所产生的积极作

用。大千世界里，各种事物以千姿百态的使用价值为人们所喜爱，构成了人们丰富多彩的物质生活和精神生活内容，人们的一切活动都离不开这些事物的使用价值和交换价值。

价值悖论，钻石比水更有价值

亚当·斯密曾在《国富论》中写道："没有什么东西比水更有用，但它几乎不能够买任何东西……相反，一块钻石有很小的使用价值，但是通过交换可以得到大量的其他商品。"一吨水才几块钱，而成千上万吨的水才换得的一颗钻石，除了能让人炫耀他的财富外，几乎没有什么用途。但为什么水的用途大而价格低，钻石的用途小却价值大呢？这就是著名的"钻石与水悖论"，也就是"价值悖论"。

这的确是一个"悖论"！水的使用价值大，却不值钱；而钻石没有多少使用价值，却价值连城。

令人遗憾的是，斯密没有准备回答这个悖论，他仅仅创造了一个奇特的二分法，水有使用价值，而钻石有交换价值。然而，斯密以前的教授海彻森和其他学院的老师认为，商品的价值或价格首先由消费者的主观需求决定，然后再由商品的相对稀缺性或丰富程度决定。简而言之，由需求和供给决定。较丰富的商品，价格较低；较稀缺的商品，价格较高。

亚当·斯密在一次演讲中曾经提到："仅仅想一下，水是如此充足便宜以至于提一下就能得到；再想一想钻石的稀有……它是那么珍贵。"当供给条件变化时，产品的价值也会变化。斯密注意到，一个迷失在阿拉伯沙漠里的富裕商人会以很高的价格来评价水。如果工业能成倍地生产出大量的钻石，钻石的价格将大幅度下跌。

经济学家约翰·劳认为水之所以用途大、价值小，是因为世上水的数量远远超过对它的需求；而用途小的钻石之所以价值大，是因为世上钻石的数量太少，不能满足人们对它的需求。

而经济学家马歇尔则用供求均衡来解释这一"悖论"。他认为，人们对水所愿支付的价格，由于水的供应量极其充足，而仅能保持在一个较低的水平；可是，钻石的供应量却非常少，而需要的人又多，所以，想得到它的人，就必须付出超出众人的价格。

由此可见，大多数经济学家的观点是以数量与需求的关系，即供需关系来决定物品价值的。这些解释不无一定的道理，让我们再来看看西方边际学派如何用“边际效用”来说明价值悖论。

由于水的数量一般来说总是取之不尽的，而人对水的需要总是有一定的限度，不可能无休止。就拿喝水来说，随着人的肚子逐渐鼓胀起来，最后一单位水对他来说就变成可喝可不喝的了，也就是说，最后一单位水对人增加的“效用”很小。西方边际学派认为边际效用决定商品的价值，边际效用小，其价值也小。钻石的数量相对人的需求来说少得可怜，因此它的边际效用很大，于是价值也大。这就足以解释“水与钻石的悖论”了。

我们通过一个通俗的小故事，从边际效用的角度来解释“价值悖论”。

有一个穷人家徒四壁，仅有的财产是一只旧木碗。一天，穷人上了一只渔船去帮工。不幸的是，渔船在航行中遇到了特大风浪，被大海吞没了。船上的人几乎都被淹死了。穷人抱着一根大木头，才幸免于难。穷人被海水冲到一个小岛上，岛上的酋长看见穷人的木碗，感到非常新奇，便用一口袋最好的珍珠、宝石换走了木碗。

一个富翁听到了穷人的奇遇，心中暗想：“一只木碗都能换回这么多宝贝，如果我送去很多可口的食品，该换回多少宝贝？！”富翁装了满满一船山珍海味和美酒，历尽艰辛终于找到了穷人去过的小岛。酋长接受了富人送来的礼物，品尝之后赞不绝口，声称要送给他最珍贵的东西。富人心中暗自得意。一抬头，富人猛然看见酋长双手捧着的“珍贵礼物”，不由得愣住了：它居然是穷人用过的那只旧木碗！原来木碗在这个岛上是绝无仅有的，是最珍贵的东西。

这个故事也可以用边际价值理论来解释。一般情况下，随着人类手工业的发展，只要有木材，就能造出木碗，于是木碗比比皆是，因此，最后一只木碗对于人们来说是几乎不可能出现的。因此，最后一只木碗对人增加的效用是极小的，但人类社会的宝石极其稀少，所以，宝石的价值或价格远远高于木碗。

而这个海岛上的情况却完全相反：宝石数量极多，木碗仅此一只。对于这个海岛上的人来说，木碗不仅造型奇特，还具有实用功能，显而易见，木碗的边际效用价值远远大于宝石。

因此，我们也可以用边际效用解释生活中的其他一些常见现象：某些物品虽然使用价值大，但是却廉价；而另一些物品虽然使用价值不大，但却很昂贵。

有了你我之别，商品才有价值

可以说，产权是市场交易得以进行的第一前提。那么究竟什么才是产权呢？不同的经济理论和派别对其所下的定义是不尽相同的，一个为多数理论学派所接受的定义是这样的：产权不是指人和物的关系，而是指物的存在及关于它们的使用所引起的人们之间相互认可的行为关系。也许这个定义听起来有点拗口，我们不妨举个例子来说：

假设小黄有一套房产，他将这套房子租给小李，小李每年付给小黄 5 万元人民币。

实际上，小黄就拥有这套房产的完整产权，具体来说：

（1）拥有房屋的占有权。这种占有权具有排他性，即产权是属于小黄的，他在占有房产的同时，意味着其他人不能占有这种财产。

（2）拥有房屋的使用权。小黄能够自主决定房产使用的权力，比如他可以选择自己住，也可以选择出租，他对房产有自主处理的权力。

（3）拥有房屋的转让权。其实小黄的这套房产还可以在市场上自由地买卖，因此产权可以像任何一种商品一样自由交易、转让。

（4）拥有房屋的受益权。是说所有者可以获得并占有财产使用和转让所带来的利益，又称为剩余索取权。比如小黄向小李收取的每年 5 万元的租费，就是房屋产权的收益。

产权的问题之所以引起人们的重视，在于产权与经济效率有密切的关系。如果没有产权制度，就会导致资源浪费、效率低下等后果。我们不妨通过一个通俗的故事了解产权制度缺失所导致的可能结果。

王戎是“竹林七贤”之一，小时候就聪明过人。一天，他同村里的孩子发现路边长着一棵李子树，树上长满了鲜润的李子，十分诱人。小伙伴们都跑去摘李子，王戎却是一副漠不关心的样子，并跟其他人说，李子肯定是苦的。

这时尝过李子的人不禁叫苦连天。他们就问王戎：“你怎么知道这些李子是苦的呢？”王戎说：“路边的李子树不归任何人所有，来来往往的人这么多，如果好吃的话，李子早被人摘光了，哪还轮得到我们？”

为什么王戎能够从李子树不归任何人所有这点，就推断出树上的李子是苦的？这就牵涉到经济学中的产权概念。“路边苦李”的故事表明，既然李子树的产权是属于公众的，不属于某个人，自然就没有人愿意对李子树进行培育，结出苦李子也就情有可原了。如果李子树结的是好李子，自然会被别人摘光了。

因此，只有通过产权界定，才能使资源得到有效的保护和利用，同时，市场交易行为才能得以延续。市场经济的制度基础是产权明晰，所以，实行市场经济的国家的立法无一不把保护产权作为基本原则。产权之所以重要是因为产权使所有者权责一致，即所有者有权使用自己的资源，获得由这种使用得到的利益，也承担使用不当的责任。在这种情况下，所有者就会最有效地利用自己的资源。

面对目前产权制度缺失的实际情况，我们更应该在实际的经济生活中，注意保护自己的财产权利，在经济活动中要保护好财产获得的法律依据，比如购买房屋的凭证，它是你合法取得房屋的主要凭据，据此你才可以在房产管理部门办理房屋产权登记证，有了这个证件，你的房产才能够被合法地使用、抵押、保险、出租、转增、出售等。

产权是市场交易得以进行的根本前提，如果不能保护个人的产权，市场交易秩序将不能维持，因此，现代法律强调个人的产权保护。

1866年，刚打赢对奥地利战争的普鲁士国王威廉一世，来到他在波茨坦的一座行宫。他兴致勃勃地登高望远，然而，行宫前的一座破旧磨坊让他大为扫兴。威廉一世让侍从去跟磨坊主交涉，付他一笔钱，让他拆除磨坊。磨坊主不肯，说这是祖业。威廉一世很生气，命令人强行拆除了磨坊。

不久，磨坊主一纸诉状将威廉一世告到法庭。法庭裁定：威廉一世擅用王权，侵犯原告由宪法规定的财产权利，被责成在原址重建一座同样大小的磨坊，并赔偿磨坊主的损失。威廉一世只好派人将磨坊在原地重建了起来。

现在这座磨坊还屹立在波茨坦的土地上，成为著名的游览景点。

磨坊属于磨坊主所有，他作为这一财产的所有者，其财产所有权和产权得到国家法律的相应保护。威廉一世的权力再大，也得服从法律。磨坊主的磨坊挡住了国王的视线，但磨坊的产权属于磨坊主，国王无权处置。也就是说，产权是受到法律保护的。

可以说，产权制度是市场交易的基础，建立一套完整、有效、可操作性强的产权保护制度，无疑是重要和必要的。

你认为它贵重，它就是无价之宝

2009 年在各大电视台热播的电视剧《蜗居》引发了观众的热情。小艾听办公室同事说电视剧《蜗居》不错，很残酷、很写实，忍不住熬夜下载看了两天，终于把整部电视剧看完了。她认为，《蜗居》是一部绝好的国产片子，反映了现代房奴的辛酸史，是如此贴近自己的生活。看完之后，她对《蜗居》赞不绝口，四处向别人推荐。但是小艾尚在读幼儿园的女儿雯雯对她妈妈如此钟情于这部电视剧很不以为然，剧中故事对雯雯完全没有吸引力，相比较而言，她更喜欢看动画片中聪明的“喜羊羊”。

同样的一部电视剧，不同人的评价却各不相同，这就涉及个人的偏好问题。偏好表明一个人喜欢什么，不喜欢什么。所有人都是有偏好的，所谓萝卜白菜各有所爱，穿衣戴帽各好一套，说的都是这个道理。偏好是主观的，也是相对的概念。一般来说，偏好无所谓好坏，并不能说喜欢青菜就优于喜欢萝卜。

根据经济学的假设，人都是有偏好的。比如消费者对特定的商品、商店或商标产生特殊的信任，重复、习惯地前往一定的商店，或反复、习惯地购买同一商标或品牌的商品。属于这种类型的消费者，常在潜意识的支配下采取行动。

偏好实际上是潜藏在人们内心的一种情感和倾向，它是非直观的，引起偏好的感性因素多于理性因素。每个人的偏好不相同，就会引起每个人行为选择的不同。黎巴嫩的文学家纪伯伦曾经写过这样的故事：

有个人在自家地里挖出一尊绝美的大理石雕像。一位艺术品收藏家高价买下了这尊雕像。卖主摸着大把的钱感叹：这钱会带来多少荣华富贵，居然有人用这么多钱换一块在地下埋了几千年、无人要的石头？收藏家端详着雕像想：多么巧夺天工的艺术品，居然有人拿它换几个臭钱。他们都对自己所交换来的东西感到非常满意。

每个人的偏好不同，因此对同一种物品的评价往往也不同，而这种评价直接影响该物品对自己的实际价值。卖主认为钱的价值大于雕像，买主认为雕像的价值大于钱，其实这和个人的偏好不无关系。

那么偏好究竟跟什么相关呢？有人认为和收入相关：比如我们买服装时，经济条件好的人们不喜欢在地摊上买衣服，他们总是偏好去大型商场；也有人认为和前期偏好有关：比如我们考研时会买星火英语，因为大学考英语四级、六级时一直选择星火英语；也有人认为偏好和地理有关：如四川人偏好吃辣，江苏人偏好吃甜；也有人认为偏好跟熟悉程度有关：比如集中同质商品供自己选择，一般会选择做过广告的；还有人认为偏好与周围人的偏好有关：如你周围的人都买某件东西时，你一般也会买这件东西。

其实，影响人们消费偏好的因素是很复杂的。宏观看，国家和民族的历史传承、国家和区域的经济环境、福利和劳动保障条件等都会影响人们的消费行为。而作为个人，偏好主要受以下几方面影响：

1. 习惯。由于个人行为方式的定型化，比如经常消费某种商品或经常采取某种消费方式，就会使消费者心里产生一种定向的结果。这种动机几乎每个人都有，只是习惯的内容及稳定程度不同。

2. 方便。很多人把方便与否作为选择消费品和劳务以及消费方式的第一标准，以求在消费活动中尽可能地节约时间。

3. 求名。很多人把消费品的名气作为选择与否的前提条件。购买时，首先要求商品是名牌，只要是名牌，投入再多的金钱也甘愿。

一般来说，某种商品的需求量与消费者对该商品的偏好程度正相关：如果其他因素不变，对某种商品的偏好程度越高，消费者对该商品的需求量就越多。但现实中人们的偏好并不是连续的、稳定的，而是可变的。偏好颠倒的现象说明，人们并不拥有事先定义好的、连续稳定的偏好，偏好是在判断和选择的过程中体现出来的，并受判断和选择的背景、程序的影响。因此，偏好主要分为以下几种类型：

1. 如果消费者的偏好不稳定又含糊的话，要提供给他们一个满意的解决方案以满足其偏好是不可能的。然而，也正因为他们对自己的偏好不了解，因此易被影响。

2. 消费者知道自己没有稳定、清晰的偏好，他们对供给的评估很有可能是建立在其外观的吸引力上，而不是其是否真的符合他们（不牢固）的偏好。例如，喜欢喝葡萄酒，但是却又清楚知道自己没有这方面知识，可能会非常乐意接受有关葡萄酒方面的教育和消费建议。

3. 还有一类消费者有着稳定的消费偏好，这些偏好引导着他们的选择，但是他们却并没有清楚地意识到偏好对他们消费选择的驱动性。例如他们可能自认为选择是建立在理性、客观评判的基础上的，而实际上他们的选择主要考虑的是情感因素或审美因素。因此，这些消费者对那些实际上并不符合他们偏好的定制化供给或选择标准，可能会错误地接受，而最终导致不满意。

4. 这类消费者既有清晰的偏好，又对自己的偏好有足够的了解，这使他们能正确判断一种定制化供给是否真的符合他们的偏好。由于他们对自身偏好的了解，他们可能很少依赖营销者的建议。

饭是最后一口才吃饱的

一个农民独自在原始森林中劳动和生活。他收获了5袋谷物，这些谷物要使用一年。他是一个善于精打细算的人，因而精心安排了5袋谷物的使用计划。

第一袋谷物为维持生存所用。第二袋是在维持生存之外用来增强体力和精力的。此外，他希望有些肉可吃，所以留第三袋谷物来饲养鸡、鸭等家禽。他爱喝酒，于是他将第四袋谷物用于酿酒。对于第五袋谷物，他觉得最好用它来养几只他喜欢的鹦鹉，这样可以解闷儿。显然，这5袋谷物的不同用途，其重要性是不同的。假如以数字来表示的话，将维持生存的那袋谷物的重要性可以确定为1，其余的依次确定为2、3、4、5。现在要问的问题是：如果一袋谷物遭受了损失，比如被小偷偷走了，那么他将失去多少效用？

这是19世纪80年代著名的奥地利经济学家庞巴维克在其于1888年出版的《资本实证论》中为论述“边际效用”时讲的一个故事。

故事中的这位农民面前唯一合理的道路，就是用剩下的4袋谷物供应最迫切的4种需要，而放弃最不重要的需要。而最不重要的需要，也就是经济学上所说的边际效用最低的部分。庞巴维克发现，边际效用量取决于需要和供应之间的关系。要求满足的需要越多和越强烈，可以满足这些需要的物品量越少，那么得不到满足的需要就越重要，因而物品的边际效用就越高。反之，边际效用和价值就越低。

古时候有一个进京赶考的书生，走了很久的路，就在他的肚子饿得咕噜直叫的时候，他发现前面路口处有个卖烧饼的摊位，于是，他走上前去买烧饼。饥饿的书生一下买了5个烧饼，可是当他吃到第五个烧饼时，感觉到肚子饱了。这时他突然有所悟，后悔地说：“早知吃这个烧饼就能饱，我何必吃前面那4个呢！”

按照书生的逻辑，肚子是因为第五个烧饼吃饱的，前4个烧饼都白吃了，早知道就只买第五个就行了。这样，岂不省事省钱！这个故事之所以可笑是因为书生不明饥饿效应的道理。饥饿效应源自书生吃大饼的笑话，而在经济学上，这就是我们常说的边际效用递减规律。

用边际效用递减来解释吃大饼的行为，即当一个人极度饥饿时，第一块大饼带来的满足程度是极大的，第二块、第三块饼带来的满足感显然不如第一块。当这个人对食物的欲望完全得到满足后，再增加大饼的消费反而会带来生理上的不适，此时，边际效用为负。

边际效用是指消费者在逐次增加一个单位消费品的时候，带来的单位效用是逐渐递减的。其应用非常广泛，例如：在餐馆里吃饭时，刚开始吃头两个菜印象很好，甚至是赞不绝口，可越吃越平静，直到吃完了这顿饭，开始转赞美为责备挑剔，甚至还会说“这家餐馆的水平也不过如此”之类的话。实际上这也是边际效用在作怪，正如人们常说：“饿了吃糠甜如蜜，饱了吃蜜也不甜。”

经济学家认为，人之所以执着地追求幸福，就是因为幸福能给人带来效用，即生理上和精神上的满足。农夫拥有的 5 袋谷物，就好像是幸福能为我们带来的不同层级的效用——有健康，有美食，也有精神的享受。我们追求幸福其实也就是为了追求需求的满足，幸福效用的实现。不过，幸福终究逃不脱边际效用递减的厄运，好不容易实现的幸福很快就会让你不满足，追求幸福的道路也因此注定永远没有尽头。

记住一句话就行了，一件东西的价值，是由它最后一单位的效用决定的。价值由边际效用决定！这就是“物以稀为贵”这句流传了千百年的话背后的道理。

价格：买卖双方的妥协

在讨价还价中走向均衡

买者：你这件衣服卖多少钱？

卖者：500元。

买者：太贵了，这衣服也就值200元。

卖者：200太少了，你要是诚心买，我以进价卖给你！450！

买者：唉！还这么贵？！要我说，最多300元！

卖者：300元，您给的也太低了。要不咱们来个对折，400元成交！

买者：不行，350元顶天了。350元，你卖不卖？不卖我就走了。

卖者：等会儿等会儿，算了，350就350吧。这次绝对是亏本卖给你了。

这件衣服最终以350元成交，这个350元就是买卖双方都能接受的均衡价格。均衡价格是商品的供给量与需求量相等，商品的供给价格与需求价格相等时的价格。在市场上，由于供给和需求力量的相互作用，市场价格趋向于均衡价格。均衡价格是在市场上供求双方的竞争过程中自发地形成的。均衡价格的形成过程也就是价格决定的过程。因此，价格也就是由市场供求双方的竞争所决定的。

均衡价格就是消费者为购买一定商品量所愿意支付的价格与生产者为提供一定商品量所愿意接受的供给价格一致的价格。需要强调的是，均衡价格的形成完全是在市场上供求双方的竞争过程中自发形成的，有外力干预的价格不是均衡价格。

看均衡价格和均衡数量示意图我们知道，当供过于求时，市场价格会下降，从而导致供给量减少而需求量增加；当供不应求时，市场价格会上升，从而导致供给量增加而需求量减少。供给与需求相互作用，最终会使商品的需求量和供给量在某一价格水平上正好相等，这时既没有过剩（供过于求），也没有短缺（供不应求），市场正好均衡。这个价格就是供求双方都可以接受的均衡价格，市场也只有在这个价格水平上才能达到均衡。

如图所示，我们用横轴 OQ 表示商品数量，纵轴 OP 表示价格，D 表示需求曲线，S 表示供给曲线，那么 D 和 S 相交的 E 点被称为均衡点，与 E 点相对应的价格 Pe 成为均衡价格，与 E 点相对应的商品数量 Qe 成为均衡数量。

当市场价格高于均衡价格时，物品的供给量将超过需求量，这样就会存在物品的过剩。例如，当水果市场上存在超额供给时，水果商就会发现，他们的冷藏室中装满了他们想卖而卖不出去的水果，他们对这种超额供给的反应是降低其价格，价格要一直下降到市场达到均衡时为止。同样，当水果市场出现超额需求时，买者不得不排长队等候购买几个水果的机会，由于太多的买者抢购太少的物品，卖者可以做出的反应是提高自己的价格，随着价格上升，市场又一次向均衡变动。

在物品销售市场上，作为理性人，买卖双方都会追求自身利益的最大化。一方面，对于商家来说，追求的是收益的最大化，所以，通常会制定远远高于进货成本的价格；另一方面，对于消费者来说，追求的是商品效用的最大化，所以会尽力压低价格。而买卖双方所能接受的价格即为均衡价格。市场上无数的买者与卖者的活动自发地把市场价格推向均衡价格。

不过，市场均衡分为局部均衡和一般均衡。如果市场上只有一种或几种商品达到供求平衡，这是局部均衡。如果所有的商品都达到了供求平衡，这就是一般均衡。必须强调，一般均衡才是真正的均衡，局部均衡只是暂时的均衡。

当市场价格偏离均衡价格时，一般在市场机制的作用下，这种供求不相等的非均衡状态会逐步消失，自动恢复到均衡价格水平。当市场价格高于均衡价格时，商品供给量大于需求量，出现商品过剩，一方面会使需求者压低价格，另一方面又会使供给者减少商品供给量，这样商品的价格必然下降到均衡价格水平。相反，当市场价格低于均衡价格时，需求量大于供给量，出现商品短缺，一方面迫使需求者提高价格，另一方面又使供给者增加商品的供给量，这样该商品的价格必然上升，一直上升到均衡价格的水平。

一旦市场达到其均衡价格，所有买者和卖者都得到满足，也就不存在价格上升或下降的压力。在不同市场上达到均衡的快慢是不同的，这取决于价格调整的快慢。但是，在大多数自由市场上，由于价格最终要变动到其均衡水平，所以，过剩与短缺都只是暂时的。

商品均衡价格是商品市场上需求和供给这两种相反的力量共同作用的结果。需求与供给变动对均衡价格的影响如下：

1. 需求变动引起均衡价格与均衡数量同方向变动。即需求增加，均衡价格上升，均衡数量增加；需求减少，均衡价格下降，均衡数量减少。

2. 供给变动引起均衡价格反方向变动，均衡数量同方向变动。即供给增加，均衡价格下降，均衡数量增加；供给减少，均衡价格上升，均衡数量减少。

是什么决定了商品的价格

价格是商品价值的货币表现，是商品的交换价值在流通过程中所取得的转化形式。商场里，每种物品的标价各不相同，例如香皂、卫生纸、洗衣粉等，虽然同是生活用品，价位却高低不一。那么，是什么决定了它们各自的价格？

经济学大师弗里德曼认为任何商品的价格都是由供给和需求共同决定的。弗里德曼在其文章中强调，既然谈到供给和需求，就不得不提到供给量和需求量。

1. 需求规律：在影响商品需求量的其他因素不变时，商品的需求量同其价格有反方向的依存关系。即商品价格上升，需求量减少；商品价格下降，需求量增加。

2. 供给规律：在影响商品供给量的其他因素不变时，商品的供给量与其价格之间存在着正向的依存关系。即商品价格上升，供给量增加；商品价格下降，供给量减少。

在研究和运用这两个规律时，要清楚一点，这两个规律有一个假设前提，即“影响商品需求量（供给量）的其他因素不变”。因为现实中，影响需求量和供给量的因素很多，而需求规律和供给规律只研究价格与需求量、供给量之间的关系，所以为了屏蔽其他因素对研究的干扰，就必须先假设影响需求量（供给量）的其他因素都不变。

根据弗里德曼的分析，需求和供给共同决定商品在市场上的一般价格，也就是均衡价格。接下来，我们就来看需求和供给是如何相互作用并形成均衡价格的。他认为，在市场上，首先要了解需求和供给是如何变动的，然后才能研究两者对价格的决定作用。

所谓需求的变动，指的是某商品除价格变动的因素外，由于其他因素变动所引起的该商品的需求数量的变动。更具体地说，根据需求的定义，需求变动是指一定时期内，在其他条件不变，各种可能的价格下，消费者愿意且能够购买的该商品的数量有了变化。

一般来说，可以影响需求变动的因素有收入变动、相关商品的价格变动、消费者偏好的变化和消费者对商品的价格预期的变动等。

所谓供给的变动，是指因为产品本身价格以外的因素而引起的供给量的变化。同样，根据供给的定义，供给变动是指一定时期内，其他条件不变，在各种可能的价格下，生产者愿意且能够提供的该商品的数量有了变化。

一般来说，影响供给变动的因素有生产成本的改变等。举个例子来说，2007 年，由于国际市场上部分地区因受灾几乎颗粒无收，而增加了对大米的需求（即在各个价格下，消费者需要的大米数量都增加），假设其他条件不变（即大米的供给不变），则将使得大米的数量供不应求。

将这些因素结合起来考虑，看它们是如何决定市场上一种物品的价格的。假定在完全竞争的市场中，商品的供给和需求变动处于自发状态。在其他条件不变的情况下，现在以商品甲为例，在各种可能的价格下，消费者对商品甲有不同的需求量；而在各种可能的价格下，生产者有不同的愿意提供的商品甲的数量。

若在某一价格下，生产者愿意提供的产品数量多于消费者所要求的需求量，结果就会出现过剩，这些剩余的产品没人买；而在另一价格下，如消费者的需求量多于市场上生产者能提供的商品量，结果就会出现商品的短缺。这两种情况都会造成资源配置的不平衡，甚至浪费。

然而，在同一市场里，为了让生产者和消费者都能够获得满意，商品甲的供给和需求将在消费者和生产者的行动下，自动地被推向供需均衡。当商品甲在市场上的供给和需求在一定时期，在某个价格上，数量刚好达到平衡时，就形成了均衡价格。在这一情况下，供给和需求刚好都能满足，市场不存在剩余和短缺，此时，价格也不会再变动。用弗里德曼的原话说就是：“均衡状态是这样一种状态，它一经确立，就将被维持下去。”

这时市场上最稳定的价格形成了，需求者和供给者都会以这个价格来提供或消费货物，结果，供给和需求最终共同决定了这个物品在市场上的价格。不过这种均衡状态会在需求和供给再次出现变动时被打破，然后均衡价格也将重新稳定。

在日常生活中，价格同我们息息相关，它的波动带动着我们消费金额的波动。一般，当价格上涨的时候，我们手中的钱能买的东西就少了；当价格下跌的时候，我们所能买的东西就多了。在不同的情况下，我们可能会为价格的上涨抱怨，为价格的下跌欣喜，但大家是否仔细想过，价格具有哪些作用呢？

1. 价格是商品供求关系变化的指示器。借助于价格，可以不断地调整企业的生产经营决策，调节资源的配置方向，促进社会总供给和社会总需求的平衡。在市场上，借助于价格，可以直接向企业传递市场供求的信息，各企业根据市场价格信号组织生产经营。与此同时，价格的水平又决定着价值的实现程度，是市场上商品销售状况的重要标志。

2. 价格水平与市场需求量的变化密切相关。一般来说，在消费水平一定的情况下，市场上某种商品的价格越高，消费者对这种商品的需求量就越小；反之，商品价格越低，消费者对它的需求量也就越大。而当市场上这种商品的价格过高时，消费者也就可能做出少买或不买这种商品，或者购买其他商品替代这种商品的决定。因此，价格水平的变动起着改变消费者需求量、需求方向，以及需求结构的作用。

3. 价格是实现国家宏观调控的一个重要手段。价格所显示的供求关系变化的信号系统，为国家宏观调控提供了信息。一般来说，当某种商品的价格变动幅度预示着这种商品有缺口时，国家就可以利用利率、工资、税收等经济杠杆，鼓励和诱导这种商品生产规模的增加或缩减，从而调节商品的供求平衡。

在售价之外，你注意到了什么

人人都希望从市场交易中获得自己想要的收益，很多时候，我们总是人为地放大期望的收获，而缩小交易的成本。

一天，女儿想吃饺子。于是，小李清早便去排队买饺子皮，没想到排队买饺子皮的人实在太多了，等了半天之后，终于轮到他了。等他买完饺子皮回家，女儿已经等不及去上学了，而当他急急忙忙赶去上班时，还迟到了5分钟。小李为女儿进行的这桩交易，所消耗的时间、精力等，被经济学家称为交易成本或是交易费用。

交易费用又称交易成本，最早由美国经济学家罗纳德·科斯提出。他在《企业的性质》一文中认为交易成本是通过价格机制组织产生的，最明显的成本就是所有发现相对价格的成本，市场上发生的每一笔交易的谈判和签约的费用，以及利用价格机制存在的其他方面的成本。

交易费用的提出，具有非常重要的意义。经济学是研究稀缺资源配置的，而交易费用理论表明交易活动也是稀缺的。市场的不确定性导致交易是冒风险的，因此说交易活动是有代价的，从而有了如何配置交易活动的问题。至此，资源配置问题成了经济效率问题。所以，一定的制度必须提高经济效益，否则旧的制度将会被新的制度所取代。这样，制度分析就真正纳入到经济分析当中了。

无论是企业内部交易，还是市场交易，都存在着不同的交易费用。但是，我们在购买商品的时候，往往忽视了购买商品的交易费用。《韩非子》里有一则“郑人买履”的故事：

有个郑国人，想要到集市上去买鞋子。早上在家里量了自己的脚，把量好的尺码放在了自己的座位上。到了集市的时候，他才发现忘了带量好的尺码，于是对卖鞋子的人说：“我忘记带量好的尺码了。”就返回家去取。等到他返回集市的时候，集市已经散了，他最终没有买到鞋。有人问他说：“你为什么不用你的脚试鞋呢？”他说：“宁可相信量好的尺码，也不相信自己的脚。”

“郑人买履”的寓言意在讽刺那些固执己见、死守教条、不知变通、不懂得根据客观实际采取灵活对策的人。单从郑人买鞋的结果来看，他在集市与家之间往返两趟，浪费了大量时间和精力，最终还是没有买到鞋子。用经济学的话来说，他的交易费用实在是太高了。

交易成本是创造财富的障碍，简单地说，由于有交易成本的存在，上例中的小李很有可能买不到饺子皮。所以我们说，交易成本既限制了我们的生产能力，又限制了我们从交易中获取的利益。在生活中，我们每个人为了实现自己的交易行为，都要以不同的形式支付交易成本。李军是一个烟民，明明知道楼下小商店的香烟比商场里的要贵 5 毛钱，但他还是在楼下小商店里买。因为他觉得，在楼下小商店里买香烟，虽然贵 5 毛钱，但只需要下楼就能够买到香烟。倘若去商场，要乘车，或要多走很长时间的路，其中所消耗的时间，是他并不愿意支付的。虽然多花 5 毛钱，但节省了时间和精力，对他来说是合算的。李军这个行为本身蕴涵了交易成本。也可以换种说法，其实楼下小商店在给香烟定价的时候，已经将你的交易成本算进去了。交易成本是人与人之间进行交易所必需的成本。对于每个不同的人来说，其自身的交易成本是不同的。在菜市场上可以看到不少老太太与小商贩为几毛钱的菜价而讨价还价。这是因为，老太太已经退休，她用来讨价还价的时间并不能作他用，如果能买到便宜的蔬菜，就是降低了自己的生活成本。但是如果放到年轻人身上，贵几毛可能就贵几毛，有讨价还价的时间还不如抓紧时间工作多挣钱呢。

当然，交易成本应当包含更多的内容，总体而言，交易成本可分为以下几项：

1. 对商品信息与交易对象信息的搜集。在琳琅满目的商品种类中寻找到自己所需要的物品，必定要付出一定的时间或精力，这就是搜寻成本。

2. 取得交易对象信息与和交易对象进行信息交换所需的成本，这就是信息成本。

3. 交易成本还包括议价成本，即针对契约、价格、品质讨价还价的成本。

4. 决策成本，即进行相关决策与签订契约所需的内部成本。

5. 交易发生后，当违约时也要付出一定的成本。

通常人们认为中间商仅仅增加了商品价格而未提供利益，但是一旦我们认识到交易费用是交易的障碍，就能看出这种观点的错误，我们经常想抛弃掉中间商，却很少有人能够实现。

一个简单的例子，如果购物者进行直接交易，向农民购买蔬菜，向奶厂直接买牛奶，那么仅仅是准备一顿简单的饭就要投入无法计量的时间和精力。杂货商或是其他中间商的存在，极大程度上减少了交易费用，潜在的顾客和销售者更容易从交易中获利，这些服务增加了交易量并促进了经济的发展。

最高限价，价格天花板

限制价格是指政府为了限制某些生活必需品的物价上涨而规定的这些商品的最高价格，一般来说，限制价格低于市场均衡价格。实际上，政府制定最高价格的原因一般是出于对公平的考虑。如在战争或饥荒时，政府会对生活必需品制定最高限价，使穷人能够负担得起，以利于社会稳定。

2007 年，兰州市民发现，他们钟爱的大碗牛肉面竟一夜之间上涨 0.5 元。小碗牛肉面由原来 2.3 元上涨到 2.8 元，大碗牛肉面由原来 2.5 元上涨到 3 元。许多市民惊呼：吃不起牛肉面了！兰州物价部门在“掂量”了“牛大碗”的轻重厚实后首次限定：凡兰州市普通级牛肉面馆，大碗牛肉面售价不得超过 2.5 元，小碗与大碗差价为 0.2 元，违规者将严厉查处。

政府实行最高限价的目的是保持市场物价的基本稳定，保持人民生活的基本安定，并且体现国家的价格政策。但是，老百姓似乎并不买账。他们发现政府强行限价，即使牛肉面降了价，牛肉面的质量也会受到影响，市民很难吃到一碗真正的牛肉面，最后，损害的还是消费者的利益。

在牛肉面限价的问题上，政府可能是好心做了错事。作为一个消费者，他永远希望东西越便宜越好；作为一个生产者，他希望他的东西越贵越好。这都是市场的问题，政府不能因老百姓要求降低价格，你就强迫生产者降低价格，这两者之间要靠市场的力量来平衡，而不能只听消费者的。比如去吃面，所有人都希望面是便宜的，但是希望和事实之间的利益分配关系是另外一回事情。其实在牛肉面的价格高了以后，牛肉面馆多了，他们就会把牛肉面的价格竞争下来。

“牛肉面限价”作为一种最高限价，在经济学上，叫作价格天花板。在20世纪90年代中期，因为通货膨胀，不少地方政府对肉类、蔬菜产品等就制订过不少最高限价，其目的主要有两个，一是抑制物价上涨，二是平息老百姓对物价上涨的抱怨。如果牛肉面的分量、质量下降，政府就很有可能卷入本应该由市场来完成的活动中。显然，政府不喜欢商家短斤缺两、粗制滥造，可是，如果一定要将政策贯彻到底，就必须派出大量工商执法人员定期抽查，这样的结果无外乎有两个，要不指令被变相架空，要不付出极高的监督成本。

牛肉面限价只是一个很小的问题，不过小问题折射出大道理。就拿房屋来说，20世纪七八十年代，一套二居室的房屋，几万块钱就能搞定。但现在今非昔比了，不要说几万块钱，几十万块钱在北京这样的中心城市也买不了一套房子。很多人只能望房兴叹，能贷款的人，也为每个月的月供压得喘不过气来。怎么办呢？这就需要政府出面来调节这一价位的波动——限制价格。

我们可以用住房的限制价格为例来说明限制价格的作用。

第一，限制价格导致住房供给严重不足。在计划经济体制下，决定住房供给的并不是价格，而是国家计划。所以，住房不足的基本原因不能完全归咎于租金的高低，但应该指出，除了计划失误外，房租过低也是原因之一。由于房租过低，甚至比住房的维修费用还少，这就造成住房部门资金严重不足，建房困难。

第二，黑市和寻租。在房租受到严格管制，住房严重短缺的情况下，就会产生黑市和寻租。在我国公有单位住房绝大多数是由各单位拥有的住房。在这种情况下，人们都想尽办法分到国家住房，这种想办法走门子，这种寻求活动增加了住房的交易成本。黑市活动包括两方面：以极高的价格租用私人住房，以及个人把分配到的住房高价出租。除了寻求活动和黑市外，在租金受到严格限制，住房采取配给的情况下，必然产生寻租现象。这主要表现在，掌握分配住房权的人，利用权力接受贿赂。

解决住房问题的出路，一是住房市场化。一方面通过有偿转让使公有住房私有化；另一方面开放对房租限制，由住房市场的供求决定房租。二是创造住房市场化条件。我国实行住房市场化，但由于职工收入水平低，工资中实际不包括买房支出以及住房的分配不公平等因素，造成普通家庭严重困难。因而我们必须创造条件，推动住房市场化。

根据上述实例，对于限制价格的利弊可以概括如下：限制价格有利于社会平等的实现，有利于社会的安定，但这种政策长期实行会引起严重的不利后果。第一，价格水平低不利于刺激生产，从而会使产品长期存在短缺现象；第二，价格水平低不利于抑制需求，从而会在资源短缺的同时又造成严重的浪费；第三，限制价格之下所实行的配给，会引起社会风尚败坏，产生寻求活动、黑市和寻租。

正因为以上原因，经济学家都反对长期采用限制价格政策，一般只在战争或自然灾害等特殊时期使用。

支持价格给谁带来了实惠

支持价格又称最低限价，是政府为了扶植某一行业的发展而规定的该行业产品的最低价格。一般来说，支持价格高于市场均衡价格。

不管是什么样的企业，不管是国营还是私营，都离不开政府的支持。就一个小城镇来说，如果要发展，必须抓住本镇的优势来创办适合当地发展的产业，但这种产业的发展必须要有成本的投入。按本地的生活水平来说，能拿出这样一笔资金来经营这一产业，应该说是相当不容易的。所以政府为了加快落后地区经济的发展，就必须对这些产业给予一定的保护，比如对它们的产品给予最低的保护价格，以确保产品、货物不积压。如果一旦出现产品积压现象，政府会主动收购，从而确保这些小企业的继续运转。经济学上把政府给予弱势企业的这种保护称作支持价格。

支持价格的作用可以用农产品支持价格为例来说明：许多经济和自然条件较好的国家，由于农产品过剩，为了克服农业危机，往往采取农产品支持价格政策，以调动农民生产积极性，稳定农业生产。农产品支持价格一般采取两种形式：一种是缓冲库存法，即政府或其代理人按照某种平价收购全部农产品，在供大于求时增加库存或出口，在供小于求时减少库存，以平价进行买卖，从而使农产品价格由于政府的支持而稳定在某一水平上。另一种是稳定基金法，即政府按某种平价收购农产品，在供大于求时维持一定的价格水平，供小于求时使价格不至于过高。但不建立库存，不进行存货调节，在这种情况下，收购农产品的价格是稳定的，同样可以起到支持农业生产的作用。

美国根据平价率来确定支持价格。平价率是指农场主销售农产品所得收入与购买工业品支付的价格之间的比率关系。法国是建立政府、农场主、消费者代表组成的农产品市场管理组织来制定支持价格。欧共体 1963 年成立欧洲农业指导委员会和保证基金，用于农产品的收购支出和补贴出口。

在供大于求的情况下，如果不使用支持价格政策，将导致这样的结果：一是存货调节。当市场供大于求，价格低时，生产者把部分产品作为库存贮藏起来，不投入市场，从而不形成供给，这就会使供给减少，价格上升。反之，当市场上供给小于需求，价格高时，生产者把原来的库存投入市场，这就在产量无法增加的情况下增加了供给，从而使价格下降。这种自发存货调节，对市场的稳定起到作用，但也为投机倒把提供了便利。二是地区套利。在现实生活中，市场往往是地区性的。这样在总体上供求平衡时，也会出现地区性不平衡。这种地区间不平衡所引起的价格差就产生了跨地区套利活动。这种活动就是把供大于求的价格低的产品运到价格高的地区。只要这种价格差大于运输费用，这种投机活动就不会停止。

我国通过最低保护价收购、免缴农业税、粮补、直补等一系列惠农、支农政策，减轻了农民负担，提高了农民种粮的积极性，使粮食连续多年获得丰收。粮食丰产，价格必然下降，国家又推行支持价格政策，成立于 2000 年的大型国有企业——中国储备粮管理总公司（中储粮）一举收购了全国小麦总产量的 40%，使小麦成功地实现了顺价拍卖。

但是，支持价格是否实现了增加农民收入的初衷了呢？实际上，支持价格在一定程度上确实使农民得到了实惠，但很有限。按亩产 400 千克小麦计算，一亩地政府给补贴 52 元，农民实际得到了每千克 4 分钱即每亩 16 元的补贴，其余 36 元作为中储粮的小麦收购、仓储的费用。可见，农民仅从粮价上调中得到了 20% 的实惠，余下的 80% 的好处却被加工、流通和销售环节瓜分了。

另一方面，支持价格也产生了负面影响。首先，它对农产品生产和贸易产生误导，扭曲了价格机制的资源配置功能。在高于均衡价格的最低收购价的刺激下，农民会进一步扩大生产，导致粮食生产更为严重的过剩。其次，支持价格政策会产生收入分配的扭曲效应。粮价上涨使得猪肉、鸡蛋、食用油价格也上涨。最后，支持价格增加了政府财政压力。《2006 年小麦最低收购价执行预案》表明，每收购 0.5 千克粮食，政府给予 2.5 分钱补贴；每存储 0.5 千克粮食，政府给予 4 分钱补贴，这就使政府财政压力加大。

但是，不可否认的是，支持价格对于经济发展的稳定有着极其重要的意义。其作用是：第一，稳定生产，可以减缓经济危机的冲击；第二，通过对不同产业产品的不同的支持价格，可以调节产业结构，使之适应市场变动；第三，实行对农产品的支持价格政策，可以扩大农业生产，可以促进农业劳动生产率的提高。

不论是限制价格还是支持价格，都是政府利用国家机器的力量对商品供求实行的价格管制。限制价格是远远低于均衡价格的商品最高价格，支持价格一般是高于均衡价格的最低价格。前者的长期实行会造成商品持续的严重供不应求，后者的长期实行会造成商品的供过于求，二者都会对市场正常供求关系的实现造成不利的影响。

东西越贵，越愿意去买

按照正常的供求规律，商品的价格上升，需求量下降，但是为什么绿松石的价格贵了一倍，却销售一空呢？原来供求关系也是有例外的。我们不妨了解一下价格上升需求量也上升的商品——吉芬商品。

需求量随消费者的实际收入上升而增加的商品称为正常商品。需求量随消费者的实际收入上升而减少的商品称为低档商品。一个普遍的现象是，当人们的口袋越来越鼓时，他们就越来越在意消费商品的档次：在有能力“鸟枪换炮”的时候，人们通常不会浪费这种能力。据此，我们可以把商品分为两种：正常商品与低档商品。对前者的消费会随人们收入的增加而增加，对后者的消费则恰恰相反。

英国学者罗伯特·吉芬19世纪在爱尔兰观察到一个现象：1845年，爱尔兰爆发了大灾荒，虽然土豆的价格在饥荒中急剧上涨，但爱尔兰农民反而增加了对土豆的消费。后来人们为了纪念吉芬，就把吉芬发现的这种价格升高而需求量也随之增加的经济现象叫作吉芬现象，简单地说就是越买越高。

而爱尔兰的土豆吉芬现象出现的原因是，在饥荒这样的特殊时期，面包、肉类、土豆的价格都上升了，但人们的收入大大减少，更买不起面包、肉类，相对便宜的土豆便成为人们的首选，这样对土豆的需求反而增加，使得土豆的价格增长比其他食品类的价格增长更快。

单就一种现象而言，天底下到处都有吉芬商品或者吉芬现象。很多“北漂”选择在北京城乡接合部租房子住，但是那里的居住环境比市区要差，交通也不太便利，其房屋的性价比也比较低，房屋一般比较简陋。但是却有越来越多的人涌入城乡接合部，其背后的原因就是，虽然城乡接合部的租房价格不断上涨，但相比主城区而言价格还是比较便宜，对于刚刚在北京立足的年轻人来说，哪怕房子的性价比并不高，选择在这里租房还能享受到相对便宜的房租，还是很划算的。

东西越贵，为什么人们越愿意去购买？美国人罗伯特·西奥迪尼写的《影响力》一书中有这样一个故事。

在美国亚利桑那州的一处旅游胜地，新开了一家售卖印第安饰品的珠宝店。由于正值旅游旺季，珠宝店里总是顾客盈门，各种价格高昂的银饰、宝石首饰都卖得很好。唯独一批光泽莹润、价格低廉的绿松石总是无人问津。为了尽快脱手，老板试了很多方法，例如把绿松石摆在最显眼的地方、让店员进行强力推销等。

然而，所有这一切都徒劳无功。在一次到外地进货之前，不胜其烦的老板决定亏本处理掉这批绿松石。在出行前她给店员留下一张纸条：“所有绿松石珠宝，价格乘二分之一。”等她进货归来，那批绿松石全部售罄。店员兴奋地告诉她，自从提价以后，那批绿松石成了店里的招牌货。“提价？”老板瞪大了眼睛。原来，粗心的店员把纸条中的“乘二分之一”看成了“乘二”。

经济学家认为，吉芬现象是市场经济中的一种反常现象，是需求规律中的例外，但也是一种客观存在的现象，是人们无法回避的。需求定律的定义是“在其他条件不变时，需求价格与需求量呈反向变动关系”。这里需要指出它的前提，即“其他条件不变”。这个不变其实涵盖了关于需求的许多概念，如需求弹性和供给弹性。如果天降大雨，地铁口的雨伞尽管价格较平时上涨，但销量还在上升，我们分析关键原因不是价格上涨，而是由于天空突降大雨，即需求定律的“其他条件”已经发生变化了。这时需求弹性急剧降低，对价格已经不再敏感。在这种情况下，只要价格还不是高得离谱，人们就会购买。试想如果雨并不是很大，人们可以赶到商店再去购买的话，小贩们的高价雨伞自然就无人问津了。这一道理对于爱尔兰的饥民同样适用。土豆价格上涨而需求量反而上升，是因为人们收入所限只能去选择土豆。同时，在饥荒的压迫下，他们预期价格还会再涨，于是就去抢购。从这一点上说，“吉芬现象”并不等于推翻了需求定律。

在特定的条件下，吉芬现象总是会以不同的形式出现。在当年的爱尔兰，土豆价格越高人们越买是因为在贫困中人们为了维持生存的一种不得已的选择。在灾难时期，越高越买是出于一种恐慌心理，害怕以后价格会涨得更高。而一些首饰、服装、礼品等，人们越高越买则是为了显示自己的身价，提升自己的社会地位。

其实，生活中的“吉芬现象”并不少见。最突出的就是这几年的房市。房价涨得越来越快，而买房子的人却越来越多，许多没钱的人也在想方设法购买，借钱、按揭、攒钱……无不希望自己“有房一族”的美梦早日成真。其实在股票市场上也存在吉芬现象，如某一种股票价格上扬的时候，人们都会疯狂抢购这种股票。而当一种股票价格下跌的时候，购买这种股票的人反而很少，拥有的人也希望尽快抛出去。越高越买，人们是为了最大限度地获取利润，股票价格升高，说明投资者有利可图。

吉芬现象还常常被商家利用。比如在“非典”时期，个别商家就是利用了人们的恐慌心理，哄抬物价。而为了迎合部分高消费群体的需求，商家也不失时机地推出了高价礼品，价格越高，越能够显示出对送礼对象的高度重视。于是中秋节出现上万元一盒的月饼，饭店里出现数万一桌的饭菜也就不足为奇了。

市场：看不见的手

分工与交换催生了市场

对市场的研究是我们进入经济学殿堂的重要入口，可以说，没有市场，就没有现在高度发展的商业文明。那么，市场是怎样出现的？它的出现给人类社会带来了什么变化呢？

远古时期没有商品，也没有市场。人类的祖先以狩猎为生，由于狩猎工具非常原始，捕获的猎物常常不够吃，所以猎物都是由部落统一分配的。后来，部落里有一个聪明的小伙子发明了弓箭，捕获的猎物就多了起来。但是这个做弓箭的人自己亲自参加捕猎所获得的食物却没有他制作一张弓与别人交换得到的食物多，于是他索性不参加狩猎了，一心制作弓箭，然后与别人交换食物。于是，部落里出现了分工和交换。后来，随着分工的扩大，又出现了一些制作别的物品的人，他们也像这位聪明的小伙子一样，拿自己制作出来的物品去交换自己所需要的东西。

这是亚当·斯密在《国富论》中讲到的一个故事。我们可以看出，随着分工和交换的发展，市场渐渐出现了。

《周易》里说道："日中为市，召天下之民，聚天下之货。交易而退，各得其所而货通。"这里说的就是以物易物的场景。它的意思是，中午的时候形成市场，把附近的很多货物都聚集起来，人们前来进行交换，各自进行交易后离开，每个人都得到了自己需要的货物。《周易》所描绘的这种远古生活场景就是市场的雏形。

市场是商品经济特有的现象，凡是商品经济存在的地方都会有市场。市场体系是由各类专业市场，如商品服务市场、金融市场、劳务市场、技术市场、信息市场、房地产市场、文化市场、旅游市场等组成的完整体系。同时，市场体系中的各专业市场均有其特殊功能，它们互相依存、相互制约，共同作用于社会经济。

从市场行为方面看，它具有两个突出的特征，一个是平等性，另一个是竞争性。平等性是指相互承认对方是其产品的所有者，对其所消耗的劳动通过价值形式给予社会承认。市场行为的平等性是以价值规律和等价交换原则为基础的，它不包含任何阶级属性，它否定了经济活动中的特权和等级，为社会发展提供了重要的平等条件，促进了商品经济条件下资源的合理流动。市场的竞争性来自要素资源的自由转移与流动，表现为优胜劣汰，奖优罚劣。市场竞争有利于提高生产效率和对要素资源进行合理利用。

经济学家弗里德曼认为，自由市场和个人创造力是社会进步的源泉，大多数经济学家极力倡导自由的市场模式。在弗里德曼眼中，最理想的市场就是完全不受政府控制、自由竞争的市场，这样的市场将是极其美妙的。曾经，他在文章中对自由市场有这样的表述："自由、私有、市场这三个词是密切相关的。在这里，自由是指没有管制的、开放的市场。"而这样的市场具有如下的优点：

1. 能使交易的任何一方都获益

弗里德曼曾经指出："在一个自由贸易的世界里……任何交易的条件，都由参加各方协议。除非各方都相信他们能从交易中得到好处，否则就做不成交易。结果，各个方面的利益取得了协调。"所以，当一切运行正常时，自由市场能够让交易的双方都获益。

2. 能使资源达到最优配置

在自由市场下，资源能够得到最优配置，此时，市场能够将社会中有限的资源很好地转化为人们需要的产品和服务。

3. 能使收益达到最大化

在自由竞争市场上不存在浪费或者无效率生产。因为，企业只生产那些能让世界变得更富足的产品，所以其生产出的产品成本将达到最低，并且有限的资源将被用来生产那些收益超过成本的产品。自由市场上收益远远大于成本。

4. 能让就业充分

在自由市场中，市场机制能够充分发挥作用，所以，市场经济具有达到充分就业的自然趋势。虽然这可能需要一定时间，但要比政府强制干涉的效果好。

设想中的自由市场的存在和正常运行都需要满足如下几个条件：

1. 产权明晰

在自由市场中，双方要进行交易，其行为的基础就是交易标的产权明晰，而且在资本主义世界，私有制为基本经济制度，所以，就更强调产权的明确。

2. 市场上的供给和需求呈自发状态

当市场上的供给和需求不受过多市场外因素的干扰，呈自发状态时，是自由市场正常运行的最佳时机。因为此时，价格作为市场调度资源的信号，能最大化发挥其功能，使得供给和需求基本相适应。

3. 买卖双方掌握充分的信息

买卖双方作为市场上的交易者，应当彼此掌握足够的信息，从而使交易更具有公平性。

4. 市场的参与者都是价格接受者

这是西方经济学家常用的一个假设——价格接受假设，即市场上的参与者，无论是卖者还是买者，都是价格的接受者，谁都不能影响价格。

不是所有的物品都是商品

商品对于我们来说，是最熟悉不过了。我们每天吃、喝、穿、用、行，样样离不开商品，只要口袋里有钱，我们随时可以买到想要的各种商品。那么什么才是商品？

2002 年《厦门科普》第 1 期中有篇文章，作者葛晓兰为我们列出了六种妙趣横生的商品，我们来看一下：

1. 泥土

太平洋上的瑙鲁，是一个由珊瑚礁形成的岛国，矿产十分丰富，但岛上没有供农作物生长的土地。为了解决这一问题，瑙鲁出口矿产，同时进口泥土，以便种植农作物。

2. 冰山

世界上最奇特的商品，莫过于丹麦格陵兰岛出口的冰山了。这是10万年前的冰，被认为是纯净的，没有污染，杂质甚少。

3. 水声

美国商人费涅克周游世界，用立体声录音机录下了千百条小溪流、小瀑布和小河的潺潺水声，然后高价出售。有趣的是，该行业生意兴隆，购买水声者络绎不绝。

4. 空气

日本商人将田野、山谷和草地的清新空气，用现代技术储制成“空气罐头”，然后向久居闹市、饱受空气污染的市民出售。购买者打开空气罐头，靠近鼻孔，香气扑面，沁人肺腑。

5. 黄沙

一些阿拉伯国家有广阔的沙漠地带，但这些沙漠中的黄沙不适于建造游泳池，而英国的黄沙却是建造游泳池最理想的材料。在石油丰富的阿拉伯国家掀起兴建游泳池热潮时，英国的黄沙备受青睐，价格猛增。

6. 雨水

日本商人发现，水在阿拉伯国家是贵重商品，便着手向阿拉伯国家出口雨水。第一个输入这种商品的国家是阿拉伯联合酋长国，这个国家每年进口大约2000万吨雨水，用来浇灌农作物。

这六种特殊的商品，向我们展示了商品的一些特性。商品并不是从人类出现之时就有的，是人类社会发展到一定历史阶段的产物。它的产生，必须具备以下两个条件：

第一是社会分工。它是商品产生的基础。因为社会分工，才提出了进行交换的要求，也才有了进行交换的可能。社会分工的特征，表现为每一个劳动者只从事某种局部的、单方面的劳动，只生产某些甚至某种单一的产品。人们的需要或需求则是多方面的。为了满足多方面的需求，生产者便要用自己生产的产品去交换自己不生产而又需要的产品。这种商品生产和商品交换就是商品经济。

第二是所有权不同。它是商品得以产生的前提。因为生产资料和劳动产品属于不同的所有者，才发生了交换行为。在私有制的条件下，产品交换的双方成为独立的利益主体，成为经济利益的对立面。这就决定了双方的交换不能是不等式的，而只能是等式的，即商品经济中的等价交换原则。劳动产品的交换既然是等价的商品交换，那么，生产者的生产过程就成为以直接交换为目的的商品生产过程。

可见，商品既是社会分工的产物，也是私有制的产物。商品是具有价值和使用价值的生产品。消费品是指商品在市场上充当一定角色的时候的称谓，消费品一定是商品，但商品不一定是消费品，商品只有进入流通领域时才能跻身于消费品的行列。

市场的神奇作用

市场是应运而生的交易场所，是社会和文明发展选择的结果，市场的发达程度也往往反映了一个国家的经济活力。历史经验告诉我们，开放才能更好地发展，从 20 世纪上半期美国经济大萧条到后半期的经济繁荣发展，我们可以更清楚地看到这一点。

1930 年，美国政府错误地认为，由于外国的工资和制造成本低，美国制造商无法成功地与外国制造商竞争，因此建立了史无前例的贸易壁垒。《斯姆特·霍利关税法》试图以高关税壁垒保护美国市场，使之免于外国竞争。结果是灾难性的，贸易伙伴随即采取报复措施，以限制外国进口来保护本国市场。20 世纪 30 年代初，世界贸易额下降了 70%，几千万人失业，加剧了大萧条。从那以后，美国的历任总统与历届国会在关贸总协定（GATT）及其继承者世界贸易组织的构架之下，不断为和平的经济合作与共享繁荣奠定基础、建立共识。自由市场和贸易让美国成为世界最开放的重要经济体。

市场为自由贸易的发展提供了平台和场所，是经济发展的重要推动力。从美国 20 世纪 30 年代经济大萧条到中后期的繁荣发展，我们可以看到市场和贸易对于经济发展的重要性。概括来讲，市场和贸易主要有以下几个功能：

1. 市场和贸易可以促进社会分工

市场和贸易可形成互相有利的劳动分工，两个地区之间的贸易往往是因为一地在生产某产品上有相对优势，如有较佳的技术、较易获取原材料等。

在全球化市场和国际贸易中，各国可按照自然条件，比较利益和要素紧缺状况，专门生产其有利较大或不利较小的产品。这种国际分工可带来很多利益，如专业化的好处、要素的最优配置、社会资源的节约以及技术创新，等等。

2. 市场和贸易可以创造财富，提高国民收入

市场和贸易可以扩大国民收入。各国根据自己的条件发展具备比较优势的部门，要素就会得到合理有效的分配和运用，再通过贸易以较少的花费换回更多的东西，从而增加国民财富。

3. 市场和贸易可以增加社会福利

市场和贸易可以增加社会福利。市场化和贸易分工为更多的人提供了就业的机会，使更多的人有能力养育家庭、追求梦想。经济的发展也为国家提高社会福利提供了必要的物质基础。

4. 市场和贸易可以促进经济增长

市场和贸易可加强竞争，优胜劣汰，减少垄断，提高经济效益。在全球化市场和自由贸易条件下，企业要与外国同行进行竞争，就会消除或削弱垄断势力，从长远看，能促进一国经济增长。

自由贸易有利于提高利润率，促进资本积累。通过商品进出口的调节，可以降低成本，提高收入水平，增加资本积累，使经济得以不断发展。

除此之外，市场还有调节收入分配、信息引导等功能，是经济运行的一种重要协调机制。

分工合作带来效率革命

市场是随着专业化和劳动分工的不断发展而出现的。市场未出现之前，绝大部分的经济体是处于自给自足、自产自销的状态。为什么这种自给自足

的状态会被打破？专业化和劳动分工与自给自足的生产方式相比，究竟有哪些优势和进步呢？下面我们通过两个小案例来看一下分工和专业化的优势：

周先生是温州一家打火机制造厂的老板，他认为分工合作是自身企业竞争获胜的秘诀。他介绍说，同样一个电子点火的小部件，日本公司生产一只成本为人民币 1 元，他的进价是 0.1 元，为他的企业跑龙套的家庭企业生产成本仅 0.01 元。而类似协作配套的作坊式小厂在他手下有数百家，且生产同一零部件的企业可能有几家或数十家，这数百家配套企业之间，不是统一管理和内部调拨关系，而是自我管理和市场交易关系。这样，下游企业就可以从上游企业中优中选优，选择价格最低、质量最好、供货最及时的进行合作。就这样，温州的金属打火机打败了日本厂商，占据了全球 70% 以上的市场份额。

分工与专业化生产大大提高了生产效率，是企业经营制胜的秘诀。同样，在科学研究方面，分工协作也起着巨大的作用：

美国于 1942 年耗资 50 亿美元研制原子弹的"曼哈顿工程"，其工程技术的总负责人奥本海默博士在总结其成功经验时指出："使科学技术充分发挥威力的是科学的组织管理。"美国从 1961 ~ 1969 年组织和实施了宏大复杂的"阿波罗登月计划"，其研制和发射的火箭"土星 -5"有 560 万个零件组成，参与的研究人员共计 400 万之多，最多的一次就有 42 万人。120 所大学与 200 家公司分工协作，8 年里共耗资 300 多亿美元，终于在 1969 年获得成功。负责"阿波罗登月计划"的韦伯博士也深有感触地说道："我们没有使用一项别人没有的技术，我们的技术就是科学的组织。"科学的组织管理就是建立在高度专业化分工基础上的计划、组织、指挥和协调的过程，如果没有专业化分工，也就不会有相互间的协同需要，就只能是个人管个人，因而也就不会有任何的组织管理行为发生和存在了。

通过上面两个例子，我们可以看出分工协作在现代组织管理中的巨大作用。

例如，公司中有各个职能部门，财务部负责财务、销售部负责销售、行政部负责日常公司事务……在这样的分工下，各个部门高效率地完成各自的工作。分工让工作更有效率，试想让一个人同时做N件事他会力不从心，但是让他只做一件事，他就能专心做好。同时，专业化分工使得生产的规模不断扩大，从而可以使企业降低平均成本，而实现规模经济。

当今社会，劳动分工的程度越来越高。分工不仅仅局限于个人与个人之间，而是已经扩展到全世界范围内。比如，波音747喷气式客机的450万个零部件是由世界上8个国家的100个大型企业和15000个小型企业参与协作生产出来的。在比较优势和分工交换的指引下，跨国公司不断努力降低交易成本和要素成本，并且让分工遍及世界每一个角落。

经济学有只“看不见的手”

一群武校的学生要毕业了，老师告诫他们：“出去以后，千万不能和经济学家过招，因为他们都有一只看不见的手。”

在谈到市场时，我们常常会提到“看不见的手”，因为“看不见的手”是市场机制的同义替代词。“看不见的手”是亚当·斯密在《国富论》中提出的命题。最初的意思是，个人在经济生活中只考虑自己的利益，受“看不见的手”驱使，即通过分工和市场的作用，可以达到国家富裕的目的。后来，“看不见的手”便成为表示资本主义完全竞争模式的形象用语。这种模式的主要特征是私有制，人人为自己，都有获得市场信息的自由，自由竞争，无须政府干预经济活动。

斯密较为详细地描绘了看不见的手作用的过程：“每种商品的上市量自然会使自己适合于有效需求。因为，商品量不超过有效需求，对所有使用土地、劳动或资本而以商品供应市场者有利；商品量少于有效需求，则对其他一切人有利。

“如果市场上商品量一旦超过它的有效需求，那么它的价格的某些组成部分必然会降到自然率以下。如果下降部分为地租，地主的利害关系立刻会促使他们撤回一部分土地；如果下降部分为工资或利润，劳动者或雇主的利害关系也会促使他们把劳动或资本由原用途撤回一部分。于是，市场上商品量不久就会恰好足够供应它的有效需求，价格中一切组成部分不久就会升到它们的自然水平，而全部价格又与自然价格一致。

“反之，如果市场上商品量不够供应它的有效需求，那么它的价格的某些组成部分必定会上升到自然率以上。如果上升部分为地租，则一切其他地主的利害关系自然会促使他们准备更多土地来生产这种商品；如果上升部分是工资和利润，则一切其他劳动者或商人的利害关系也会马上促使他们使用更多的劳动或资本，来制造这种商品送往市场。于是，市场上商品量不久就会充分供应它的有效需求，价格中一切组成部分不久都下降到它们的自然水平，而全部价格又与自然价格一致。”

参与经济生活的每个人在一种利益机制的制约下，都不得不去适应某个一定的东西，这就是有效需求。假若劳动、土地或资本在某一行业比另一行业获致较高的报酬，这些生产要素的所有者将把它们从报酬较少的行业转移到这些行业上来。原来供过于求的行业提供的较少报酬引致部分业主向报酬高的行业转移，直到所提供的报酬与其他行业大致相等为止；而原来供不应求的行业因为新的业主的加入而报酬降低，直到与其他行业报酬大体相同为止。每个人适应社会有效需求的努力，使得供给与需求达到均衡，尽管这个均衡可能是暂时的，大多数情况是或者供过于求，或者供不应求，但会适时得到修正，重又回到均衡。均衡状态，对一切人有利。

在商品经济或市场经济下，都存在一只看不见的手在幕后调节着参与经济生活的每个人的行为，调节着有限的社会资源合理地在各部门和各生产者之间的配置。这是一只只要有商品交换行为就存在的手，是商品经济条件下无所不在的手。

亚当·斯密的后继者们以均衡理论的形式完成了对于完全竞争市场机制的精确分析。在完全竞争条件下，生产是小规模的，一切企业由企业主经营，单独的生产者对产品的市场价格不发生影响，消费者用货币作为“选票”，决定着产量和质量。价格自由地反映供求的变化，其功能一是配置稀缺资源，二是分配商品和劳务。通过看不见的手，企业家获得利润，工人获得由竞争的劳动力供给决定的工资，土地所有者获得地租。供给自动地创造需求，储蓄与投资保持平衡，通过自由竞争，整个经济体系达到一般均衡。在处理国际经济关系时，遵循自由放任原则，政府不对外贸进行管制。“看不见的手”反映了早期资本主义自由竞争时代的经济现实。

看不见的手，揭示了自由放任的市场经济中所存在的一个悖论。认为在每个参与者追求自己的私利的过程中，市场体系会给所有参与者带来利益，就好像有一只看不见的手，在指导着整个经济过程。

市场机制就是依据经济人理性原则而运行的。在市场经济体制中，消费者依据效用最大化的原则作购买的决策，生产者依据利润最大化的原则做销售决策。市场就在供给和需求之间，根据价格的自然变动，引导资源向着最有效率的方面配置。这时的市场就像一只“看不见的手”，在价格机制、供求机制和竞争机制的相互作用下，推动着生产者和消费者做出各自的决策。

正常情况下，市场会以它内在的机制维持其健康的运行。其中主要依据的是市场经济活动中的理性经济人原则，以及由理性经济人原则支配的理性选择。这些选择逐步形成了市场经济中的价格机制、供求机制和竞争机制。这些机制就像一只看不见的手，冥冥之中支配着每个人自觉地按照市场规律运行。

从商品经济到市场经济

简单来说，市场经济就是指通过市场机制来实现资源优化配置的一种经济运行方式。市场经济的本质是与“私有”、“契约”、“独立”相对应的“产权”、“平等”、“自由”等具有鲜明价值判断特性的行为规范性质的制度，是建立一种通向文明的人与人之间的关系的主张和追求。市场经济是自由的经济、平等的经济、产权明晰的文明经济，是市场交换规则普遍化的经济形态。

从本质上来讲，市场经济必然导致以雇工经营和机器大生产为主要特征的现代经济制度。但市场经济的发展与自给自足的小农经济是对立的，它一方面刺激小农家庭增加消费，另一方面又在竞争中竭力排挤家庭手工业，从而促成小农经济的瓦解。

市场经济时代最基本的特征是，工业取代农业占据了社会经济的主导地位，市场营销成为最普遍的经营形式，由此导致社会经济各个方面发生一系列深刻的变化：

1. 由封闭走向开放。市场营销要求根据市场需求，广泛利用各种市场资源，在极其广阔的时空范围内进行生产，而不是像传统小农经济那样局限在一个家庭范围内，使用家庭资源，为满足家庭需要而进行生产。

2. 机器化。面对巨大的市场需求，手工生产是无法满足的，必须大量应用机器生产；在市场经济背景下，广泛的社会分工协作，为各种机器的发明和制造提供了充分的现实可行条件。于是，经过人们坚持不懈的努力，终于实现了机器大生产，其主要特点是：以煤炭、石油等非生物能源为动力，能够大功率、高效率、长时间连续作业。

3. 科学化。由于面向市场经营，使用机器大生产，这就要求人们改变以往小农经济状态下那种凭经验靠估计的做法，而代之以科学的定量测试、计算和分析。这里的“科学化”并不简单地局限于科学技术成果在生产中的应用，而是主要指人们观察和分析问题时的思维方式的科学化。

4. 雇工经营。面对巨大的市场需要，仅靠家庭劳动力显然是无法满足的，必须大量引入家庭外劳动力，市场经济条件下只能通过支付工资的办法来雇佣自由人从事生产劳动。

5. 专业化和社会化。使用机器大生产和雇工经营的结果，是社会分工变得越来越细，整个社会经济呈现专业化和社会化的特点，社会成员普遍养成分工协作的习惯和理念，这也是社会生产效率大幅度提高的重要原因。

6. 厂商（或企业）成为最基本的经济组织形式。机器大生产和雇工经营必然突破家庭经营的局限，使厂商（或企业）成为最基本的经济组织形式。与小农家庭相对简单的内部结构相比，厂商（或企业）内部结构要复杂得多，其中包含了种类繁多、数量巨大、分工精细的各种生产要素，是一个巨大复杂的经济系统。

7. 利润是生产的目的。由于在极其广阔的时空范围内组织市场经营，厂商生产的目的不再像小农经济那样以获取产品为直接目标，而是以利润为直接生产目的，产品的生产变成了获取利润的手段。

8. 生产要素资本化。随着利润成为直接的生产目的，一切生产要素都相应地变成了赚取利润的手段，即通常所谓的“资本”。整个社会经济从此都置于资本的支配之下，受资本统治。

9. 实行市场机制。市场分配成为最基本的分配形式，包括各种市场资源和劳动产品，都通过市场交换来进行分配，即个人向厂商提供生产要素，并得到各自的报酬，形成个人收入，个人再以其收入按等价交换的原则向厂商购买各种消费品。

10. 广泛而激烈的市场竞争。由于市场分配成为最基本的分配形式，一切生产要素和产品都要通过市场来分配，于是千千万万的厂商和个人便在市场上围绕有限的市场资源展开了广泛而激烈的市场竞争，使每一个人和每一家厂商都随时面临严酷的市场压力，从而推动市场经济不断向前发展。

11. 规范化。市场经济是一个由千千万万的厂商和个人参与的行为，因此必然要求对人们的行为做出严格的规范，包括国家法律制度、厂商内部的管理制度、各种技术性操作规范以及产品和服务的质量标准等。

不过，值得注意的是，市场经济作为一种资源配置的方式，也有其局限性。在市场经济中有一只看不见的手在指挥，这只看不见的手就是市场的价值规律。一般来说，商品的价格是受供求关系影响，沿着自身价值上下波动的。所以在交易过程中，我们常能看到同一种商品在不同时期价格不同。当涨价时，卖方会自发加大生产投入；当减价时，卖方会自发地减少生产投入，这就是市场经济的自发性。市场的范围之大使得谁也无法客观宏观地去分析观察，参与者们大多以价格的增幅来决定是否参与以及参与的程度，这就往往使个体陷入一种盲目中。参与者盲目自发地投入生产，而生产相对于价格变动而言是一个耗时较长的一个过程，所以我们常能看到一种商品降价后，它的供应量却在上升，这就是市场经济的滞后性。

真实总是隐藏在我们背后

孔子被困在陈、蔡之间，只能吃没有米粒的野菜汤度日，七天没尝到粮食，白天也只得睡觉以保存体力。一天，颜回讨到一点米回来做饭，饭快熟时，孔子看到颜回抓取锅中的饭吃。一会儿，饭熟了，颜回拜见孔子并端上饭食。孔子装作不知颜回抓饭之事，说："今天我梦见了先君，把饭食弄干净了去祭先君。"颜回回答说："不行，刚才灰尘落进饭锅里，扔掉沾着灰尘的食物是浪费的，我就抓出来吃了。"孔子叹息着说："人们往往相信眼睛，可眼睛看到的还是不可以相信；所依靠的是心，可是心里揣度的还是不足以依靠，看来了解人真的很不容易。"

孔圣人尚不易辨识真实的世界，作为凡夫俗子的我们，要洞穿世间万物就显得更不容易了。我们总是愿意选择相信眼前的世界，但是这却并不是最真实的世界，因为我们无法看到所有的信息。

古典经济学有一个重要假设，就是完全信息假设，即假设市场的每一个参与者对商品的所有信息都了如指掌。实际生活中却常常不是这么回事，我们一直生活在一个信息不完全的世界中。

我们知道，“天天平价、始终如一”是沃尔玛驰骋全球零售业沙场的营销策略，也是沃尔玛成功经营的核心法宝。但古往今来商家皆谋三分利！10 元钱进货的商品 8 元钱卖，会不会有这样的事情呢？实际上，商店不可能把所有的商品都如此打折销售。我们能够注意到的是，只有部分商品如此打折，并且是轮流打折。这一次是饮料打折，下一次是衣服打折，还有可能是日用品打折。其他商品的价格和别的超市几乎没有区别，这就是沃尔玛真实的营销状况。

去沃尔玛超市，消费者不可能知道究竟有什么商品在打折促销，当他来到沃尔玛，不可能只买自己预期的打折商品，很可能还买其他商品。在经济生活中，消费者掌握的商品信息往往是不完全的。以不完全信息为基本出发点，可以使我们对市场经济有更真实的了解。

在生活中，我们也经常能发现由于信息不完全，导致误解的实例：一个年轻的小伙子带着女友到公园游览，在途中的一个凉亭停歇。小伙子看到不远处有卖冷饮的摊点，就问女朋友要不要雪糕。女友回答说不想吃雪糕，小伙子就径直去了冷饮摊点，一会儿，他拿了一支雪糕边吃边走了过来。女友很不高兴，埋怨男友不体贴：“为什么你只买自己的份？”小伙子一脸无辜：“你不是不想吃吗？”女友更不高兴了：“可我没说我不要可乐。”接下来一路气氛凝重，两人都玩得不开心。即使是一对恋人之间，也存在信息不完全的情形，可见，信息不完全在经济生活中所具有的普遍性。

实际上，信息不完全不仅是指那种绝对意义上的不完全，即由于认识能力的限制，人们不可能知道在任何时候、任何地方发生的任何情况，而且还包括“相对”意义上的不完全，即信息不对称。

政府只有在掌握完全信息的基础上，才能对事实有全面而真实的把握，以这些信息为根据所做出的决策才具有现实可行性。个人和企业也需要大量地掌握经济信息，才能在市场的变化面前适时地调整自己的策略，以实现利益的最大化。

在获取完全信息的过程中，信息商品为人们所推崇。作为一种有价值的资源，信息不同于普通商品。人们在购买普通商品时，先要了解它的价值，看看值不值得买。但是，购买信息商品无法做到这一点。人们之所以愿意出钱购买信息，是因为还不知道它，一旦知道了它，就没有人会愿意再为此进行支付了。这就出现了一个难题：卖者让不让买者在购买之前就充分地了解所出售的信息的价值呢？如果不让，则买者就可能因为不知道究竟值不值得而不去购买它；如果让，则买者又可能因为已经知道了该信息而不去购买它。在这种情况下，要做成生意，只能靠买卖双方的并不十分可靠的相互信赖。

信息是不完全的，这就决定了竞争是不完全的，决策个体之间存在直接的相互作用和影响，私人信息发挥着重要作用。在信息不完全和非对称条件下，完全理性转化为有限理性，即经济个体是自私的，照利益最大化原则行事，但他通常并不具有做出最优决策所需要的信息。因此，经济个体的能力是有限的，理性也就是有限的。

如今，信息经济学是经济学中兴起的分支，它抛弃了完全信息假设，而以不完全信息假设正视社会和市场，这一假设对我们认识经济世界有重要作用。

市场并不能解决所有问题

在自由市场上，商品价格总是要波动的。一旦商品减少，不能满足供给，同时也意味着价格上涨，利润增加，生产者积极性被调动起来，于是商品逐渐增多，能够满足供给；但此后，往往又会因商品过多，利润下降，生产者积极性遭受打击，于是商品减少，不能满足供给……这就是市场本身的逻辑。

一般意义上的市场失灵是指成熟市场经济体制下市场运行所存在的缺陷，是对市场不灵敏或完全不起作用的描述。从西方国家的实践历程来看，这包括两个层次：一个是指在国家安全、公共秩序与法律、公共工程与设施以及公共服务等领域“天然”存在的“市场失灵”；另一个层次主要是指与市场经济的外部性、垄断、分配不公、经济波动、信息不对称等相关的“市场失灵”。这些缺陷导致市场机制运行出现低效率、两极分化、盲目竞争与浪费、对环境的破坏等市场经济成本，使得市场经济不能正常、有效地运转。

在垄断、外部性、公共品、信息不对称等方面，市场机制本身存在失效的缺陷。由于我国尚处于“旧体制尚存约束、新体制尚待完善”的阶段，与成熟的市场经济体制相比，不完全竞争的程度更大，市场机制在这些领域失去效率的情况更加严重。

以医疗为例，霍乱、鼠疫、非典型性肺炎等具有极强传染能力和很高死亡率的恶性传染病，能够在相互接触的人中间很快流传。这样，任何人感染这一类传染病并受其伤害，就不仅仅使他个人的福利受到损失，而且会给其他人带来极其严重的威胁和伤害。用经济学的术语说，个人“感染传染病”这一事件具有极强的“外部性”，只不过个人“感染传染病”这一事件并不是对个人有好处的一种“物品”，而是对个人造成极大伤害的“坏东西”。

个人“感染传染病”这一事件的严重外部性，使对传染病的预防和医治成了一个公共物品。像任何公共物品一样，对“传染病的预防和医治”这种物品的“消费”是非争夺性的和非排他的：受到各种预防和医治传染病措施保护的绝不是单个的个人，而是全体居民中的每一个人；每一个居民受这种措施保护不妨碍其他居民受同一措施保护，而且每一个居民受这种措施保护时也不能不让其他居民受同一措施保护。在提供公共物品方面，市场通常是没有效率的：让每一个人仅仅为自己去生产或购买“传染病的预防和医治”这种“物品”，不仅效率极低，有时甚至根本就不可能。

市场经济的逻辑是：对任何物品，个人如果不愿意消费或没有能力购买和消费，他就不应消费这种物品。但是这种逻辑不应使用于“传染病的预防和医治”这种“物品”上。这是因为，一个人感染非典型性肺炎这样的恶性传染病并因此而死亡，绝不仅仅是他一个人的健康和生命问题，而是涉及全体居民健康和生命安全的全社会性的问题。因此，听任任何一个不愿或不能购买“传染病的预防和医治”这种“物品”的人死于恶性传染病，这不仅是对个人不人道，而且是对整个社会的犯罪，因为一个由于无钱医治而死亡的传染病人会在整个地区传播恶性传染病。

很显然，传染病的预防和医治问题不能交给市场去解决。世界卫生组织这个国际性政府间组织的主要任务之一，就是组织和协调各国政府防范和医治各种恶性传染病的工作。由此看来，市场并不是万能的。

既然市场机制本身不能保证在一切场合都能导致资源有效配置的结果，政府在这些场合进行某种干预就是必要的。但是，市场机制失效并不等于政府干预就有效，政府干预也同样存在一些缺陷，也可能出现非但不能有效克服市场的内在缺陷和不足，反而导致资源配置效率下降、社会资源浪费严重的情况。

人无信不立，商无信不兴

经济学非常注重诚信，“人无信不立，商无信不兴”。诚信的本义就是要诚实、诚恳、守信、有信，反对隐瞒欺诈、反对伪劣假冒、反对弄虚作假。诚信虽然归属于道德范畴，但同时也是市场经济得以运行的基石。晋商历时 500 年的成功靠的就是诚信两个字。八国联军进北京后，晋商在北京的票号被毁，账本库存全无，但票号对持有存单的人全部照付，不惜血本保信用。古人云:“无诚则有失，无信则招祸。”如果厂商失去诚信，不仅坑害消费者，最终也会为自己招致祸端。那些践踏诚信的人也许能得利一时，但终将作茧自缚，自食其果；那些制假售假者，或欺蒙诈骗者，则往往在得手一两次后，便会陷入绝境，导致人财两空。

诚信的巨大作用在几千年前就被我们祖先提出，在今天，诚信依旧发挥着巨大的作用。要知道，所有的商业声誉都建立在诚信的基础上。今天，由于信息传输更快、更难以捕捉，声誉也就更容易丧失，诚信比以往任何时候都显得更为重要。

在当今社会，诚信问题更加突出。恢复诚信，建立人与人之间的信任关系，已成为市场经济成败的关键。市场经济归根结底是以诚信为基础的。有人想能骗一次就骗一次，把十几亿中国人每人都骗一次也就够了。但是，西方有句谚语说，你能永远骗少数人，也能暂时骗所有人，但你不能永远骗所有人。

一对夫妻开了家烧酒店。丈夫是个老实人，为人真诚、热情，烧制的酒也好，人称“小茅台”。有道是“酒香不怕巷子深”，一传十，十传百，酒店生意兴隆，常常供不应求。为了扩大生产规模，丈夫决定外出购买设备。临行前，他把酒店的事都交给了妻子。几天后，丈夫归来，妻子说：“我知道了做生意的秘诀。这几天我赚的钱比过去一个月挣得还多。秘诀就是，我在酒里兑了水。”丈夫给了妻子一记重重的耳光，他知道妻子这种坑害顾客的行为，将他们苦心经营的酒店的牌子砸了。“酒里兑水”的事情被顾客发现后，酒店的生意日渐冷清，最后不得不关门停业了。

如今，诚信被越来越多的人所看重。诚信是为人之道，是立身处事之本，是人与人相互交际的基础。诚实守信作为职业道德，对于一个行业来说，其基本作用是树立良好的信誉，树立起值得他人信赖的行业形象。它体现了社会承认一个行业在以往职业活动中的价值，从而影响到该行业在未来活动中的地位和作用。

在现代经济社会，即使一个企业拥有雄厚的资本实力和现代化的机器设备，有誉满全球的品牌优势，建立了很好的采购和销售网络，并且有一支高素质的员工队伍和高学历的管理者队伍，但如果它在财务报表、商品、服务上做假，欺骗客户和投资者，丢掉了信用资本，就没有银行愿意给他贷款，企业的股票、债券和商品就没有人买。合作者和客户没有了，所有物力资本和人力资本就失去了它的意义，企业必然会陷入困境，并最终在市场中消失。

诚信是社会契约的前提，道德是商业文明的基石。作为人们共同的行为准则和规范，道德是构成社会文明的重要因素，也是维系和谐人际关系、良好社会秩序的基本条件。如果诚信缺失、道德败坏、是非不分、荣辱颠倒，文明底线失守，再好的制度也无法生效，再快的发展也会出问题。

任何经济行为，如果忽视其道德价值，任由各利益主体只追求自己的利益最大化，而不惜损害他人的利益，那就不仅会引发质量危机、责任危机、信用危机，更有可能导致经济生活的全面混乱，祸害整个社会。

如今，我们的经济体制有了根本性的转变，市场经济虽然趋向竞争，但它必须公平，公平就要求人们相互尊重、以诚信为本，尔虞我诈不符合这样的道德要求。市场经济价值取向有别于计划经济，它要求人们具有开拓进取精神，这种精神必须通过正当的经济活动实现，每个企业都要以诚信作为前提。

消费行为：消费者在为谁埋单

拿瓶矿泉水去麦当劳吃汉堡

祖父领着孙女去饭店吃饭，要点一碗打卤面，问面和卤各多少钱。饭店服务生说一碗面100元，卤免费。祖父毫不犹豫地给孙女点了一碗卤。卤吃完后，故事还没完，祖父得知饭店免收加工费，又从随身带的麻袋里掏出一只鸡和一些蔬菜，让店里给做成菜。

这是CCTV2009年春节晚会上赵本山的一个小品，很多观众看后都被逗得哈哈大笑。这是会心的笑，拥有传统消费心理，口袋里的银子还没有多到一掷千金程度的人，几乎都想这么干。

艺术来源于现实生活，这个小品在生活当中有很多原型。比如，去麦当劳就餐，经常会看到这样的场景：有的人只吃汉堡不喝可乐，有的人喝可乐但不加冰，还有很多人几乎不吃配餐。这到底是怎么一回事呢？

关于麦当劳、肯德基等洋快餐的赢利模式，已被无数专家热炒过许多遍。我们在这里要讨论的是，对价格比较敏感的普通顾客，如何才能性价比更高地在洋快餐店内就餐。

首先，麦当劳和肯德基的汉堡，不管是板烧鸡腿堡、麦辣鸡腿汉堡、巨无霸或其他形式的汉堡，跟其他小超市、面包屋，甚至街头的“中式汉堡”比起来，要美味很多，而且价格相对固定，可替代效应比较低，加之其是主餐，所以，在它们身上省钱的念头可就此打住。

其次，看配餐，麦辣鸡翅、麦乐鸡、薯条和玉米。一般而言，麦辣鸡翅和麦乐鸡属可替代食物，而薯条和玉米也属于可替代食物。如果你选择了麦辣鸡翅，就可以放弃麦乐鸡；如果你不喜欢薯条的油腻，可用清淡的玉米代替，但前提条件是填饱肚皮。跟价格比较起来，玉米相对而言性价比不高，因为市场上相同价格可以买来几倍的玉米。

在超市，同样价格可以购买很大一瓶可乐，而在麦当劳里，只能买到一小杯。这也就不难理解为什么很多人去麦当劳去只吃汉堡不喝可乐，或者带瓶矿泉水吃汉堡了。

仔细分析，在麦当劳的餐单上，可乐的替代效应也很小。任你买哪一种饮料，都会让自己陷入麦当劳的赢利模式中——那就是将不多的利润放在汉堡中，而将大部分的利润放在可乐等饮料中，因为可乐和汉堡属于“互补品”，可乐和薯条也属于“互补品”，汉堡或薯条销售量的增加必然会带动可乐的销售额。

将主要利润放在貌似非主要产品的身上是商家的高明处，再机灵的消费者也不会带着一杯水、一包糖和苏打踱进店里，让服务员给他免费加工一杯可乐。

你注意到自己的消费惯性了吗

某学生从国外留学回来，曾在淘宝网购买过图书，此后就经常光顾淘宝网。

一日，女友问他：“网上哪里买化妆品便宜？”

某学生：“淘宝网。”

女友：“网上哪里买衣服便宜？”

某学生：“淘宝网。”

女友：“网上哪里买手机便宜？”

某学生：“淘宝网。”

突然，女友笑着推了他一下：“你家是开淘宝网的？”

此学生只因使用了一次淘宝网，就如此大力推荐，反过来想想，就如他的女友说的那样，买东西一定要上淘宝网吗？

回答当然是否定的。还有很多网站可供选择，例如卓越、当当等。那这个学生为什么给女友推荐淘宝网？因为他熟悉淘宝网，让女友直接去买，提高了行为的效率（尽管未必会减少甚至可能增加付出的成本）。这在经济学中就是典型的路径依赖效应。

路径依赖效应，用通俗的话来讲，就像是人们的一种经济惯性，这种力量会使这一选择不断自我强化，让你轻易走不出去。该学生陷入的就是这种困境，因为他在头脑中形成了淘宝售货的概念，就倾向于去淘宝购物，从没想过要更换商家。

在日常生活中，某项事物的一次选择，或许是历史的偶然，像美国铁路的宽度，像该学生购买淘宝网的图书。但在这一次之后，使用者就会觉得继续这样做是有效率的，于是过去的选择影响了现在以及未来的选择，然后，人们就会在没有任何质疑的情况下，在一条路上一直走下去。

诺斯关于路径依赖的理论很快得到了证实，实验者们甚至可以发现，个体的全部行为几乎都受到路径依赖的影响。区别只在于，不同情况下，好的路径效应能带来正面作用，提高行为的效率而进入良性循环，甚至形成规模效应；坏的路径效应则让行为一直锁定在低效率的状态。

路径依赖又译为路径依赖性，它的特定含义是指人类社会中的技术演进或制度变迁均有类似于物理学中的惯性，即一旦进入某一路径（无论是“好”还是“坏”），就可能对这种路径产生依赖。

有人将5只猴子放在一只笼子里，并在笼子中间吊上一串香蕉，只要有猴子伸手去拿香蕉，就用高压水枪教训所有的猴子，直到再没有一只猴子敢动手。

然后，用一只新猴子替换出笼子里的一只猴子。新来的猴子不知这里的“规矩”，伸手去拿香蕉，结果触怒了笼子里原来的4只猴子，于是它们代替人执行惩罚任务，把新来的猴子暴打了一顿，直到它服从这里的“规矩”为止。

试验人员如此不断地将最初经历过高压水枪惩戒的猴子换出来，最后笼子里的猴子全是新的，但仍然没有一只猴子敢去碰香蕉。

起初，猴子怕受到“株连”，不允许其他猴子去碰香蕉，这是合理的。但后来人和高压水枪都不再介入，而新来的猴子却固守着“不许拿香蕉”的制度不变，这就是路径依赖的自我强化效应。

在当前经济学界，“路径依赖”是一个使用频率极高的概念，它说的是人们一旦选择了某种制度，就好比走上了一条不归之路，惯性的力量会使这一制度不断“自我强化，让你轻易走不出去”。

在淘宝上买东西、炒股的系统交易、企业管理，其实也是缘于路径依赖。你选择的系统交易、企业治理模式不一定对，但若你使用了很长时间，就会对其产生依赖，即便明知是错误的，也可能一直使用下去。

物价涨跌中的消费决策

当一种商品的价格发生变化时，会对消费者产生两种影响：一是使消费者的实际收入水平发生变化；二是使商品的相对价格发生变化。这两种变化都会改变消费者对该种商品的需求量。

例如，在消费者购买X和Y两种商品的情况下，当商品X的价格下降时，一方面，对于消费者来说，虽然名义货币收入不变，但是现有的货币收入的购买力增强了，也就是说实际收入水平提高了。实际水平的提高，会使消费者改变对这两种商品的购买量，从而达到更高的效用水平，这就是收入效应。

另一方面，商品X价格的下降，使得商品X相对于价格不变的商品Y来说，较以前便宜了。商品相对价格的这种变化，会使消费者增加对商品X的购买而减少对商品Y的购买，这就是替代效应。

总之，一种商品价格变动所引起的该商品需求量变动的总效应可以被分解为替代效应和收入效应两个部分，即：总效应＝收入效应＋替代效应

按照一般的消费理论，引起消费变化的主要因素包括替代效应和收入效应。不管是发生了收入效应还是替代效应，还是两者都发生了，总之，在这两种效应的作用下，当一种物品的价格下降时，其购买量会增加，反之当价格上升时，其购买量会减少。这是人人凭生活经验就可以感受到的需求规律。

显然，依靠商品价格的下降提高消费不是消费增长的长期可持续源泉。因此，提高消费在国民经济中的比重，关键是提高消费者的收入。政府对落后地区的农村劳动力转移进行补贴，以促进农村剩余劳动力的重新配置的政

策无疑是正确的，但对于提高整体消费还是远远不够的。

我国消费长期低迷的症结不是老百姓热衷储蓄，不愿花钱，而是居民收入水平跟不上经济发展速度，如工资水平作为衡量居民收入的指标，其在经济指标中的比重呈持续下降态势。

长期以来，我国治理消费低迷的措施全部集中于替代效应上，也就是出台政策令消费变得“更便宜”，而储蓄“更贵”（如低利率、加征利息税等）。这些措施的目的是要引导储蓄向当期消费转化。其实，相对于替代效应，收入效应是消费增长的长期可持续源泉，不过就一个国家增加居民收入而言，并不是意味着是要过多地干预企业与职员的工资合议。

据有关资料统计，我国仍有40%以上的劳动力在从事生产率较低的农业，而农业的劳动生产率仅为其他经济部门的1/6左右。这部分农业劳动力有一半为剩余劳动力，若重新配置到其他行业中，特别是劳动密集型的服务业，就业类型的转变可能会给这些劳动力的收入带来质的变化。一旦收入提高的速度超过价格水平的上涨速度，将会有效刺激市场需求。

在现实中，税收也会对人们产生收入效应和替代效应。如果把所得税看作是人们向政府购买公共物品所付出的价格的话，所得税的税率提高了，就相当于公共物品的购买价格提高了，由于公共物品是政府提供的一种共享资源，所以个人不会因为享受它们而产生比别人更多的满足感，而且税收是强制性缴纳的，所以又不能选择减少公共物品的购买。在这样一种背景下，税率提高会使人们产生两种感觉：第一，感觉自己的实际收入降低了，从而会更加心疼钱，而且为了补偿税收的损失，人们会工作更长的时间或做多种工作以增加收入，这就是收入效应；第二，工作是为了取得收入，而取得收入是为了提高生活水平，得到快乐和满足，但闲暇娱乐也会使人们感到快乐和满足，税率提高尤其是累进税，会让人们觉得自己挣钱越多越不值得，工作越多越不值得，于是，闲暇的快乐具有了更强烈的吸引力，人们会更多地选择闲暇来替代工作。

这么看来，所得税税率提高使这两种效应分别对经济发挥了不同方向的作用：正面的和负面的。但这两种效应并不是平均起作用的，那么什么情况下收入效应占主导，什么情况下替代效应占主导呢？

如果你新挣了1元钱，而这1元钱中要纳税8角，那么你肯定不会去挣这1元钱了。所以新增加的收入税率越高，人们就越不愿意多工作，宁愿闲着。所以，新增收入的税率（边际税率）越高，税收的替代效应越明显。

如果平均税率较高，那么无论人们的收入在何种档次上，税收比例都是一样的。这时人们则会倾向于多增加收入，因为多增加的收入不用多缴税。如果所得税是比例税，挣多挣少都缴同样比例的税，那么多挣钱就没有什么阻碍，所以这时候收入效应就会发生主导作用，人们就会多工作来增加实际收入。

由此可见，税收的替代效应会导致人们工作努力程度的降低，是一种对经济的阻碍力量，也被称为税收的抑制效应。而反过来，努力降低替代效应的作用，降低所得税的边际税率和减少税率档次，则可以作为振兴经济的一条政策出路。

你被价格歧视了吗

3位乘客乘飞机从北京回大连，在飞机上闲聊，结果发现他们的机票价格各不相同。第一位乘客通过旅行社订机票去大连旅游，票价340元；第二位乘客提前一个月预订机票，票价580元，第三位乘客去大连有急事，临时买的机票，票价740元。

在市场经济条件下，商品的交换在价值规律的作用下进行，实行等价交换，体现公平原则，怎么会出现同物不同价呢？

这里涉及一个商业用语——差别定价，所谓差别定价又叫价格歧视。价格歧视通常指商品或服务的提供者在向不同的接受者提供相同等级、相同质量的商品或服务时，在接受者之间实行不同的销售价格或收费标准。经营者没有正当理由，就同一种商品或者服务，对条件相同的若干买主实行不同的售价，则构成价格歧视行为。

商家为什么要这么做呢？

对于商家而言，实行价格歧视的目的是为了获得较多的利润。如果按较高的价格能把商品卖出去，生产者就可以多赚一些钱。因此，生产者将尽量把商品价格定得高些。但是如果把商品价格定得太高了，又会赶走许多支付能力较低的消费者，从而导致生产者利润的减少。如何采取一种两全其美的方法，既以较高的商品价格赚得富人的钱，又以较低的价格把穷人的钱也赚过来，这就是生产者所要达到的目的，也是价格歧视产生的根本动因。

航空公司就较好地运用了这一原理，实现了利润最大化。

在生活中，实行价格歧视的事例比比皆是。以前公园卖门票，对本国人卖低价，对外国人卖高价；大学生放假回家，只要手持学生证，就可以买到半价票；在北京坐公交车，如果刷卡便可以打四折；有的舞厅为了使舞客在跳舞时成双配对，甚至只对男士卖票，女士可以免费……

生活中商家的价格歧视策略远不止这一种形式。只要符合价格歧视的一般条件，产品个性化、有差异，就可以利用这种差异把产品冠名为不同品牌、不同系列或各种各样的组合，然后再运用这种策略。

比如商家可以利用同一产品的不同数量实行差别定价。对一种商品按不同数量进行分组，制定不同的价格实施价格歧视。这样就在销售领域为企业赢得了规模经济，销售量的上升带动了产量的上升，企业的平均成本和边际成本都随规模增大而下降，消费者从中获益，厂商则获得更大的收益。

还有一种是按时间段的不同对同一商品实行差别定价。如一些旅游景点的门票价格在淡季和旺季是不一样的，旺季人多往往会贵一点；又如电影院的日场电影票和夜场电影票的价格也是不一样的；出租车白天和晚上的起步价不同，都是利用时间段不同进行差异定价的典型例子。

利用代金券或优惠券实现差异化定价是我们在现实生活中经常遇到的。优惠券可以人为地制定群体差异。如一家超市为本市市民送出优惠券，且规定该优惠券只有与本人身份证一起使用才有效，每张优惠券提供 7.5 折优惠。这样就把本市居民与外地居民区分开了。又如一家瓜子公司宣称，剪下其宣传单的优惠券，在购买本产品时可以当 2 元钱用。该公司没有直接降价，而是用这种策略把顾客分为价格敏感性和不敏感性两组。不敏感性顾客一般是公司的白领，经济充裕，对此会不屑一顾，照样按原价购买。如此一来，产品不但销量会增加，而且原有的利润来源也不会受到较大影响。

此外，还有搭售、打折等价格歧视，不胜枚举。在生活中，如果我们知道了价格歧视，就不会陷入商家的语言陷阱，所谓的“让利”、“优惠”似乎很符合消费者的利益，其实是商家区分不同的需求，追求利润最大化的行为。

怎样搭配才能花钱最少

在消费者的收入和商品的价格既定的条件下，当消费者选择商品组合获取了最大的效用满足，并将保持这种状态不变时，称消费者处于均衡状态，简称为消费者均衡。消费者的货币收入总是有限的，他要把有限的货币收入用于购买各种物品，以满足自己的欲望。他应该如何进行收入分配才能获得最大程度的满足，使得心理平衡呢？

如果我们用 Px 和 Py 分别表示 X 商品和 Y 商品的价格，再用 MWx 和 MWy 分别表示 X 商品和 Y 商品的边际欲望，那么，消费者均衡将由以下公式反映：

MWx/Px=MWy/Py

如果消费者认为 X 商品的边际欲望与价格之比大于 Y 商品的边际欲望与价格之比，那么，消费者就会增加 X 商品的购买量，减少 Y 商品的购买量，直至两个比值相等为止。虽然消费者均衡公式只有一个，但是，消费者均衡的比值却不计其数，因为每一个消费者的欲望尺度都有可能不相同。

那么究竟什么是消费者均衡呢？举一个生活中的例子来说明。李大妈是个很会过日子的人，买东西精打细算。这天她准备做午饭，看着家里没什么菜了，就去菜市场买菜。她先买了白菜、萝卜和西红柿，花了 10 元钱；又买了豆腐和粉条，花了 5 元钱。一看钱包里只剩下 2 元钱了，本来还想买一斤肉，可钱不够了。这怎么办？不能不买肉，家里已经没有荤菜了。李大妈这时才觉得白菜、萝卜和西红柿买多了，于是找卖菜的想退掉一些。好在卖菜的见李大妈是老主顾，就退了她 5 元钱的菜。于是李大妈花 7 元钱买了点肉，心满意足地回家了。

我们来分析李大妈的消费活动。李大妈带的钱是有限的，一共只有 17 元钱，她必须要用这 17 元钱满足她买各种菜的需要。白菜、萝卜和西红柿花了她 10 元钱，随着购买量的增加，边际效用减少了。想买肉而钱不够了，这时肉的边际效用就增加了。由于每元钱用于购买菜和肉的边际效用并不相等，李大妈心理不平衡，所以她要去退货，以便重新将货币分配于菜和肉的购买上。后来她用退回来的 5 元钱，再加上剩下的 2 元钱买了肉。这样，每元钱用于购买菜和肉的边际效用就相等了，实现了消费者均衡，因而她心满意足。

由此，我们可以看出消费者均衡的原则是：在消费者的货币收入固定和物品的价格已知的条件下，消费者总是想让自己购买的各种物品的边际欲望与各自价格的比值都相等。换句话说，消费者总是幻想自己的每一单位货币所获得的边际效用都相等。

同时，实现消费者均衡必须具备以下假设性条件：

1. 消费者的偏好既定。这就是说，消费者对各种物品效用的评价是既定的，不会发生变动。也就是说，消费者在购买物品时，因对各种物品的需要程度不同，排列的顺序是固定不变的。比如一个消费者到商店中去买盐、电池和点心，在去商店之前，对商品购买的排列顺序是盐、电池、点心，这一排列顺序到商店后也不会发生改变。这就是说花第一元钱购买商品时，盐在消费者心目中的边际效用最大，电池次之，点心排在最后。

2. 消费者的收入既定。由于货币收入是有限的，货币可以购买一切物品，所以货币的边际效用不存在递减问题。因为收入有限，需要用货币购买的物品很多，因而不可能全部都买，只能买自己认为最重要的几种。因为每一元货币的功能都是一样的，在购买各种商品时最后多花的每一元钱都应该为自己增加同样的满足程度，否则消费者就会放弃不符合这一条件的购买量组合，而选择自己认为更合适的购买量组合。

3. 物品的价格既定。由于物品价格既定，消费者就要考虑如何把有限的收入分配于各种物品的购买与消费上，以获得最大效用。由于收入固定，物品价格相对不变，消费者用有限的收入能够购买的商品所带来的最大的满足程度也是可以计量的。因为满足程度可以比较，所以对于商品的不同购买量组合所带来的总效用可以进行主观上的分析评价。

超前消费，悠着点

随着改革开放和我国经济的迅速发展，“用明天的钱，做今天的事”，这一新的消费观念随着个人消费信贷的全面推广，已渐渐被消费者认识和接受。如今市场上流行的信贷消费主要有四种：短期赊销；购买住宅，分期付款；购买昂贵的消费品，分期付款；信用卡信贷。

细想一下，我们传统的消费观念总是讲量入为出、量力而行。负债消费的兴起，最早始于20纪90年代，这和住宅市场化有关，和信用卡等金融工具的出现有关，而且主要发生于青年群体中。除此之外，“花明天的钱圆今天的梦”得以大行其道，还受到全球化消费观念的影响。全球化与后现代主义消费观席卷整个世界，外来消费文化借助商品、广告等传播媒介，对社会形成越来越大的强势影响。不知不觉中，奢侈品消费、透支的理念、超前消费的冲动，催生出所谓的“月光族”、“负翁”，在高消费享受的光环下，负债消费渐成一种社会生活风尚。

信贷消费本身无所谓好坏，尤其在内需不足的今天。应该说，适度的负债消费的确有利于拉动经济增长，但是，从更大、更远的社会发展视野看，高负债能够促进消费、刺激经济是讲究匹配的运行环境的。显然，我们目前负债消费的支撑力有限，与信贷消费相伴而来的负面影响，也需要我们时时警惕。

信用卡刷卡消费这种形式已经逐渐被许多年轻人所接受，并成为一种消费时尚。众所周知，信用卡的主要功用就是透支，主张超前消费，这无疑给人们的日常消费带来了许多方便与乐趣。然而，高消费和透支消费带来的是债台高筑，加之现代社会竞争力大，求职不易，失业率增加，对于那些缺乏社会阅历、工资收入低、正在求学或刚刚组建家庭的青年群体来说，无疑是雪上加霜。

随着银行业务的增多，办理信用卡已经变得异常便利，很多人选择了办理信用卡业务。再加上每年必须刷卡3次否则需要缴纳年费这样的规定，一定让很多信用卡的持有者有过信用卡透支的经历。信用卡给人们带来不少方便，但是它的透支功能也让一些人花钱失去了节制。通过信用卡消费大都会在每月计划消费的基础上超支，主要消费集中在购买电脑、化妆品、服装及交往应酬等方面。甚至有些人最后不得不向朋友和家人借钱还账。其实他们在办理信用卡时并没有真正理解信贷消费所体现的消费理念，而仅仅看中了其透支消费的功能。

年轻人爱追求潮流和新奇，具有较强的虚荣心，而信用卡透支消费一不小心就会成为年轻人奢侈购物的催化剂。其实，不管是哪种形式的消费，在消费者没有具备相应经济实力的时候，千万不要盲目进行提前消费。对于那些信用卡消费过度的人，还是及早调整消费习惯，以免等到欠了债再叫苦。同时还要对消费者进行适当的消费指引，让他们了解到拥有一张信用卡不仅拥有许多权利，还有一份责任。

据经济学家定义，个人每月还款额超过月收入 1/3 的为“高负债者”。“用明天的钱，圆今天的梦”的“负翁”生活，并不如想象中的那么“风光无限”。在信贷消费的刺激下，中国的“负翁”们往往集中在北京、上海、天津、深圳这些典型的“移民”城市，年龄多在 25~40 岁之间，他们大都受过良好的教育，拥有一份收入不错的工作，最有望成为精英阶层的一员，却也最缺乏来自祖辈的荫泽。北京、上海至少有七成以上的住房是通过按揭方式购买的，这个比例将来可能会达到九成左右，将与发达国家逐步看齐。

随着社会经济的发展，借钱消费不再被视为败家子行为，先借款消费，再分期还款的消费行为越来越被普通大众所接受。然而，一些比较畸形的消费特征正在逐渐显现出来。因此，要对个人的财产状况有清醒的认识，理性消费，量入为出，才能真正享受生活。

免费的诱惑实在太大

某酒店开业，在电视和报纸上做了一个广告，称开业当天全天免费。几个好友当天正好闲来无事，便相约去吃这顿免费的午餐。去吃饭之前大家都兴致勃勃的，吃完饭后却一个个闷闷不乐，为什么？原来酒店所说的全天免费，并不是让你随便吃，而是根据酒店的规定，每人免费供应一份订餐，所谓的订餐，不过是一碗米饭、一个小菜、一小碗鸡蛋汤而已。

如果想要吃其他的，就得自己掏腰包。看来，这全天免费只是酒店钓鱼的诱饵而已。再看酒店里前来消费的人挤得针插不进，大家都是冲着这免费来的。虽然被骗了，但有火还没地方发，谁叫你来的，姜太公钓鱼，愿者上钩，人家广告上明明写着，解释权归酒店所有，虽然字很小，不太醒目。再说你也不好意思理论，吃人家的免费餐，还要挑三拣四，大庭广众之下，面子上也过不去呀。送的免费餐吃不饱，只好自己再点上些炒菜、酒水，一结账，几百块钱出去了。这顿免费餐吃得还真不便宜。

作为商家，追求的都是利润最大化，他们怎么可能给你提供免费餐呢？但现实生活中，总有一些人相信这样的事情。原因何在？因为虽然每一个人都是经济人，也追求自身利益的最大化，但是，经济人的理性是有限的，在利益，尤其是能轻易获得的利益面前，人们就容易失去理性。

我们经常看到此类广告：本店清仓大甩卖，商品一律四折！其实商品的标签早已在打折前进行了修改，不过是将现在的价格提高为原来的两倍而已。说到底，没有谁会赔钱赚吆喝。

商家的目标是赢利，所以商场也好，酒店也罢，都不可能免费为你提供商品和服务，免费的午餐是不可能存在的。

也许有人会提出反对意见，很多酒吧里花生米是免费的。可是你注意到没有，酒吧里花生米可随意索要，饮品则贵得很，连一杯清水都要好几块钱。按常理，花生的生产成本要比水高，酒吧为什么要这么做呢？

理解这种做法的关键在于，弄明白水和花生米对这些酒吧的核心产品—酒精饮料—的需求量会造成什么样的影响。花生和酒是互补的，花生吃多了，会有干渴感，要点的酒和饮料也就多了。相对于酒和饮料的利润来说，花生是极其便宜的。多吃花生米能带动酒和饮料的消费，而酒吧主要靠酒和饮料来赚取高额利润，所以，免费供应花生米只是为了提高酒吧的利润而已。

反之，水和酒是不相容的。水喝得多了，要点的酒类自然少了。所以，即使水的成本很低，酒吧也会给它定个高价，减弱顾客的消费积极性。酒吧的做法更是应了那句——世上没有免费的午餐。

大多数去美国参观旅游过的人都知道，位于华盛顿的国家美术馆是免费对游人开放的。这么说，是不是国外就有免费的午餐呢？其实不然，华盛顿的国家美术馆一楼是展览大厅，楼下是画廊，有出售画家作品的，还有出售美术期刊、画册、图书、工艺品的。最多的是出售世界名画仿制品和印刷品的，一楼每一幅展出的名画在楼下都能找到其仿制品和印刷品，两者的价格相差悬殊。例如，一楼展出的凡·高名画《向日葵》，其标价是几百万美元，而楼下出售的仿制品却只卖20美元，印刷品更是便宜，几美元就能买到。

面对如此大的差价，人们对仿制品和印刷品的购买欲望怎能不强烈？

试想，如果国家美术馆收门票，前来参观的人肯定会少很多，楼下买仿制品和工艺品的人也将随之减少，售出的商品也会减少，楼下的铺位对外出租的价格就会降低。如此一来，门票收入可能还不及铺位对外租金的减少额。所以，虽然从表面上看，国家美术馆没有收门票，是赔钱的买卖，其实暗地里他们早已通过高额的铺位租金费把比门票更多的钱赚到口袋里了。

商家总是将引起消费者对其生产商品的购买欲望作为自己的最大成功。他们会不断创造出各种“免费”来刺激消费者的需求。面对这种“免费”的陷阱，人的无尽欲望则是诱使人们走入商家陷阱的最大诱因。

如此看来，作为一个消费者、一个经济人，面对商家免费的诱惑时，我们应该清醒地提醒自己“免费”的成本与收益。

小心身边的消费陷阱

以“天然”之名对产品进行宣传，进而实施高价格销售，是商家经常使用的手法之一。天然食品流行的最重要的原因，是因为不断有食品危害身体健康的消息出现，很多人认为天然食品更好。于是商家应顾客之需，市场上便出现了大量所谓的“天然食品”。消费者通过理性分析可以知道，市面上不可能有这么多天然食品，绝大部分的天然食品只是假借“天然”的噱头。

由此看来，很多商家其实都可以说是在以“天然”之名欺诈消费者。一方面，他们可以利用“天然”一词吸引顾客，满足顾客追求安全食品的需求，从而在市场上扩大自己产品的占有率。另一方面，虽然“天然食品”没有相关认证，但厂家用“天然”一词来标注自己的产品也没有任何风险，不用忧虑会承担风险成本。因为没有相关法律对此进行规定，自然也就没有人会对其进行惩罚，最关键的一点是，商家不必为“天然”二字投入任何成本，却能让同样的产品在价格上产生巨大差异！仅仅利用“天然”两个字，他们就为产品增加了表面上的“价值”！这样一来，收益要远远大于其他同类产品。有这么高的利润，何乐而不为？

消费者在消费过程中一定要注意类似的消费陷阱。媒体上，有关消费陷阱的例子不胜枚举，大学生、教授、政府职员和家庭主妇屡屡上当受骗的新闻经常见诸报端。毕竟我们的消费者还是肉眼凡胎，面对五花八门、形形色色的诈骗伎俩，可谓防不胜防。

仔细研究一下那些形形色色的骗术，实际上并不复杂，也不高明，多是些“草台班子”的小儿科作品。但就是这样的弱智骗术，仍然会让高智商的大学生和专家学者们上当受骗。消费陷阱为什么会屡屡出现呢？

首先是那些消费者们耳熟能详的名人们。他们代言了自己根本不会使用的产品，仅仅因为给了钱，就成为企业产品的“应声虫”。屡屡曝光的明星代言的产品出现问题就反映了这一点。

其次是那些充当假冒伪劣产品欺诈平台的某些电视媒体。整日整夜狂轰滥炸的低俗广告，有些电视台的广告时间甚至是电视剧时间的数倍。几个俄罗斯人穿上白大褂，就变成了哈佛教授；明明就在郊区生产，转眼便成了“德国原版”、“纳米”、“基因”技术，实际不过是一块普通的线路板……

市场上商品的质量良莠不齐，很多商品以次充好。因此在消费活动中，消费者应该用理性的经济学头脑，分析识别市场上商家的各种行为。同时要了解各种产品知识，尽可能扩大自己的知识面。

看来，当消费者也不容易，必须要有孙悟空的本领，练就火眼金睛，辨识“李逵”与“李鬼”。

第七章

货币：金钱如粪土吗？

认识孔方兄——货币起源

在太平洋某些岛屿和若干非洲民族中，以一种贝壳——“加马里”货币来交税，600 个“加马里”可换一整袋棉花。再如美拉尼西亚群岛的居民普遍养狗，所以就以狗牙作货币，一颗狗牙大约可买 100 个椰子，而娶一位新娘，必须给她几百颗狗牙作礼金！

在太平洋加罗林群岛中的雅浦岛，这里的居民使用石头货币。这里每一枚货币叫作“一分”，但这样的“一分”绝不可以携带在身上。因为它是一个“庞然大物”——一个圆形石头，中心还有一个圆窟。照当地人的规定，“分”的体积和直径越大，价值就越高。因此有的价值高的“分”的直径大到 5 米。这种货币是用石灰岩的矿物——文石刻成的，但雅浦岛上没有文石，当地人要远航到几百里外的帕拉乌岛把大石打下，装在木筏上运回。单是海上那惊险百出的航程，就要历时几个星期。

巨大的石头货币，有优点也有缺点，优点是不怕盗窃、不怕火烧水浸、经久耐磨，缺点是不易搬运、携带不得。所以用这种货币去购物时，必须要把货主带到石头货币旁边察看成色，然后讲价。由于搬运艰难，人们卖掉货物换来的石头货币，只好打上印戳，让它留在原地，作为自己的一笔“不动产”。

为什么狗牙和石头也能成为货币？货币为什么能买到任何东西？要解开货币的有关疑问，就必须了解货币是怎么来的。

货币的前身就是普普通通的商品，它是在交换过程中逐渐演变成一般等价物的。货币是商品，但又不是普通商品，而是特殊商品。货币出现后，整个商品世界就分裂成为两极，一极是特殊商品——货币，另一极是所有的普通商品。普通商品是以各种各样的使用价值的形式出现，而货币则是以价值的体化物或尺度出现。普通商品只有通过与货币的比较，其价值才能得到体现，所有商品的价值只有通过与货币的比较之后，相互之间才可以比较。

货币的发展一共经历了如下几个阶段：

（1）物物交换。人类使用货币的历史产生于物物交换的时代。在原始社会，人们使用以物易物的方式，交换自己所需要的物资，比如一头羊换一把石斧。但是有时候受到用于交换的物资种类的限制，不得不寻找一种能够为交换双方都能够接受的物品。这种物品就是最原始的货币。牲畜、盐、稀有的贝壳、珍稀鸟类羽毛、宝石、沙金、石头等不容易大量获取的物品都曾经作为货币使用过。

在人类早期历史上，贝壳因为其不易获得，充当了一般等价物的功能，“贝”因此成为最原始的货币之一。今天的汉字如“赚”、“赔”、“财”等，都有“贝”字旁，就是当初贝壳作为货币流通的印迹。

（2）金属货币。经过长年的自然淘汰，在绝大多数社会里，作为货币使用的物品逐渐被金属所取代。使用金属货币的好处是它的制造需要人工，无法从自然界大量获取，同时还易储存。数量稀少的金、银和冶炼困难的铜逐渐成为主要的货币金属。某些国家和地区使用过铁质货币。

早期的金属货币是块状的，使用时需要先用试金石测试其成色，同时还要称重量。随着人类文明的发展，逐渐建立了更加复杂而先进的货币制度。古希腊、罗马和波斯的人们铸造重量、成色统一的硬币。这样，在使用货币的时候，既不需要称重量，也不需要测试成色，无疑方便得多。这些硬币上面带有国王或皇帝的头像、复杂的纹章和印玺图案，以免伪造。

中国最早的金属货币是商朝的铜贝。商代在我国历史上也称青铜器时代，当时相当发达的青铜冶炼业促进了生产的发展和交易活动的增加。于是，在当时最广泛流通的贝币由于来源的不稳定而使交易发生不便，人们便寻找更适宜的货币材料，自然而然集中到青铜上，青铜币便应运而生。但这种用青铜制作的金属货币在制作上很粗糙，设计简单，形状不固定，没有使用单位，在市场上也未达到广泛使用的程度。由于其外形很像作为货币的贝币，因此人们大都将其称为铜贝。

铜贝产生以后，它是与贝币同时流通的。铜贝发展到春秋中期，又出现了新的货币形式，即包金铜贝，它是在普通铜币的外表包一层薄金，既华贵又耐磨。铜贝不仅是我国最早的金属货币，也是世界上最早的金属货币。

（3）金银。西方国家的主币为金币和银币，辅币以铜、铜合金制造。随着欧洲社会经济的发展，商品交易量逐渐增大，到 15 世纪时，经济发达的佛兰德斯和意大利北部各邦国出现了通货紧缩的恐慌。从 16 世纪开始，大量来自美洲的黄金和白银通过西班牙流入欧洲，挽救了欧洲的货币制度，并为其后欧洲的资本主义经济发展创造了起步的条件。

（4）纸币。随着经济的进一步发展，金属货币同样显示出使用上的不便。在大额交易中需要使用大量的金属硬币，其重量和体积都令人感到烦恼。金属货币使用中还会出现磨损的问题，据不完全的统计，自从人类使用黄金作为货币以来，已经有超过两万吨的黄金在铸币厂里或者在人们的手中、钱袋中和衣物口袋中磨损掉。于是作为金属货币的象征符号的纸币出现了。世界上最早的纸币在宋朝年间于中国四川地区出现的交子。

目前世界上共有 200 多种货币，流通于世界 190 多个独立国家和其他地区。作为各国货币主币的纸币，精美、多侧面地反映了该国历史文化的横断面，沟通了世界各国人民的经济交往。目前世界上比较重要的纸币包括美元、欧元、人民币、日元和英镑等。

随着信用制度的发展，存款货币和电子货币对于我们已经并不陌生，但新的货币形式还将不断出现。货币如同神秘的魔术，它神奇地吸引着人们的注意力，调动着人们的欲望，渗透到每一个角落，用一种看不见的强大力量牵引着人们的行为。我们要正确认识货币，更要正确使用货币。

货币为什么能买到世界上所有的商品——货币功能

在现代社会中，金钱可以说是无处不在，它早就渗透了人们衣、食、住、行的各个方面。一个人如果没有钱，那么他在社会上就寸步难行；如果有了钱，就可以得到物质享受。由于钱有这个作用，所以它就有了一种令人疯狂的魔力，被蒙上了一层神秘的面纱。

但是钱并不完全等于货币。按照经济学理论的解释，任何一种能执行交换媒介、价值尺度、延期支付标准或完全流动的财富储藏手段等功能的商品，都可被看作是货币。有人不禁要质疑上述的论断：人民币、美元、欧元才是货币，肥皂、洗衣粉之类的商品也能说是货币吗？在我们的生活中，肥皂、洗衣粉当然不能算是做货币。这是为什么呢？

要认识货币，必须要了解货币具有哪些职能：

（1）价值尺度。正如衡量长度的尺子本身有长度、称东西的砝码本身有重量一样，衡量商品价值的货币本身也是商品，具有价值。没有价值的东西，不能充当价值尺度。

在商品交换过程中，货币成为一般等价物，可以表现任何商品的价值，衡量一切商品的价值量。货币在执行价值尺度的职能时，并不需要有现实的货币，只需要观念上的货币。例如，1 辆自行车值 200 元人民币，只要贴上个标签就可以了。当人们在作这种价值估量的时候，只要在他的头脑中有多少钱的观念就行了。用来衡量商品价值的货币虽然只是观念上的货币，但是这种观念上的货币仍然要以实在的货币为基础。人们不能任意给商品定价，因为，在货币的价值同其他商品之间存在着客观的比例，这一比例的现实基础就是生产两者所耗费的社会必要劳动量。

商品的价值用一定数量的货币表现出来，就是商品的价格。价值是价格的基础，价格是价值的货币表现。货币作为价值尺度的职能，就是根据各种商品的价值大小，把它表现为各种各样的价格。例如，1 头牛值 2 两黄金，在这里 2 两黄金就是 1 头牛的价格。

（2）流通手段。在商品交换过程中，商品出卖者把商品转化为货币，然后再用货币去购买商品。在这里，货币发挥交换媒介的作用，执行流通手段的职能。

在货币出现以前，商品交换是直接的物物交换。货币出现以后，它在商品交换关系中则起媒介作用。以货币为媒介的商品交换就是商品流通，它由商品变为货币和由货币变为商品两个过程组成。由于货币在商品流通中作为交换的媒介，它打破了直接物物交换和地方的限制，扩大了商品交换的品种、数量和地域范围，从而促进了商品交换和商品生产的发展。

由于货币充当流通手段的职能，使商品的买和卖打破了时间和空间上的限制：一个商品所有者在出卖商品之后，不一定马上就去购买商品；一个商品所有者在出卖商品以后，可以就地购买其他商品，也可以在别的地方购买其他任何商品。

（3）贮藏手段。货币退出流通领域充当独立的价值形式和社会财富的一般代表而储存起来的一种职能。

货币作为贮藏手段，是随着商品生产和商品流通的发展而不断发展的。在商品流通的初期，有些人就把多余的产品换成货币保存起来，贮藏金银被看成是富裕的表现，这是一种朴素的货币贮藏形式。随着商品生产的连续进行，商品生产者要不断地买进生产资料和生活资料，但他生产和出卖自己的商品要花费时间，并且能否卖掉也没有把握。这样，他为了能够不断地买进，就必须把前次出卖商品所得的货币贮藏起来，这是商品生产者的货币贮藏。随着商品流通的扩展，货币的权力日益增大，一切东西都可以用货币来买卖，货币交换扩展到一切领域。谁占有更多的货币，谁的权力就更大，贮藏货币的欲望也就变得更加强烈，这是一种社会权力的货币贮藏。货币作为贮藏手段，可以自发地调节货币流通量，起着蓄水池的作用。

（4）支付手段。货币作为独立的价值形式进行单方面运动（如清偿债务、缴纳税款、支付工资和租金等）时所执行的职能。

因为商品交易最初是用现金支付的。但是，由于各种商品的生产时间是不同的，有的长些，有的短些，有的还带有季节性。同时，各种商品销售时间也是不同的，有些商品就地销售，销售时间短，有些商品需要运销外地，销售时间长。商品的让渡同价格的实现在时间上分离开来，即出现赊购的现象。赊购以后到约定的日期清偿债务时，货币便执行支付手段的职能。货币作为支付手段，开始是由商品的赊购、预付引起的，后来才慢慢扩展到商品流通领域之外，在商品交换和信用事业发达的经济社会里，就日益成为普遍的交易方式。

在货币当作支付手段的条件下，买者和卖者的关系已经不是简单的买卖关系，而是一种债权债务关系。货币一方面可以减少流通中所需要的货币量，节省大量现金，促进商品流通的发展。另一方面，货币进一步扩大了商品经济的矛盾。在赊买赊卖的情况下，许多商品生产者之间都发生了债权债务关系，如果其中有人到期不能支付，就会引起一系列的连锁反应，使整个信用关系遭到破坏。

（5）世界货币。货币在世界市场上执行一般等价物的职能。由于国际贸易的发生和发展，货币流通超出一国的范围，在世界市场上发挥作用，于是货币便有世界货币的职能。作为世界货币，必须是足值的金和银，而且必须脱去铸币的地域性外衣，以金块、银块的形状出现。原来在各国国内发挥作用的铸币以及纸币等在世界市场上都失去作用。

在国内流通中，一般只能由一种货币商品充当价值尺度。在国际上，由于有的国家用金作为价值尺度，有的国家用银作为价值尺度，所以在世界市场上金和银可以同时充当价值尺度的职能。后来，在世界市场上，金取得了支配地位，主要由金执行价值尺度的职能。

国际货币充当一般购买手段，一个国家直接以金、银向另一个国家购买商品。同时作为一般支付手段，国际货币用以平衡国际贸易的差额，如偿付国际债务，支付利息和其他非生产性支付等。国际货币还充当国际间财富转移的手段，货币作为社会财富的代表，可由一国转移到另一国，例如，支付战争赔款、输出货币资本或由于其他原因把金银转移到外国去。在当代，世界货币的主要职能是作为国际支付手段，用以平衡国际收支的差额。

为什么货币符号能当钱花

如今，人们已经不再使用金币、银币或者铜板买东西了，而是用一种特殊的货币——纸币。从纸币本身的质地来看，它自身的价值几乎可以忽略不计。但是，纸币不仅可以交换任何商品，甚至连昔日的货币贵族——黄金也可以交换。这是为什么呢?

北宋初年，成都一带商业十分发达，通货紧张，而当时铸造的铁钱却流通不畅。因为铁钱易腐烂、价值低，十单位铁钱只相当于一单位铜钱，用起来极为笨重。比如，买一匹布需要铁钱两万，重达500斤！于是当地16家富户开始私下印制一种可以取代钱币、用楮树皮造的券，后来被称作“交子”。当地政府最初想取缔这种“新货币”，但是这种“新货币”在经济流通中作用却十分明显，于是决定改用官方印制。

《成都金融志》中的文字解释:“北宋益州的‘交子铺’实为四川历史上最早的货币金融机构，而益州的交子铺则是最早由国家批准设立的纸币发行机构。”“交子”的出现，便利了商业往来，弥补了现钱的不足，是我国货币史上的一大业绩。此外，“交子”作为我国乃至世界上发行最早的纸币，在印刷史、版画史上也占有重要的地位，对研究我国古代纸币印刷技术有着重要意义。

在商品货币时代，金属货币使用久了，就会出现磨损，变得不足值。人们就意识到可以用其他的东西代替货币进行流通，于是就出现了纸币。纸币在货币金融学中最初的定义为发挥交易媒介功能的纸片。

其实严格来说，纸币并不是货币，因为货币是从商品中分离出来的、固定充当一般等价物的商品。纸币由于没有价值，不是商品，所以也就不是货币。在现代金融学中，纸币是指，代替金属货币进行流通，由国家发行并强制使用的货币符号。纸币本身没有和金属货币同样的内在价值，它本身的价值也比国家确定的货币价值小得多，它的意义在于它是一种货币价值的符号。

纸币诞生后，在很长的时间内只能充当金属货币（黄金或白银）的“附庸”，就像影子一样，不过是黄金的价值符号。国家以法律形式确定纸币的含金量，人们可以用纸币自由兑换黄金，这种货币制度也被称为金本位制。在很长的历史时期里，金本位制是人类社会的基本货币制度，但它存在着先天无法克服的缺陷。

困扰金本位制的就是纸币和黄金的比价和数量问题。当依据黄金发行纸币的时候，必须确定一个比价，而此后不论是黄金数量发生变化还是纸币数量发生变化，原先的比价都无法维持，金本位制也就无法稳定运行。这个问题在后来的布雷顿森林体系中仍然存在，并最终导致了布雷顿森林体系的崩溃。

金本位制最终崩溃并退出历史舞台表明，纸币再也不能直接兑换成黄金，也就是不能直接兑换回金属货币，纸币这个金属货币的“附庸”终于走上了舞台的中央，成为货币家族的主角。纸币成为本位货币，以国家信用作保障，依靠国家的强制力流通。

事实上，接受纸币也是需要一些条件的。只有人们对货币发行当局有充分的信任，并且印刷技术发展到足以使伪造极为困难的高级阶段时，纸币方可被接受为交易媒介。今天，我们所使用的纸币，如中国的人民币、美国的美元等是一个国家的法定货币，是这个国家的中央银行统一发行、强制流通，以国家信用为保障。私人不能印刷、发行货币。在我国，人民币是中华人民共和国的法定货币，由政府授权中国人民银行发行。

“无脚走遍天下”

最近几十年来，信息技术把我们带入了一个新的时代，货币家族又增添了一个新的成员——电子货币。电子货币无影无形，它依托金融电子化网络为基础，以商用电子化机具和各类交易卡为媒介，以电子计算机技术和通信技术为手段，以电子数据形式存储在银行的计算机系统中，并通过计算机网络系统以电子信息传递形式实现流通和支付功能的货币。银行卡就是我们常见的电子货币的载体之一。

货币的每一次演变都让人惊奇。电子货币更加是货币史上一次神奇的改变。近年来，随着 Internet 商业化的发展，电子商务化的网上金融服务已经开始在世界范围内开展。

难以置信，人们足不出户，就可以坐在家里在网上商店购买商品，鼠标一点就可以完成货币支付。走进商场享受购物快乐，也不需要带上厚厚的现金，只要带一张薄薄的磁卡，轻轻一刷输入密码就可以完成交易。甚至出国旅行，也只需要带上一张小小的磁卡就可以了。这就是电子金融服务。它的特点是通过电子货币在 Internet 上进行及时电子支付与结算。以至人们可随时随地完成购物消费活动，进行货币支付。

6 月的某天，北京正值盛夏，一直热衷于网购的小岩在客厅里一边吃西瓜，一边在线浏览琳琅满目的商品。这一次，在澳大利亚的一个网站上，她看上了一款澳洲本地羊皮袄，通过“海外宝”的简单几步点击操作，便很快将它收入囊中。2008 年 6 月 11 日，国内最大的独立第三方支付平台支付宝公司与澳大利亚领先的在线支付公司建立的中文购物平台“海外宝”正式上线。Paymate 将澳大利亚实体店铺商家的商品放在平台上，这个平台支持支付宝作为支付工具，通过统一的物流派送，使中国的消费者可以和在国内购物网站上购买一样，方便地购买到来自澳大利亚的各种商品。

像小岩热衷的网购实际上就是网上金融服务的一种，它包括了人们的各种需要内容，网上消费、家庭银行、个人理财、网上投资交易、网上保险等。网上支付的电子交易需要安全认证、数据加密、交易确认等控制，为了确保信息安全。而这一切，都依赖于电子货币的产生和发展。

电子货币的产生首先是因为电子商务的产生，因为电子商务最终还是需要支付结算，这就需要有电子支付。但电子货币本质上并没有改变货币的本质，只是在形式上发生了变化。电子货币的出现方便了人们外出购物和消费。现在电子货币通常在专用网络上传输，通过设在银行、商场等地的ATM机器进行处理，完成货币支付操作。电子支付手段大大减少了经济运行的成本。

欧洲人早在个人计算机出现之前就意识到电子支付的好处。长期以来，欧洲人采取的都是直接转账的方式，由银行直接为消费者支付账单转移资金。尤其芬兰和瑞典等互联网用户比例引领世界的国家，三分之二的交易都是通过电子方式完成的。芬兰和瑞典等国家网络银行客户的比例也超过了世界上其他的国家。

就现阶段而言，大多数电子货币是以即有的实体货币（现金或存款）为基础存在的具备价值尺度和流通手段的基本职能，还有价值保存、储藏手段、支付手段、世界货币等职能。且电子货币与实体货币之间能以1：1比率交换这一前提条件而成立的。

因为只有在高科技基础建设存在的情况下，电子货币才能以有效率和有效的方式在电子商务中被使用。有人认为，如果欲使电子货币成为未来可流通的货币，并且能够使人信赖其安全性的话，则此安全性技术自应受到政府管制，否则若无一定的监管标准，电子货币的信用何存？又如何能流通？但是，这里的问题是，政府监管的尺度应如何把握？政府的过分管制就会对技术的发展造成妨碍，这对于快速发展的电子商务是致命的，但是如果不加以管制，电子货币的信用就难以树立。因此把握政府管制的尺度是非常重要的。

由于电子货币使用十分方便，几乎所有的支付都可以用电子支付的方式完成，网上支付和银行卡支付已经成为目前我国电子支付的主流。在我国，全国性的商业银行目前都开通了网上银行业务，绝大多数经济发达地区的地方性商业银行也开通了网上银行服务，另外还有100多家非金融机构在从事网上支付业务。

于是，人们提出一个构想：未来是否会进入一个无现金的社会？1975年,《商业周刊》曾经预言:“电子支付方式不久将改变货币的定义”，并将在数年后颠覆货币本身。但电子货币由于缺乏安全性和私密性，短时间内并不能导致纸币体系的消亡。正如马克·吐温所说:“对现金消亡的判断是夸大其词了。”作为转移支付手段，大多数电子货币不能脱离现金和存款，只是用电子化方法传递、转移，以清偿债权债务实现结算。因此，现阶段电子货币的职能及其影响，实质是电子货币与现金和存款之间的关系。

货币的“规矩”

没有规矩，不成方圆。货币也有货币的规矩——货币制度。货币制度是国家对货币的有关要素、货币流通的组织与管理等加以规定所形成的制度。完善的货币制度能够保证货币和货币流通的稳定，保障货币正常发挥各项职能。货币制度由国家以法律的形式规定下来。一国的货币制度至少要明确以下几个问题：

（1）规定货币材料。规定货币材料就是规定币材的性质，确定不同的货币材料就形成不同的货币制度。比如，货币是用贝壳还是铜铁？是用金银还是纸张？但是哪种物品可以作为货币材料不是国家随心所欲指定的，而是对已经形成的客观现实在法律上加以肯定。目前各国都实行不兑现的信用货币制度，对货币材料不再做明确规定。

（2）规定货币单位。货币单位是货币本身的计量单位，规定货币单位包括两方面：一是规定货币单位的名称，二是规定货币单位的值。比如，过去铜钱的单位是“文”、“贯”，金银的单位是“两”、“斤”，人民币的单位是“元”。在金属货币制度条件下，货币单位的值是每个货币单位包含的货币金属重量和成色；在信用货币尚未脱离金属货币制度条件下，货币单位的值是每个货币单位的含金量；在黄金非货币化后，确定货币单位的值表现为确定或维持本币的汇率。

（3）规定流通中货币的种类。规定流通中货币的种类主要指规定主币和辅币。主币是一国的基本通货和法定价格标准，辅币是主币的等分，是小面额货币，主要用于小额交易支付。金属货币制度下主币是用国家规定的货币材料按照国家规定的货币单位铸造的货币，辅币用贱金属并由国家垄断铸造。信用货币制度下，主币和辅币的发行权都集中于中央银行或政府指定机构。

（4）规定货币法定支付偿还能力。货币法定支付偿还能力分为无限法偿和有限法偿。无限法偿指不论用于何种支付，不论支付数额有多大，对方均不得拒绝接受；有限法偿即在一次支付中有法定支付限额的限制，若超过限额，对方可以拒绝接受。金属货币制度下，一般而言主币具有无限法偿能力，辅币则是有限法偿。

（5）规定货币铸造发行的流通程序。货币铸造发行的流通程序主要分为金属货币的自由铸造与限制铸造、信用货币的分散发行与集中垄断发行。自由铸造指公民有权用国家规定的货币材料，按照国家规定的货币单位在国家造币厂铸造铸币，一般而言主币可以自由铸造；限制铸造指只能由国家铸造，辅币为限制铸造。信用货币分散发行指各商业银行可以自主发行，早期信用货币是分散发行，目前各国信用货币的发行权都集中于中央银行或指定机构。

（6）规定货币发行准备制度。货币发行准备制度是为约束货币发行规模维护货币信用而制定的，要求货币发行者在发行货币时必须以某种金属或资产作为发行准备。在金属货币制度下，货币发行以法律规定的贵金属作为发行准备；在现代信用货币制度下，各国货币发行准备制度的内容比较复杂，一般包括现金准备和证券准备两大类。

在漫漫历史长河中，随着货币的演变，货币制度也在不停地演变，先后存在过银本位制、金银复本位制、金本位制、纸币本位制。银本位制的本位货币是银；金本位制则以金为本位货币；金银复本位制的本位货币是金和银；纸币发行以这些金属货币为基础，可以自由兑换。后来随着经济社会的发展，金属货币本位制逐步退出了历史舞台，世界各地都确立了不兑现的信用货币制度，即纸币本位制。

（1）银本位制。是指以白银为本位货币的一种货币制度。在货币制度的演变过程中银本位的历史要早于金本位。银本位制的运行原理类似于金本位制，主要不同点在于以白银作为本位币币材。银币具有无限清偿能力，其名义价值与实际含有的白银价值一致。银本位分为银两本位与银币本位。

（2）金本位制。是指以黄金作为本位货币的货币制度。其主要形式有金币本位制、金块本位制和金汇兑本位制。

①金币本位制。金币本位制是以黄金为货币金属的一种典型的金本位制。其主要特点有：金币可以自由铸造、自由熔化；流通中的辅币和价值符号（如银行券）可以自由兑换金币；黄金可以自由输出输入。在实行金本位制的国家之间，根据两国货币的黄金含量计算汇率，称为金平价。

②金块本位制。金块本位制是指由中央银行发行、以金块为准备的纸币流通的货币制度。它与金币本位制的区别在于：其一，金块本位制以纸币或银行券作为流通货币，不再铸造、流通金币，但规定纸币或银行券的含金量，纸币或银行券可以兑换为黄金；其二，规定政府集中黄金储备，允许居民当持有本位币的含金量达到一定数额后兑换金块。

③金汇兑本位制。金汇兑本位制是指以银行券为流通货币，通过外汇间接兑换黄金的货币制度。金汇兑本位制与金块本位制的相同处在于规定货币单位的含金量，国内流通银行券，没有铸币流通。但规定银行券可以换取外汇，不能兑换黄金。本国中央银行将黄金与外汇存于另一个实行金本位制的国家，允许以外汇间接兑换黄金，并规定本国货币与该国货币的法定比率，从而稳定本币币值。

（3）金银复本位制。金银复本位制指一国同时规定金和银为本位币。在金银复本位制下金与银都如在金本位制或银本位制下一样，可以自由买卖，自由铸造与熔化，自由输出输入。

金银复本位制从表面上看能够使本位货币金属有更充足的来源，使货币数量更好地满足商品生产与交换不断扩大的需要，但实际上却是一种具有内在不稳定性的货币制度。“劣币驱逐良币”的现象，即金银两种金属中市场价值高于官方确定比价的不断被人们收藏时，金银两者中的“贵”金属最终会退出流通，使金银复本位制无法实现。

（4）纸币本位制。将纸币本位制又称作信用本位制，从国家法律而论，纸币已经无须以金属货币作为发行准备。纸币制度的主要特征是在流通中执行货币职能的是纸币和银行存款，并且为通过调节货币数量影响经济活动创造了条件。

对纸币制度自实行之日起就存在着不同的争论。主张恢复金本位的人认为只有使货币能兑换为金，才能从物质基础上限制政府的草率行为，促使政府谨慎行事。赞同纸币本位制的人则认为，在当今的经济社会中，货币供应量的变化对经济的影响十分广泛，政府通过改变货币供应量以实现预定的经济目标，已经成为经济政策的不可或缺的组成部分。

“钱”也能惹出大祸

20 世纪 20 年代，随着“一战”的结束，世界经济进入衰退时期，欧洲各国的货币都摇摇欲坠，德国的马克、苏联的卢布和法国的法郎都经历了混乱的时期。德国和苏联的劳动人民因此陷入绝望的境地。在没有储备、没有外国支援的情况下，大部分人民为了填饱肚子不得不卖命地劳动。很多人被迫流亡，连有声望的贵族这时也变得非常贫穷。但在这个时期，法国却上演了一个精彩的成功捍卫货币的故事。

法郎危机也是伴随着第一次世界大战开始的。法国政府在“一战”中花掉了大量军费，这个数字是 1913 到 1914 年所有主要参战国军事费用的两倍。“一战”结束后，法国财政出现了 62 亿法郎的缺口，并且还有巨额贷款。1926 年，法郎的汇率开始下滑。人们相信，法郎将会面临和德国马克一样的命运。1924 年 3 月到 1926 年 7 月 11 届法国政府内阁的努力都无济于事，物价不停上涨，法郎持续贬值。约瑟夫·凯约政府在 1926 年换了 8 位财政部长，但谁也无法解决这个难题。这时，总理雷蒙·普恩加来开始掌权。他通过提高短期利率来把短期借款转为长期借款，并提高税收和削减政府支出，同时他从纽约的摩根银行借来了一笔使法国银行的现汇得以补充的巨额贷款，他的一系列措施恢复了人们对法郎的信任，并由此取得了成功。从此，法郎币值开始走稳，经济和政局也渐趋稳定。

这是一场当之无愧的货币危机保卫战。货币危机的概念有狭义和广义之分。狭义的货币危机与特定的汇率制度（通常是固定汇率制）相对应，其含义是，实行固定汇率制的国家，在非常被动的情况下（如在经济基本全面恶化的情况下，或者在遭遇强大的投机攻击情况下），对本国的汇率制度进行调整，转而实行浮动汇率制，而由市场决定的汇率水平远远高于原先所刻意维护的水平（即官方汇率），这种汇率变动的影响难以控制、难以容忍，这一现象就是货币危机。广义的货币危机泛指汇率的变动幅度超出了一国可承受的范围这一现象。通常情况表现为本国货币的急剧贬值。

当代国际经济社会很少再看见一桩孤立的货币动荡事件。在全球化时代，由于国民经济与国际经济的联系越来越密切，一国货币危机常常会波及别国。

随着市场经济的发展与全球化的加速，经济增长的停滞已不再是导致货币危机的主要原因。经济学家的大量研究表明：定值过高的汇率、经常项目巨额赤字、出口下降和经济活动放缓等都是发生货币危机的先兆。就实际运行来看，货币危机通常由泡沫经济破灭、银行呆坏账增多、国际收支严重失衡、外债过于庞大、财政危机、政治动荡、对政府的不信任等引发。

1. 汇率政策不当

众多经济学家普遍认同这样一个结论：固定汇率制在国际资本大规模、快速流动的条件下是不可行的。固定汇率制名义上可以降低汇率波动的不确定性，但是自20世纪90年代以来，货币危机常常发生在那些实行固定汇率的国家。正因如此，近年来越来越多的国家放弃了曾经实施的固定汇率制，比如巴西、哥伦比亚、韩国、俄罗斯、泰国和土耳其等。然而，这些国家大多是由于金融危机的爆发而被迫放弃固定汇率，汇率的调整往往伴随着自信心的丧失、金融系统的恶化、经济增长的放慢以及政局的动荡。也有一些国家从固定汇率制成功转轨到浮动汇率制，如波兰、以色列、智利和新加坡等。

2. 银行系统脆弱

在大部分新兴市场国家，包括东欧国家，货币危机的一个可靠先兆是银行危机。资本不足而又没有受到严格监管的银行向国外大肆借取贷款，再贷给国内的问题项目，由于币种不相配（银行借的往往是美元，贷出去的通常是本币）和期限不相配（银行借的通常是短期资金，贷出的往往是历时数年的建设项目），因此累积的呆坏账越来越多。如东亚金融危机爆发前5年～10年，马来西亚、印度尼西亚、菲律宾和泰国信贷市场的年增长率均在20%～30%之间，远远超过了工商业的增长速度，由此形成的经济泡沫越来越大，银行系统也就越发脆弱。

3. 外债负担沉重

泰国、阿根廷以及俄罗斯的货币危机，就与所欠外债规模巨大且结构不合理紧密相关。如俄罗斯从1991年～1997年起共吸入外资237.5亿美元，但在外资总额中，直接投资只占30%左右，短期资本投资约70%。在货币危机爆发前的1997年10月，外资已掌握了股市交易的60%～70%，国债交易的30%～40%。1998年7月中旬以后，最终使俄财政部发布“8.17联合声明”，宣布“停止1999年底前到期国债的交易和偿付”，债市的实际崩溃，直接引发卢布危机。

4. 财政赤字严重

在发生货币危机的国家中，或多或少都存在财政赤字问题，赤字越庞大，发生货币危机的可能性也就越大。财政危机直接引发债市崩溃，进而导致货币危机。

5. 政府信任危机

民众及投资者对政府的信任是货币稳定的前提，同时赢得民众及投资者的支持，是政府有效防范、应对金融危机的基础。墨西哥比索危机很大一部分归咎于其政治上的脆弱性，1994年总统候选人被暗杀和恰帕斯州的动乱，使墨西哥社会经济处于动荡之中。新政府上台后在经济政策上的犹豫不决，使外国投资者认为墨西哥可能不会认真对待其政府开支与国际收支问题，这样信任危机引起金融危机；而1998年5月～6月间的俄罗斯金融危机的主要诱因也是国内信任危机。

6. 经济基础薄弱

强大的制造业、合理的产业结构是防止金融动荡的坚实基础。产业结构的严重缺陷是造成许多国家经济危机的原因之一。如阿根廷一直存在着严重的结构性问题，20世纪90年代虽实行了新自由主义改革，但产业结构调整滞后，农牧产品的出口占总出口的60%，而制造业出口只占10%左右。在国际市场初级产品价格走低及一些国家增加对阿根廷农产品壁垒之后，阿根廷丧失了竞争优势，出口受挫。

7. 危机跨国传播

由于贸易自由化、区域一体化，特别是资本跨国流动的便利化，一国发生货币风潮极易引起临近国家的金融市场发生动荡，这在新兴市场尤为明显。泰国之于东亚，俄罗斯之于东欧，墨西哥、巴西之于拉美等反复印证了这一“多米诺骨牌效应”。

装钱的筐比钱更值钱

在第一次世界大战后的德国，有一个小偷去别人家里偷东西，看见一个筐里边装满了钱，他把钱倒了出来，只把筐拿走了。很多人奇怪，为什么不要钱呢？因为，在当时的德国，货币贬值到了在今天看来几乎无法相信的程度，装钱的筐与那些钱相比，筐更有价值。

第一次世界大战结束后的几年，德国经济处于崩溃的边缘。战争本来就已经使德国经济凋零，但战胜国又强加给它极为苛刻的《凡尔赛和约》，使德国负担巨额的赔款。德国最大的工业区——鲁尔工业区 1923 年还被法国、比利时军队占领，可谓雪上加霜。

无奈的德国政府只能日夜赶印钞票，通过大量发行货币来为赔款筹资。由此，德国经历了一次历史上最引人注目的超速通货膨胀。从 1922 年 1 月到 1924 年 12 月，德国的货币和物价都以惊人的比率上升，一张报纸的价格变迁可以反映出这种速度：每份报纸的价格从 1921 年 1 月的 0.3 马克上升到 1922 年 5 月的 1 马克、1922 年 10 月的 8 马克、1923 年 2 月的 100 马克，直到 1923 年 9 月的 1000 马克，再到 10 月 1 日的 2000 马克、10 月 15 日的 12 万马克、10 月 29 日的 100 万马克、11 月 9 日的 500 万马克，直到 11 月 17 日的 7000 万马克。

发生在德国历史上的这次通货膨胀是真实的事件，在我国解放战争期间，国民政府统治区内也曾发生过如此严重的通货膨胀。

通货膨胀在现代经济学中意指整体物价水平上升。一般性通货膨胀为货币的市值或购买力下降，而货币贬值为两经济体间的币值相对性降低。前者用于形容全国性的币值，而后者用于形容国际市场上的附加价值。纸币流通规律表明，纸币发行量不能超过它代表的金银货币量，一旦超过了这个量，纸币就要贬值，物价就要上涨，从而就会出现通货膨胀。

因此，通货膨胀只有在纸币流通的条件下才会出现，在金银货币流通的条件下不会出现。因为金银货币本身具有价值，作为贮藏手段的职能，可以自发地调节流通中的货币量，使它同商品流通所需要的货币量相适应。而在纸币流通的条件下，因为纸币本身不具有价值，它只是代表金银货币的符号，不能作为贮藏手段，因此，纸币的发行量如果超过了商品流通所需要的数量，就会贬值。例如，商品流通中所需要的金银货币量不变，而纸币发行量超过了金银货币量的一倍，单位纸币就只能代表单位金银货币价值量的1/2，在这种情况下，如果用纸币来计量物价，物价就上涨了一倍，这就是通常所说的货币贬值。此时，流通中的纸币量比流通中所需要的金银货币量增加了一倍，这就是通货膨胀。

在经济学中，通货膨胀主要是指价格和工资的普遍上涨，在经济运行中表现为全面、持续的物价上涨的现象。纸币发行量超过流通中实际需要的货币量，是导致通货膨胀的主要原因之一。

在当今非洲国家津巴布韦，其通货膨胀也达到了惊人的地步。在2009年2月，津巴布韦中央银行行长决定从其发行的巨额钞票上去掉12个零，这样一来，津巴布韦一万亿钞票相当于1元。此时，津巴布韦通货膨胀率已经达到百分之十亿，而1美元可兑换250万亿津巴布韦元。很多人笑言：在津巴布韦，人人都是“亿万富翁”。当然绝大部分人都不愿做这样的富翁！

纸币发行量超过流通中实际需要的货币量，也就是货币供给率高于经济规模的增长率，是导致通货膨胀的主要原因。那么一般在什么样的情况下，纸币的发行量会超过实际需要的货币量呢？

首先是外贸顺差。因为外贸出口企业出口商品换回来的美元都要上交给央行，然后由政府返还人民币给企业，那么企业挣了多少的外汇，央行就得加印多少人民币给他们，纸币印得多了，但是国内商品流通量还是不变，这就可能引发通货膨胀。

其次，投资过热。在发展中国家，为了使投资拉动经济发展，政府会加大对基础设施建设的投入，就有可能印更多的纸币。通货膨胀的实质就是社会总需求大于社会总供给，通常是由经济运行总层面中出现的问题引起的。

其实在我们的社会生活中还有一类隐蔽的通货膨胀，就是指社会经济中存在着通货膨胀的压力或潜在的价格上升危机，但由于政府实施了严格的价格管制政策，使通货膨胀并没有真正发生。但是，一旦政府接触或放松这种管制措施，经济社会就会发生通货膨胀。

一旦发生通货膨胀，就意味着手里的钱开始不值钱，但是大家也不用提到“通货膨胀”即谈虎色变。一些经济学家认为，当物价上涨率达到2.5%时，叫作不知不觉的通货膨胀。他们认为，在经济发展过程中，搞一点温和的通货膨胀可以刺激经济的增长，因为提高物价可以使厂商多得一点利润，以刺激厂商投资的积极性。同时，温和的通货膨胀不会引起社会太大的动乱。温和的通货膨胀即将物价上涨控制在1%～2%，至多5%以内，它能像润滑油一样刺激经济的发展，这就是所谓的“润滑油政策”。

从宏观上来讲，普通老百姓对抑制通货膨胀无能为力，必须要依靠政府进行调控。政府必须出台相关的经济政策和措施，例如上调存贷款利率，提高金融机构的存款准备金率，实行从紧的货币政策，包括限价调控等。对于我们普通人而言，应该有合理的措施来抵消通货膨胀对财产的侵蚀，如进行实物投资、减少货币的流入等，以减少通货膨胀带来的压力和损失。

利率：神奇的指挥棒

神奇的指挥棒

利率又称利息率，它表示的是一定时期内利息量与本金的比率，通常用百分比表示，按年计算则称为年利率。其计算公式是：

利息率 = 利息量 / 本金 / 时间 ×100%

利率，就其表现形式来说，是指一定时期内利息额同借贷资本总额的比率。利率是单位货币在单位时间内的利息水平，表明利息的多少。利率通常由国家的中央银行控制。利率是经济学中一个重要的金融变量，几乎所有的金融现象、金融资产均与利率有着或多或少的联系。

利率与人们的生活联系较为紧密。在生活中，常常有民间借贷，有承诺的也好，无承诺的也好，还款时常要与同期的储蓄存款利息比一比。在炒股生涯中，常常要对自己的股票或资金算一算，自然而然要想到与同期的利率作比较。储蓄存款利率变了又变，涉及千家万户。但令人费解的是，利率为什么在不同的时期有不同的变化？这代表着什么？利率的高低又是由什么决定的？

现代经济中，利率作为资金的价格，不仅受到经济社会中许多因素的制约，而且，利率的变动对整个经济产生重大的影响。因此，现代经济学家在研究利率的决定问题时，特别重视各种变量的关系以及整个经济的平衡问题。

凯恩斯认为储蓄和投资是两个相互依赖的变量，而不是两个独立的变量。在他的理论中，货币供应由中央银行控制，是没有利率弹性的外生变量。此时货币需求就取决于人们心理上的“流动性偏好”。而后产生的可贷资金利率理论是新古典学派的利率理论，是为修正凯恩斯的“流动性偏好”

利率理论而提出的。在某种程度上，可贷资金利率理论实际上可看成古典利率理论和凯恩斯理论的一种综合。

英国著名经济学家希克斯等人则认为以上理论没有考虑收入的因素，因而无法确定利率水平，于是于 1937 年提出了一般均衡理论基础上的 IS-LM 模型。从而建立了一种在储蓄和投资、货币供应和货币需求这四个因素的相互作用之下的利率与收入同时决定的理论。

根据此模型，利率的决定取决于储蓄供给、投资需要、货币供给、货币需求四个因素，导致储蓄投资、货币供求变动的因素都将影响到利率水平。这种理论的特点是一般均衡分析。该理论在比较严密的理论框架下，把古典理论的商品市场均衡和凯恩斯理论的货币市场均衡有机地统一在一起。

各种利率是按不同的划分法和角度来分类的，以此更清楚地表明不同种类利率的特征。按计算利率的期限单位可划分为：年利率、月利率与日利率。按利率的决定方式可划分为：官方利率、公定利率与市场利率。按借贷期内利率是否浮动可划分为：固定利率与浮动利率。按利率的地位可划分为：基准利率与一般利率。按信用行为的期限长短可划分为：长期利率和短期利率。按利率的真实水平可划分为：名义利率与实际利率。按借贷主体不同划分为：中央银行利率，包括再贴现、再贷款利率等。商业银行利率，包括存款利率、贷款利率、贴现率等；非银行利率，包括债券利率、企业利率、金融利率等。按是否具备优惠性质可划分为：一般利率和优惠利率。

利率的各种分类之间是相互交叉的。例如，3 年期的居民储蓄存款利率为 4.95%，这一利率既是年利率，又是固定利率、差别利率、长期利率与名义利率。各种利率之间以及内部都有相应的联系，彼此间保持相对结构，共同构成一个有机整体，从而形成一国的利率体系。

通常计算利率的途径有若干种，现值是最简单的方式。其中最重要的就是到期收益率。也就是使债务工具所有未来回报的限制与其今天的价值相等的利率。所谓到期收益，是指将债券持有到偿还期所获得的收益，包括到期的全部利息。

综合说来，利率出现的主要原因包括：

（1）延迟消费。当放款人把金钱借出，就等于延迟了对消费品的消费。根据时间偏好原则，消费者会偏好现时的商品多于未来的商品，因此在自由市场会出现正利率。

（2）预期的通胀。大部分经济会出现通货膨胀，代表一个数量的金钱，在未来可购买的商品会比现在较少。因此，借款人需向放款人补偿此段期间的损失。

（3）代替性投资。借款人可以选择把金钱放在其他投资上。由于机会成本，借款人把金钱借出，等于放弃了其他投资的可能回报。

（4）投资风险。贷款人随时有破产、潜逃或欠债不还的风险，放款人需收取额外的金钱，以保证在出现这些情况下，仍可获得补偿。

（5）流动性偏好。人会偏好其资金或资源可随时交易，而不是需要时间或金钱才可取回，利息也是对此的一种补偿。

这里存在一个问题，作为利率应该通过市场和价值规律机制，在某一时点上由供求关系决定的利率，它能真实地反应资金成本和供求关系。但是实际上，利率是由中央银行实施利率管制的，使利率尽力与市场变化相适应。

在现代社会中，利息和利率是沟通实物市场和货币市场的桥梁。无论你是大企业家还是一名普通工人都会关注利息和利率的变化情况。如果你是企业家，那么你会非常乐意在利率大幅下调后向银行进行巨额贷款以增加投资扩展自己的业务；如果你是普通工人，那么在利率大幅上升的时候，你也许会缩减自己的消费，将节省的钱存入银行来赚取利息。

利息收入赶不上物价上涨

你把钱存进银行里，过一段时间后，算上利息在内没有增值，反而贬值了。这就是负利率所引发的。负利率是指利率减去通货膨胀率后为负值。

你把钱存入银行，银行会给你一个利息回报，比如某年的一年期定期存款利率是 3%。而这一年整体物价水平涨了 10%，相当于货币贬值 10%。一边是银行给你的利息回报，一边是你存在银行的钱越来越不值钱了，那么这笔存款的实际收益是多少呢？用利率（明赚）减去通货膨胀率（暗亏），得到的这个数，就是你在银行存款的实际收益。

例如 2008 年的半年期定期存款利率是 3.78%（整存整取），而 2008 年上半年的 CPI 同比上涨了 7.9%。假设你在年初存入 10000 元的半年定期，存款到期后，你获得的利息额：（10000×3.78%）–（10000×3.78%）×5%=359.1 元（2008 年上半年征收 5% 的利息税）；而你的 10000 元贬值额 = 10000×7.9%=790 元。790−359.1=430.9 元。也就是说，你的 10000 元存在银行里，表面上增加了 359.1 元，而实际上减少了 430.9 元。这样，你的银行存款的实际收益为 −430.9 元。

负利率的出现，意味着物价在上涨，而货币的购买能力却在下降。即货币在悄悄地贬值，存在银行里的钱也在悄悄地缩水。

虽然理论推断和现实感受都将负利率课题摆在了百姓面前，但有着强烈储蓄情结的中国老百姓仍在坚守储蓄阵地。银行储蓄一向被认为是最保险、最稳健的投资工具，但也必须看到，储蓄投资的最大弱势是：收益较之其他投资偏低，长期而言，储蓄的收益率难以战胜通货膨胀，也就是说，特殊时期通货膨胀会吃掉储蓄收益。因此，理财不能单纯依赖积少成多的储蓄途径。

面对负利率时代的来临，将钱放在银行里已不合时宜。对于普通居民来说，需要拓宽理财思路，选择最适合自己的理财计划，让“钱生钱”。负利率将会对人们的理财生活产生重大影响。以货币形式存在的财富如现金、银行存款、债券等，其实际价值将会降低，而以实物形式存在的财富如不动产、贵金属、珠宝、艺术品、股票等，将可能因为通货膨胀的因素而获得价格的快速上升。因此，我们必须积极地调整理财思路，通过行之有效的投资手段来抗击负利率。

抵御负利率的手段有很多，首先是进行投资，可以投资基金、股票、房产等，还可以购买黄金珠宝、收藏品。当然，我们必须以理性的头脑和积极的心态来进行投资，不要只看到收益，而忽视风险的存在。

除了投资之外，还要开源节流，做好规划。其中首先就是精打细算。在物价不断上涨的今天，如何用好每一分收入显得尤为重要。每月收入多少、开支多少、结余多少等，都应该做到心中有数，并在此基础上分清哪些是必要的开支、哪些是次要的、哪些是无关紧要的或可以延迟开支的。只有在对自己当前的财务状况明白清楚的情况下，才能做到有的放矢。

其次是广开财源，不要轻易盲目跳槽，在条件允许的情况下找一些兼职，与此同时也要不断地提升自我，增强职场与市场竞争力。

最后就是要做好家庭的风险管理，更具体来说，就是将家庭的年收入进行财务分配，拿出其中的一部分来进行风险管理。而提及风险，就必然要提到保险，保险的保障功能可以使人自身和已有财产得到充分保护，当发生事故的家庭面临资产入不敷出的窘境时，保险金的支付可以弥补缺口，从而降低意外收支失衡对家庭产生的冲击。从这一点来说该买的保险还是要买，不能因为省钱而有所忽视。

总之，你必须行动，不能坐等财产逐渐缩水。其实，负利率不可怕，最可怕的是你面对负利率却无动于衷。

最神奇的财富增值工具

西方人把国际象棋称之为“国王的游戏”。相传国际象棋是一个古波斯的大臣所发明，国王为这个游戏的问世深为喜悦。当时该国正在与邻国交战，当战争进入对峙阶段，谁也无法战胜谁时，两国决定通过下一盘国际象棋来决定胜负。最后，发明国际象棋的这个国家赢得了战争的胜利。国王因此非常高兴，决定给大臣以奖赏。大臣就指着自己发明的棋盘对国王说：“我只想要一点微不足道的奖赏，只要陛下能在第一个格子里放一粒麦子，第二个格子增加一倍，第三个再增加一倍，直到所有的格子填满就行了。”国王轻易地就答应了他的要求：“你的要求未免也太低了吧？”但很快国王就发现，即使将自己国库所有的粮食都给他，也不够百分之一。因为从表面上看，大臣的要求起点十分低，从一粒麦子开始，但是经过很多次的翻倍，就迅速变成庞大的天文数字。

这就是复利的魔力。虽然起点很低，甚至微不足道，但通过复利则可达到人们难以想象的程度。但复利不是数字游戏，而是告诉我们有关投资和收益的哲理。在人生中，追求财富的过程，不是短跑，也不是马拉松式的长跑，而是在更长甚至数十年的时间跨度上所进行的耐力比赛。只要坚持追求复利的原则，即使起步的资金不太大，也能因为足够的耐心加上稳定的“小利”而很漂亮地赢得这场比赛。

据说曾经有人问爱因斯坦：“世界上最强大的力量是什么？”他的回答

不是原子弹爆炸的威力，而是“复利”。著名的罗斯柴尔德金融帝国创立人梅尔更是夸张地称许复利是世界上的第八大奇迹。

那么我们有必要了解一下复利与单利的区别。无论从事何种行业，生活中总会遇到一些存款和借款的情况，因此学会计算利息是很有必要的。利率通常有两种计算方法，单利和复利。

单利的计算方法简单，借入者的利息负担比较轻，它是指在计算利息额时，只按本金计算利息，而不将利息额加入本金进行重复计算的方法。如果用 I 代表利息额，P 代表本金，r 代表利息率，n 代表借贷时间，S 代表本金和利息之和。那么其计算公式为：

$I=P\times r\times n$

$S=P\times(1+r\times n)$

例如某银行向某企业提供一笔为期 5 年、年利率为 10% 的 200 万元贷款，则到期时该企业应付利息为：

$I=P\times r\times n$

$=200\times10\%\times5$

$=100$（万元）

本金和利息为：

$S=P\times(1+r\times n)$

$=200\times(1+10\%\times5)$

$=300$（万元）

复利是指将本金计算出的利息额再计入本金，重新计算利息的方法。这种方法比较复杂，借入者的利息负担也比较重，但考虑了资金的时间价值因素，保护了贷出者的利益，有利于使用资金的效率。复利计算的公式为：

$I=P\times[(1+r)n-1]$

$S=P\times(1+r)n$

若前例中的条件不变，按复利计算该企业到期时应付利息为：

$I=P\times[(1+r)n-1]$

$=200\times[(1+10\%)5-1]$

$=122.102$（万元）

本金和利息为：

S=P×（1+r）n

=200×（1+10%）5

=322.102（万元）

由此可见，和复利相对应的单利只根据本金算利，没有利滚利的过程，但这两种方式所带来的利益差别一般人却容易忽略。假如投入1万元，每一年收益率能达到28%，57年后复利所得为129亿元。可是，若是单利，28%的收益率，57年的时间，却只能带来区区16.96万元。这就是复利和单利的巨大差距。

我们完全可以把复利应用到自己的投资理财活动中。假设你现在投资1万元，通过你的运作每年能赚15%，那么，连续20年，最后连本带利变成了163665元了，想必你看到这个数字后感觉很不满意吧？但是连续30年，总额就变成了662117元了，如果连续40年的话，总额又是多少呢？答案或许会让你目瞪口呆，是2678635元，也就是说一个25岁的年轻人，投资1万元，每年盈利15%，到65岁时，就能获得200多万元的回报。当然，市场有景气有不景气，每年都挣15%难以做到，但这里说的收益率是个平均数，如果你有足够的耐心，再加上合理的投资，这个回报率是有可能做到的。

因此，在复利模式下，一项投资所坚持的时间越长，带来的回报就越高。在最初的一段时间内，得到的回报也许不理想，但只要将这些利润进行再投资，那么你的资金就会像滚雪球一样，变得越来越大。经过年复一年的积累，你的资金就可以攀登上一个新台阶，这时候你已经在新的层次上进行自己的投资了，你每年的资金回报也已远远超出了最初的投资。

当然，复利的巨大作用也会从投资者的操作水平中体现出来。因为，为了抵御市场风险，实现第一年的赢利，投资者必须研究市场信息，积累相关的知识和经验，掌握一定的投资技巧。在这个过程中，需要克服一些困难，但投资者也会养成一定的思维和行为习惯。在接下来的一年里，投资者过去的知识、经验和习惯会自然地发挥作用，并且又会在原来的基础上使自己有一个提高。这样坚持下来，使投资者越来越善于管理自己的资产，进行更熟练的投资，这是在实现个人投资能力的复利式增长。而投资理财能力的持续增长，使投资者有可能保持甚至提高相应的投资收益率。

这种由复利所带来的财富的增长，被人们称为“复利效应”。不但利率中有复利效应，在和经济相关的各个领域其实广泛存在着复利效应。比如，一个国家，只要有稳定的经济增长率，保持下去就能实现经济繁荣，从而增强综合国力，改善人民的生活。

储蓄也要收税

2008 年 10 月 9 日，国务院决定对储蓄存款利息所得暂停征收个人所得税。自此，实行了将近十年的利息税政策暂时告一段落。

什么是利息税呢？利息税实际是指个人所得税的“利息、股息、红利所得”税目，主要指对个人在中国境内储蓄人民币、外币而取得的利息所得征收的个人所得税。对储蓄存款利息所得征收、停征或减免个人所得税（利息税）对经济具有一定的调节功能。

新中国成立以来，利息税曾三度被免征，而每一次的变革都与经济形势密切相关。1950 年，我国颁布《利息所得税条例》，规定对存款利息征收所得税。但当时国家实施低工资制度，人们的收入差距也很小，因而在 1959 年停征了存款利息所得税。1980 年通过的《个人所得税法》和 1993 年修订的《个人所得税法》，再次把利息所得列为征税项目。但是，针对当时个人储蓄存款数额较小、物资供应比较紧张的情况，随后对储蓄利息所得又做出免税规定。

根据从 1999 年 11 月 1 日起开始施行的《对储蓄存款利息所得征收个人所得税的实施办法》，不论什么时间存入的储蓄存款，在 1999 年 11 月 1 日以后支取的，从 11 月 1 日起开始滋生的利息要按 20% 征收所得税。全国人大常委会在 2007 年 6 月 27 日审议了国务院关于提请审议全国人大常委会关于授权国务院可以对储蓄存款利息所得税停征或者减征的决定草案的议案。国务院决定自 2007 年 8 月 15 日起，将储蓄存款利息所得税的适用税率由 20% 调减为 5%。而到了 2008 年 10 月 8 日，国家宣布次日开始取消利息税。

征收利息税是一种国际惯例。几乎所有西方发达国家都将储蓄存款利息所得作为个人所得税的应税项目，多数发展中国家也都对储蓄存款利息所得征税，只是征税的办法有所差异。

美国纳个人所得税，一般约 39%。没有专门的利息税，但无论是工资、存款利息、稿费还是炒股获利，美国纳税局都会把你的实际收入统计得清清楚楚，到时寄张账单给你，你的总收入在哪一档，你就按哪一档的税率纳税。

德国利息税为 30%，但主要针对高收入人群。如果个人存款利息单身者低于 6100 马克、已婚者低于 1.22 万马克，就可在存款时填写一张表格，由银行代为申请免征利息税。

日本利息税为 15%。

瑞士利息税为 35%，而且对在瑞士居住的外国人的银行存款也照征不误。

韩国存款利息被算作总收入的一部分，按总收入纳税。银行每 3 个月计付一次利息，同时代为扣税。

瑞典凡通过资本和固定资产获得的收入，都要缴纳资本所得税，税率为 30%。资本所得包括存款利息、股息、债息及房租等收入。但政府为了鼓励消费，会为那些申请了消费贷款的人提供 30% 的贷款利息补贴。

菲律宾利息税为 20%，在菲的外国人或机构（非营利机构除外）也照此缴纳。

澳大利亚利息计入总收入，一并缴纳所得税。所得税按总收入分不同档次，税率由 20% 至 47% 不等。

当然，也有不征收利息税的国家，例如埃及、巴西、阿根廷及俄罗斯等。而关于中国是否征收利息税，向来有所争论。取消利息税基于以下理由：

（1）利息税主要来源于中低收入阶层，加重了这些弱势群体的经济负担。中低收入者与高收入者相比很难找到比银行存款回报率更高的投资渠道；征收利息税使中低收入者的相对税收重于高收入者。

（2）自从 1999 年征收利息税以来，利息税的政策目标并没有很好地实现。恢复征收利息税以来，居民储蓄存款势头不但没有放慢，反而以每年万亿元以上的速度增长。

2008 年，在央行下调存贷款利率的同时，国务院做出暂停征收利息税的决定。这两个政策一道出台，特别是自 1999 年 11 月 1 日开征以来便一直争议不断的利息税的暂停，对老百姓究竟有啥影响呢？

我们以 2008 年政策的出台为界点，免征利息税对老百姓的影响很小。在存款利率和利息税调整前，一个人 1 万元的一年期定期存款，按照调整前 4.14% 的存款利率，扣除 5% 的利息税后，一年实际可以拿到 393.3 元的利息收入；在下调存款利率和暂时免征利息税后，一个人 1 万元一年期的定期存款按照目前 3.87% 的利率，拿到手里的利息收入有 387 元，仅比政策调整前少了 6.3 元钱。

免征存款利息税，部分弥补了降低利率给普通百姓带来的利息收入的损失，尽管这种补偿是象征性的，但重大财经政策背后的这种“补偿民生”的思维值得肯定。毕竟在现实中，将自己财产的很大一部分放在银行存着以使今后的生活有保障的还是普通百姓。他们多数人对投资理财并不擅长，市场上也无太多投资工具可以为他们服务，因此，他们最信赖的还是存款。

利率变动影响了谁

利率风险是指市场利率变动的不确定性给银行以及投资者造成损失的可能性。利率风险是银行的主要金融风险之一，由于影响利率变动的因素很多，利率变动更加难以预测。

银行日常管理的重点之一就是怎样控制利率风险。利率风险的管理在很大程度上依赖于银行对自身的存款结构进行管理，以及运用一些新的金融工具来规避风险或设法从风险中受益。

风险管理是现代商业银行经营管理的核心内容之一。伴随着利率市场化进程的推进，利率风险也将成为我国商业银行面临的最重要的风险之一。一般将利率风险按照来源不同分为：重新定价风险、收益率曲线风险、基准风险和期权性风险。

1. 重新定价风险

如果银行以短期存款作为长期固定利率贷款的融资来源，当利率上升时，贷款的利息收入是固定的，但存款的利息支出却会随着利率的上升而增加，从而使银行的未来收益减少和经济价值降低。

2. 收益率曲线风险

重新定价的不对称性会使收益率曲线斜率、形态发生变化，即收益率曲线的非平行移动，对银行的收益或内在经济价值产生不利影响，从而形成收益率曲线风险。例如，若以五年期政府债券的空头头寸为10年期政府债券的多头头寸进行保值，当收益率曲线变陡的时候，虽然上述安排已经对收益率曲线的平行移动进行了保值，但该10年期债券多头头寸的经济价值还是会下降。

3. 基准风险

一家银行可能用一年期存款作为一年期贷款的融资来源，贷款按照美国国库券利率每月重新定价一次，而存款则按照伦敦同业拆借市场利率每月重新定价一次。虽然用一年期的存款为来源发放一年期的贷款，由于利率敏感性负债与利率敏感性资产重新定价期限完全相同而不存在重新定价风险，但因为其基准利率的变化可能不完全相关，变化不同步，仍然会使该银行面临因基准利率的利差发生变化而带来的基准风险。

4. 期权性风险

若利率变动对存款人或借款人有利，存款人就可能选择重新安排存款，借款人可能选择重新安排贷款，从而对银行产生不利影响。如今，越来越多的期权品种因具有较高的杠杆效应，还会进一步增大期权头寸可能会对银行财务状况产生不利影响。

对于老百姓来说，也存在利率风险的问题。对很多追求稳定回报的投资者来说，大多会选择风险小、信用度高的理财产品，比如银行存款和有“金边债券”之称的国债。不少投资者认为，银行存款和国债绝对没有风险，利率事先已经确定，到期连本带息是少不了的。的确，至少从目前来看，银行和国家的信用是最高的，与之相关的金融产品风险也很小，但并不是说完全没有风险，比如央行加息，无论是银行存款还是国债，相关风险也会随之而产生，这里就是利率风险中的一种。

定期存款是普通老百姓再熟悉不过的理财方式，一次性存入，存入一定的期限（最短3个月，最长5年），到期按存入时公布的固定利率计息，一次性还本付息。想来这是没有什么风险可言，但一旦遇到利率调高，因为定期存款是不分段计息的，不会按已经调高的利率来计算利息，那些存期较长的定期存款就只能按存入日相对较低的利率来计息，相比已调高的利率就显得划不来了。

那么如何规避风险呢？平时应该尽量关注宏观经济政策的变化，如果货币政策向紧缩方向发展，存入的期限最好不要太长，1 年期比较适当；如果货币政策宽松的话则相反，从而规避利率下跌的风险；如果存入时间不长的话，可以到银行办理重新转存的业务。

凭证式国债也是老百姓最喜欢的投资产品之一，其因免税和利率较高而受到追捧，不少地方在发行时根本买不到，于是不少人购买国债时就选择长期的，也就是买 5 年期的，却不知一旦市场利率上升，国债的利率肯定也会水涨船高。类似于银行定期存款，国债提前支取要收取千分之一的手续费，而且半年之内是没有利息的。扣除了这些因素后，如果划得来的话，可以提前支取转买新一期利率更高的国债。

关注记账式国债的人比较少，但其确实是一种较好的投资，记账式国债收益可分为固定收益和做市价差收益（亏损）。固定利率是经投标确定的加权平均中标利率，一般会高于银行，其风险主要来自债券的价格。如果进入加息周期，债券的价格就会看跌，债券的全价（债券净价加应收计息）可能会低于银行存款利率甚至亏损。

由于债券价格与市场利率成反比，利率降低，债券价格上升；利率上升，则债券价格下跌。因此，投资者在投资记账式国债的时候可以根据利率的变化预期做出判断，若预计利率将上升，可卖出手中债券，待利率上升导致债券价格下跌时再买入债券，这时的债券实际收益率会高于票面利率。

总之，利率也是有风险的。投资者一定要根据自己的实际情况合理地进行资产配置，在财务安全的前提下获得更高的收益。

预期通货膨胀率与利率的关系

著名的经济学家费雪第一个揭示了通货膨胀率预期与利率之间关系的一个发现，他指出当通货膨胀率预期上升时，利率也将上升。

假如银行储蓄利率为5%，某人的存款在一年后就多了5%，是说明他富了吗？这只是理想情况下的假设。如果当年通货膨胀率3%，那他只富了2%的部分；如果是6%，那他一年前100元能买到的东西现在要106元了，而存了一年的钱现在只有105元，他反而买不起这东西了！这可以说就是费雪效应的通俗解释。

费雪是美国经济学家、数学家、经济计量学的先驱者之一。他生于纽约州的少格拉斯。1890年费雪开始在耶鲁大学任数学教师，1898年获哲学博士学位，同年转任经济学教授直到1935年。1926年开始在雷明顿、兰德公司任董事等职。1929年，他与熊彼特、丁伯根等发起并成立计量经济学会，1931～1933年任该学会会长。

费雪对经济学的主要贡献是在货币理论方面阐明了利率如何决定和物价为何由货币数量来决定，其中尤以贸易方程式（也叫费雪方程式）为当代货币主义者所推崇。费雪方程式是货币数量说的数学形式，即MV=PQ。其中M为货币量，V为货币流通速度，P为价格水平，Q为交易的商品总量。该方程式说明在V、P比较稳定时，货币流通量M决定物价P。

费雪方程式将名义利率与预期通胀联系起来，用来分析实际利率的长期行为，并因此把我们的注意力引向一个关于货币增长、通货膨胀与利率的重要关系：长期中当所有的调整都发生后，通货膨胀的增加完全反映到名义利率上，即要求名义利率对通货膨胀的一对一的调整，这种长期效应被称之为“费雪效应”。

在某种经济制度下，实际利率往往是不变的，因为它代表的是你的实际购买力。于是，当通货膨胀率变化时，为了求得公式的平衡，名义利率，也就是公布在银行的利率表上的利率会随之而变化。正是因为这个原因，在上世纪90年代初物价上涨时，中国人民银行制定出较高的利率水平，甚至还有保值贴补率；而当物价下跌时，中国人民银行就一而再再而三地降息。费雪效应表明：物价水平上升时，利率一般有增高的倾向；物价水平下降时，利率一般有下降的倾向。

如果费雪效应存在，则名义利率的上升并非指示紧的货币政策而是反映通货膨胀率的上升，因此必须慎用名义利率作为货币政策松紧程度的指标。

费雪效应可分为长期费雪效应和短期费雪效应。长期费雪效应的存在，意味着当通货膨胀和名义利率水平值都显示出强劲的趋势时，这两个时间序列会按同一趋势变化，从而表现出较强的相关性。在长期中通货膨胀与利率之间存在近似一对一的调整关系，表明高的名义利率反映存在高的预期通胀率，并不反映货币政策的实质内容。通货膨胀上升多少，名义利率就上升多少，因此货币政策可能影响通货膨胀率，但却并不影响实际利率。

同时，短期费雪效应成立说明即使在短期中名义利率的变化也主要反映预期通胀而不是实际利率的变化，从而无论在长期还是在短期，名义利率与货币政策之间的联系都没有得到反映。既然利率不能反映银根的松紧变化，也就不适宜作为我国货币政策的中介目标。这一特殊性一方面是因为我国存贷款利率没有市场化，受政府及央行管制，因此缺乏一个灵敏、有效的市场利率体系；另一方面在于利率作为一种政策工具主要被政府用来控制通胀。此外，利率对平稳物价所起的杠杆作用不仅取决于利率的实际水平，还取决于利率每年的调整幅度，这对将来利率调整幅度的具体确定与计算具有潜在的应用价值。

低风险的赚钱方法

在一般情况下，各个国家的利息率的高低是不相同的，有的国家利息率较高，有的国家利息率较低。利息率高低是国际资本活动的一个重要的函数，在没有资金管制的情况下，资本就会越出国界，从利息率低的国家流到利息率高的国家。套利是指投资者或借贷者同时利用两地利息率的差价和货币汇率的差价，流动资本以赚取利润。套利分为非抵补套利和抵补套利两种。

1. 非抵补套利

非抵补套利指套利者仅仅利用两种不同货币所带有的不同利息的差价，而将利息率较低的货币转换成利息率较高的货币以赚取利润。在买或卖某种即期通货时，没有同时卖或买该种远期通货，承担了汇率变动的风险。

在非抵补套利交易中，资本流动的方向主要是由非抵补利差决定的。设英国利息率为 Iuk，美国的利息率为 Ius，非抵补利差为 UD，则有：

UD=Iuk−Ius

如果 luk ＞ lus，UD ＞ 0，资本由美国流向英国，美国人要把美元兑换成英镑存在英国或购买英国债券以获得更多利息。非抵补套利的利润的大小，是由两种利息率之差的大小和即期汇率波动情况共同决定的。在即期汇率不变的情况下，两国利息率之差越大套利者的利润越大。在两国利息率之差不变的情况下，利息率高的通货升值，套利者的利润越大；利息率高的通货贬值，套利者的利润减少，甚至为零或者为负。

设英国的年利息率 luk=10%，美国的年利息率 lus=4%，英镑年初的即期汇率与年末的即期汇率相等。在 1 年当中英镑汇率没有发生任何变化，设为 2.8 ∶ 1，美国套利者的本金为 1000 美元。这个套利者在年初把美元兑换成英镑存在英国银行，折换成 357 英镑。那么 1 年后所得利息为 35.7 英镑，也就是 100 美元。这是套利者所得到的毛利润。如果该套利者不搞套利而把 1000 美元存在美国银行，他得到的利息为 40 美元，这 40 美元是套利的机会成本。所以，套利者的净利润为 60 美元。

实际上，在 1 年当中，英镑的即期汇率不会停留在 2.8 ∶ 1 的水平上不变。如果年末时英镑的即期汇率为 2.4 ∶ 1，由于英镑贬值，35.7 英镑只能兑换成 85 美元，则套利者的净利润由 60 美元减到 45 美元。这说明套利者在年初做套利交易时，买即期英镑的时候没有同时按一定汇率卖 1 年期的远期英镑，甘冒汇率变动的风险，结果使其损失了 15 美元的净利息。从这个例子可以看出，英镑贬值越大，套利者的损失越大。当然，如果在年末英镑的即期汇率达到 3 ∶ 1，这个套利者就太幸运了，化险为夷，他的净利润会达到 67 美元了。

2. 抵补套利

汇率变动也会给套利者带来风险。为了避免这种风险，套利者按即期汇率把利息率较低通货兑换成利息率较高的通货。存在利息率较高国家的银行或购买该国债券的同时，还要按远期汇率把利息率高的通货兑换成利息率较低的通货，这就是抵补套利。

还以英、美两国为例，如果美国的利息率低于英国的利息率，美国人就愿意按即期汇率把美元兑换成英镑存在英国银行。这样，美国人对英镑的需求增加。英镑的需求增加，在其他因素不变的情况下，英镑的即期汇率要提高。另一方面，套利者为了避免汇率变动的风险，又都按远期汇率签订卖远期英镑的合同，使远期英镑的供给增加。远期英镑的供给增加，在其他因素不变的情况下，远期英镑的汇率就要下跌。于是，得出这样一条结论：利息率较高国家通货的即期汇率呈上升趋势，远期汇率呈下降趋势。根据这一规律，资本流动的方向不仅仅是由两国利息率差价决定的，而且是由两国利息率的差价和利息率高的国家通货的远期升水率或贴水率共同决定的。抵补利差为 CD，英镑的贴水率或升水率为 F ￡，则有：

CD=Iuk−Ius+F ￡

如果英国利息率 Iuk=10%，美国利息率 Ius=4%，远期英镑的贴水率 F ￡=−3%，CD=10%−4%−3%=3%>0，这时资本会由美国流到英国。因为套利者认为，尽管远期英镑贴水使他们利润减少，但仍然有利润可赚。如果远期英镑的贴水率 F ￡=−8%，其他情况不变，CD=10%−4%−8%=−2%<0，这时，资本会由英国流向美国。因为套利者认为，远期英镑贴水率太高，不但使他们的利润减少，而且使他们的利润为负。而英国人则愿意把英镑以即期汇率兑换成美元，以远期汇率把美元兑换成英镑，使资本由英国流到美国。

下面，再用一个例子说明抵补套利的实际情况。设套利者的本金为 1000 美元，Iuk=10%，Ius=4%，英镑即期汇率为 2.8 ∶ 1，英镑远期汇率为 2.73 ∶ 1。套利者年初把美元换成英镑存在英国银行，也就是 357 英镑。1 年后所得利息为 35.7 英镑。

根据当时签订合同的远期汇率，相当于 97 美元（35.7×2.73），这是套利者的毛利润，从中减去套利的机会成本 40 美元（1000×4%），套利者所得的净利润为 57 美元（97−40）。这个例子说明，套利者在买即期英镑的同时，以较高远期英镑汇率卖出英镑，避免英镑汇率大幅度下降产生的损失，在 1 年之后，即期英镑汇率为 2.4 ∶ 1，套利者仍按 2.73 ∶ 1 的汇率水平卖出英镑。

实际上，套利活动不仅使套利者赚到利润，在客观上起到了自发地调节资本流动的作用。一个国家利息率高，意味着那里的资本稀缺，急需要资本。一个国家利息率较低，意味着那里资本充足。套利活动以追求利润为动机，使资本由较充足的地方流到缺乏的地方，使资本更有效地发挥了作用。通过套利活动，资本不断地流到利息率较高的国家，那里的资本不断增加，利息率会自发地下降；资本不断从利息率较低国家流出，那里的资本减少，利息率会自发地提高。套利活动最终使不同国家的利息率水平趋于相等。

第九章

理财：用今天的钱打理明天的生活

你不理财，财不理你

有一对兄弟，哥哥善于理财，成为富人，弟弟则是穷人。哥哥看弟弟很可怜，就送了弟弟一头牛，说你把牛养着，到了来年春天，我再送给你些种子，种下去，到了秋天就可以有收获。弟弟就开始悉心养牛，可是养了一段时间，觉得原来只是供自己吃，现在又要供牛吃，日子过得更加艰难了。

弟弟实在忍受不下去了，心想："我不如把牛卖了，买几只羊吧，先杀一只羊，犒劳自己，然后再让剩下的羊生羊羔繁殖。"于是，他就把牛牵到集市上卖了，买回几只羊，杀了一只，美美地吃了一段时间。可是过了一段时间，他又忍受不下去了，就又杀了一只羊，最后只剩一只羊了。他就把那只羊卖了，买了几只鸡，心想鸡吃得少，将来通过鸡蛋孵小鸡也不错。可是过了一段时间，他又忍不下去了，开始一只一只地杀鸡。

好不容易熬到了来年春天，可是只剩最后一只鸡了。他的生活也越来越艰难，实在没有办法，就把心一横，连那最后一只鸡也给杀了。哥哥来给他送种子的时候，他正在吃鸡肉、喝鸡汤。他热情地邀请哥哥入座，哥哥什么也没有说，拂袖而去。

后来，这个弟弟一直在贫困线上挣扎。

有句话叫"你不理财，财不理你"，这个故事说明了理财的重要性。理财之路并不平坦，理财需要毅力，更需要智慧。

理财的实质是牺牲眼前的消费以增加未来的消费，而人性的弱点是贪图眼前，总是被眼前利益所诱惑。理财是要付出成本的，理财所要付出的成本就是牺牲眼前的消费，收益则是未来消费的增加。牺牲眼前的消费是一笔小钱，到了将来却会得到一笔大钱。理财最简单的方法是量入为出，一个人，如果每天收入 20 元，却花掉 21 元，那将是一件非常危险的事情；相反，如果他每天收入 20 元，却只花掉 19 元，他则会有 1 元的节余。这个道理谁都懂，但是知道是一回事，能不能身体力行又是另外一回事，很多人就是在明知这个道理的情况下破产的。

世界上不想发大财的人是没有的，问题是如何发大财。一般来说，发大财的人都经历过一个挣小钱的过程。在这个过程中，小钱不断积累，时间久了，你就有了大钱，这不但是钱财的积累，更重要的是经验、能力、社会关系等人力资本的积累，到了一定程度，你就具备了挣大钱的素质。你开始做小生意，一天赚 10 块钱，生意慢慢做大了，一天就会赚几万块钱。投资家沃伦・巴菲特的投资生涯是从卖报纸开始的，橡胶大王王永庆也是从小作坊开始的。可是许多人，就是不想经历挣小钱的过程，整天做着发财梦，直到想白了少年头，仍是两手空空。

可能不少人会有这种感觉：一到月底就觉得手头很紧，可是回头看看，发现自己虽然花了很多钱却没有买几样有价值的东西或办几件重要的事，一年下来自己没办成什么大事情，也没有存下钱来！这是为什么呢？原因是你没有给自己制定科学的理财规划，或者虽然制定了理财规划却没有坚持执行。

理财是一门高深的学问，太节省的人要学会花钱，太浪费的人要学会省钱。花钱，绝不是拿 1 元钱买价值 1 元的货这么简单。花了 1 元钱，却得到了价值 1.2 元甚至价值 1.5 元的货，这才真正叫会花钱。

小李善于持家，周围人很羡慕他。

这天，几个好朋友聚在一起，大家要小李介绍一下自己的经验。小李一点都不谦虚，说："这有什么问题？最近我刚刚发现一个既能省钱，又不影响花钱的好办法！""什么办法？"大家显得很急切，异口同声地问道。

小李说："那我就给你们举个例子吧！比如上周我在家乐福看上一条裙子，我忍住了，就把买裙子的钱省下来了。"大家不禁一片赞叹，都很钦佩她的忍功。小李又说："这周我在商场看上了一件真丝衬衫，忍住了没买，把买真丝衬衫的钱也省下来了！""这是截流理财法。"旁边一个朋友的话还没说完，小李突然间果断地说道："今天我实在忍不住了，就把不买裙子省下来的钱去买了衬衫，再用不买衬衫省下来的钱去买了裙子。"

看来，小李会持家理财，只是徒有其名。理财之路不平坦，我们不仅仅需要知难而进的精神和坚忍顽强的毅力，还需要不断地学习、探索和实践，才能让自己的财富之树茁壮成长。要想增加自己的财富，必须拥有理财的智慧。

理财并不是要等到有钱了才开始，其实不论你是购物还是到银行存款、购买保险，都是在理财。简单说来，理财规划包括以下这些内容：

1. 证券投资规划

每个人总有一些储蓄，这些储蓄或者是留在手里以备不时之需的"活钱"，或者是为将来某项大额支出预备的"基金"，或者是积攒下来的纯粹的"余钱"。对于"活钱"，必须能够随时变现，否则一遇紧急情况就周转困难了；对于支出"基金"，需要在一定时期变现；对于纯粹的"余钱"，要求保值增值。这些钱如果全部存到银行，收益是比较低的，因此可以拿出一部分进行风险虽高但收益也高的证券投资。

2. 不动产投资规划

如果你还没有房子，那么你就需要计划怎么解决住的问题。租房子划算还是买房子划算？抑或是先租后买，或者先买后出租？如果打算买房子，买房时是一次付清还是按揭贷款？按揭贷款的首付比例又是多少合适？如果你已经拥有了第一套住房，你还可以考虑再购买房子以保值增值，那么你应把资产的多大比例投资到不动产上？选择什么时机买入，又选择什么时机卖出？

3. 子女教育规划

子女的教育支出是越来越多的家庭面临的大项支出，因此你必须早作打算。按照你的承受能力，子女要接受什么水平的教育？需要多少支出？在现有的支出约束下，怎样才能受到更好的教育？

4. 保险规划

风险时刻存在，你必须为自己的家庭计划好保险保障，防止一旦发生意外导致整个家庭陷入困境。拿出多少钱来购买保险？购买些什么保险？

保险实际上是一种分散风险、集中承担的社会化安排。从经济学角度看，保险是对客观存在的未来风险进行转移，把不确定损失转化为确定成本——保险费。拿意外伤害来说，我们每个人每时每刻都面临着遭受意外伤害的风险，但谁也无法确定到底会不会发生、何时发生，有时一旦发生就可能非常严重，昂贵的医疗费用甚至会使有的家庭走向崩溃的边缘。保险则由保险公司把大家组织起来，每个人缴纳保费，形成规模很大的保险基金，集中承担每个人可能发生的意外伤害损失。可见对于个人而言，保险就是在平时付出一点保费，以期在发生风险的时候获得足够补偿，不致遭受重大冲击。

保险中的可保风险仅指纯风险，就是只有发生损失的可能，而没有获利的可能。比如身体生病、财产被偷等就是纯风险。投资股票就不是纯风险，因为投资股票不仅可能亏损，也可能赚大钱。所以，保险公司是不会为股票投资上保险的。

个人理财，理性第一

旅鼠是一种普通、可爱的小动物，常年居住在北极，体形椭圆，四肢短小。旅鼠的繁殖能力极强，从春到秋均可繁殖，妊娠期 20 ~ 22 天，一胎可产 9 子，一年多胎。照此速度，每只母鼠一生可生下上千只后代。

当旅鼠的数量急剧膨胀，达到一定的密度，例如一公顷有几百只之后，奇怪的现象就出现了：这时候，几乎所有的旅鼠都变得焦躁不安起来，它们东跑西颠，吵吵嚷嚷，且停止进食，似乎是大难临头，世界末日就要到来似的。

旅鼠的数量实在太多，渐渐形成大群，开始时似乎没有什么方向和目标，到处乱窜，就像是出发之前的忙乱一样。但是后来，不知道是谁下了命令，也不知谁带头，它们却忽然朝着同一个方向，浩浩荡荡地出发了。往往是白天休整进食，晚上摸黑前进，沿途不断有旅鼠加入，而且队伍会愈来愈大，常常达数百万只，逢山过山，遇水涉水，勇往直前，前赴后继，沿着一条笔直的路线奋勇前进，绝不绕道，更不停止，一直奔到大海，仍然毫无惧色，纷纷跳下去，直到被汹涌澎湃的波涛所吞没，全军覆没为止。

巴菲特将投资者盲目随大流的行为比喻为旅鼠的成群自杀行为。他的一句话指出了投资的关键所在:“你不需要成为一个火箭专家，投资并非智力游戏，一个智商160的人未必能击败智商为130的人。理性才是投资中最重要的因素。”

20世纪40年代，纽约的某银行来了一位妇人，要求贷款1美元。经理回答，当然可以，不过需要她提供担保。

只见妇人从皮包里拿出一大堆票据说:“这些是担保，一共50万美元。”经理看着票据说:“您真的只借1美元吗？”妇人说:“是的，但我希望允许提前还贷。”经理说:“没问题。这是1美元，年息6%，为期1年，可以提前归还。到时，我们将票据还给你。”

虽心存疑惑，但由于妇人的贷款没有违反任何规定，经理只能按照规定为妇人办了贷款手续。当妇人在贷款合同上签了字，接过1美元转身要走时，经理忍不住问:“您担保的票据值那么多钱，为何只借1美元呢？即使您要借三四十万美元，我们也很乐意。”

妇人坦诚地说:“是这样，我必须找个保险的地方存放这些票据。但是，租个保险箱得花不少费用，放在您这儿既安全又能随时取出，一年只要6美分，划算得很。”妇人的一番话让经理恍然大悟，茅塞顿开。

这位妇人不愧是理财的高手！其实，在我们身边也有些看似平凡者，却积累了非凡的财富，其秘诀就是他们善于理财，因而比旁人获得了更多的成功。

让财富增值，就需要投资，有投资就有风险。风险是由市场的变化引起的，市场的变化就像一个陷阱，会将你投入的资金吞没。变化之中，有你对供需判断的失误，也有合作方给你设置的圈套。股票市场，一不小心就会被套牢；谈判桌上，一不小心，就会受制于人；市场竞争，一不小心就会被对手挤出市场。

美国著名经济学家萨缪尔森是麻省理工学院的教授，有一次，他与一位同事掷硬币打赌，若出现的是他要的一面，他就赢得1000美元；若不是他要的那面，他就要付给那位同事2000美元。

这么听起来，这个打赌似乎很有利于萨缪尔森的同事。因为，倘若同事出资1000美元的话，就有一半的可能性赢得2000美元，不过也有一半的可能性输掉1000美元，可是其真实的预期收益却是500美元，也就是50%×2000+50%×（−1000）=500。

不过，这位同事拒绝了："我不会跟你打赌，因为我认为1000美元的损失比2000美元的收益对我而言重要得多。可要是扔100次的话，我同意。"

对于萨缪尔森的同事来说，掷硬币打赌无疑是一项风险投资，不确定性很大，无异于赌博，任何一个理性的投资人都会拒绝的。

有人做过一个标准的掷硬币实验，结果显示，掷10次、100次与1000次所得到正面的概率都约为50%，不过掷1000次所得到正面的概率要比扔10次更加接近50%。重复多次这种相互独立而且互不相关的实验，同事的风险就规避了，他就能稳定地受益。我们在投资的时候，也要像萨缪尔森的这位同事一样，要稳扎稳打，而不要抱着赌徒的心态去冒险。

因此，并不是每个人都具备投资的条件。可以说，大多数人是心有余而力不足，投资者应该具备哪些条件呢？

第一，应该审查一下家庭和个人的经济预算。如果近期要等钱用的话，最好不要投资股票，哪怕是被认为的最优股也不宜购买。因为股票即使从长期来看是好的，但两三年内股价是升是降还很难说。只有在不等钱用的时候，或者即使损失了本钱，生活也不至于受影响的时候，才能投资。所以，投资者应有充分的银行存款足以维持一年半载的生活以及临时急用。除了购买公债没有风险外，其他投资都有风险。

第二，不应在负债的情况下投资。应将债务先偿清，或在自己还贷能力绰绰有余时再投资。因为投资的收益没有100%保障，所以投资者不宜借贷投资。

第三，在投资前应有适当的保险，如人寿保险、医疗保险、住宅保险等。

第四，投资应从小额开始，循序渐进。投资过多是大多数投资者失败的原因之一。不把所有的鸡蛋放到一个篮子里，分散投资，使投资多元化，也是规避风险的重要手段之一。

如果没有一定的心理素质和辨别能力，随时都有可能跌入陷阱。你必须眼观六路，耳听八方，你要不断地提升你自己，才能应对突如其来的变化，才能避开风险，走上坦途。

投资组合就是由投资人或金融机构所持有的股票、债券、衍生金融产品等组成的集合，它的目的在于分散投资风险。投资者选择适合自己的投资组合，进行理性投资，以不影响个人的正常生活为前提，把实现资本保值、增值、提升个人的生活质量作为投资的最终目的。因此，个人投资首先必须使财产、人生有一定保障，无论采取什么样的投资组合模式，无论比例大小，储蓄和保险都应该是个人投资中不可或缺的组成部分。

如何才能惬意地生活

美国第一理财大师苏茜·欧曼被誉为“全球最出色，最富有激情，也是最美丽的个人理财师”，也可能是身价最高的理财师——和她共进晚餐的费用是1万美元。尽管如此，人们依然求之不得，因为从她那里获得的理财建议，带给你的财富可能远远不止 1 万美元。她被《今日美国》杂志称作是“个人理财的发电站”。

她原本只是一个平凡的女子，但对财富的追求改变了她的一生，也改变了很多人。这位美国个人理财权威曾经现身上海，接受了《钱周刊》的专访，对于什么是财务自由，苏茜给出了她自己的答案：

财务自由不是拥有百万、千万美元，而是感觉到自由，了解你自己和你所拥有的，知道即使明天因为生病或是公司裁员你丢了工作，你也不会有大麻烦，仍旧可以舒适地生活一段时间，不必发愁立即找工作。等你年老退休时，也许你的生活不算豪华奢侈，但你可以生活得很舒适，不会欠账，偶尔出去旅行，能自给自足。等你去世的时候，你留给家庭的财富会超过你原本拥有的。

想达到这种财务自由，首先要做的就是树立理财的意识，使已有的钱既保值又增值。现在适合个人投资理财的方式有很多种：储蓄、股票、保险、收藏、外汇、房地产等，面对如此多的理财方式，最关键的问题是要选择适合自己的理财方式。

1. 职业

有的人认为个人投资理财首先需要投入大量的时间，即如何将有限的生命进行合理的分配，以实现比较高的回报。你所从事的职业决定了你能够用于理财的时间和精力，而且在一定程度上也决定了你理财的信息来源是否及时充分，由此也就决定了你的理财方式的取舍。例如，如果你的职业要求你经常奔波来往于各地，甚至很少有时间能踏实地看一回报纸或电视，显然你选择涉足股市是不合适的，尽管所有的证券公司都能提供电话委托等快捷方便的服务，你所从事的职业也必然会影响到你的投资组合。

2. 收入

投资理财，首先要有一定的经济基础，对于一般普通家庭而言就是工资收入。你的收入多少决定了你的理财力度，那些超过自身财力，“空手道”式的理财方式不是一般人能行的。所以很多理财专家常告诫人们说将收入的 1/3 用于储蓄，剩余 1/3 用于投资生财。按此算来，你的收入就决定了这最后 1/3 的数量，并进而决定了你的理财选择。比如，同样是选择收藏作为理财的主要方式，若资金太少而选择收藏古玩无疑会困难重重。相反，如果以较少的资金选择投资不大，但升值潜力可观的邮票、纪念币等作为收藏对象，不仅对当前的生活不会产生影响，而且还会获得相当的收益。

3. 年龄

年龄代表着阅历，是一种无形的资产。一个人在不同的年龄阶段需要承担的责任不同，需求不同，抱负不同，承受能力也不同，所以不同年龄阶段有不同的理财方式。对于现代人而言，知识是生存和发展的基础，在人生的每一个阶段都必须考虑将一部分资金投资于教育，以获得自身更大的发展。当然，年龄相对较大的人在这方面的投资可以少些。因为年轻人未来的路还很长，偶尔的一两次失败也不用怕，还有许多机会重来，而老年人由于生理和心理方面的原因，相对而言承受风险的能力要小一些。因此，年轻人应选择风险较大、收益也较高的投资理财组合，而老年人一般应以安全性较大、收益比较稳定的投资理财组合为佳。

4. 性格

性格决定个人的兴趣爱好以及知识面，也决定其是保守型的，还是开朗型的；是稳健型的，还是冒险型的，进而决定其适合哪种理财方式。个人理财的方式有很多种，各有其优缺点。比如，储蓄是一种传统的重要的理财方式，而国债是众多理财方式中最为稳妥的，股票的魅力在于收益大、风险也大，房地产的保值性及增值性是最为诱人的，至于保险则以将来受益而吸引人们，等等。每一种投资理财方式都不可能让所有人在各个方面都得到满足，只能根据个人的性格决定。如果你是属于冒险型的，而且心理素质不错，能够做到不以股市的涨落而喜忧，那么，你就可以将一部分资金投资于股票。相反，如果你自认为属于稳健型的，那么，储蓄、国债、保险以及收藏也许是你的最佳选择。

不把鸡蛋放在一个篮子里

组合投资有三句箴言："不要把所有的鸡蛋放在同一个篮子里"，意味着要分散风险；"不要一个篮子里只放一个鸡蛋"，即组合投资并不意味着把钱过度分散，过度分散反而会降低投资收益；"把鸡蛋放在不同类型的篮子里"，不同类型的篮子是指相关系数低的投资产品，例如股票基金与债券基金各买一些，这样的组合才能发挥组合投资的优势。

"股神"巴菲特在为他的恩师，同时也是其上一代最成功的投资大师本杰明·格雷厄姆的巨著《聪明的投资者》所作的序言中写道："要终生投资成功，不需要超高的智商、罕见的商业眼光或内线消息，需要的是作决定的健全心态架构、避免情绪侵蚀这种架构的能力。"在书中格雷厄姆也给投资者这样的忠告，即投资者应合理规划手中的投资组合。比如说 50% 的资金应保证 25% 的债券（或与债券等值的投资）和 25% 的股票投资，另外 50% 的资金可视股票和债券的价格变化而灵活分配其比重。当股票的赢利率高于债券时，投资者可多购买一些股票；当股票的赢利率低于债券时，投资者则应多购买债券。当然，格雷厄姆也特别提醒投资者，上述规则只有在股市牛市时才有效。一旦股市陷入熊市时，投资者必须当机立断卖掉手中所持有的大部分股票和债券，而仅保持 25% 的股票或债券。这 25% 的股票和债券是为了以后股市发生转向时所预留的准备。

美国经济学家马科维茨 1952 年首次提出投资组合理论，并进行了系统、深入和卓有成效的研究。该理论包含两个重要内容：均值－方差分析方法和投资组合有效边界模型。马科维茨的真知灼见是，风险为整个投资过程的重心，一项投资计划若没有风险，困难将不存在，但利润亦相应低微。风险意味着可能发生的事较预期发生的更多！我们并不期待居住的楼宇发生火灾，但火灾可能发生，为了避免这种可能损失，只有买保险；同理，我们不希望所持的股票跌价，然而它可能下跌，因此我们不把所有资金购买一种股票，即使它看起来前景那么美好。马科维茨用资本资产定价模型来解答投资者如何在风险和收益之间做出取舍，即如何建立一个风险和报酬均衡的投资组合。所谓理性投资者，是指投资者能在给定期望风险水平下对期望收益进行最大化，或者在给定期望收益水平下对期望风险进行最小化。

人们进行投资，本质上是在不确定性的收益和风险中进行选择。投资组合理论用均值－方差来刻画这两个关键因素。所谓均值，是指投资组合的期望收益率，它是单只证券的期望收益率的加权平均，权重为相应的投资比例，用均值来衡量投资组合的一般收益率。所谓方差，是指投资组合的收益率的方差。我们把收益率的标准差称为波动率，它刻画了投资组合的风险。

提供最高回报率的有效投资组合的投资基金在 20 世纪 70 年代风起云涌，如雨后春笋般纷纷成立，带热了华尔街甚至全球的金融业，令基金市场成为以万亿美元计的大生意。这是建立在马科维茨投资组合理论之上的，而马科维茨也因此获得了 1990 年的诺贝尔经济学奖。

由于投资者类型和投资目标不同，我们选择合理投资组合时可以参考下面三种基本模式：

1. 冒险速进型投资组合

这一投资组合模式适用于那些收入颇丰、资金实力雄厚、没有后顾之忧的个人投资者。其特点是风险和收益水平都很高，投机的成分比较重。

这种组合模式呈现出一个倒金字塔形结构，各种投资在资金比例分配上大约为：储蓄、外汇、房地产等投资为 50% 左右。

投资者要慎重采用这种模式，在做出投资决定之前，首先要正确估计自己承受风险的能力（无论是经济能力，还是心理承受能力）。对于高薪阶层来说，家庭财富比较殷实，每月收入远远高于支出，那么，将手中的闲散资金用于进行高风险、高收益组合投资，更能见效。由于这类投资者收入较高，即使偶有损失，也容易弥补。

2. 稳中求进型投资组合

这一类投资组合模式适用于中等以上收入、有较大风险承受能力、不满足于只是获取平均收益的投资者，他们与保守安全型投资者相比，更希望个人财富能迅速增长。

这种投资组合模式呈现出一种锤形组织结构。各种投资的资金分配比例大约为：储蓄、保险投资为 40% 左右，债券投资为 20% 左右，基金、股票为 20% 左右，其他投资为 20% 左右。

这一投资模式适合以下两个年龄段的人群：从结婚到 35 岁期间，这个年龄段的人精力充沛，收入增长快，即使跌倒了，也容易爬起来，很适合采用这种投资组合模式；45~50 岁之间，这个年龄阶段的人，孩子成年了，家庭负担减轻且家庭略有储蓄，也可以采用这种模式。

3. 保守安全型投资组合

这一类投资组合模式适用于收入不高，追求资金安全的投资者。保守安全型投资组合市场风险较低，投资收益十分稳定。

保守安全型的投资组合模式呈现出一个正金字塔形结构。各种投资的资金分配比例关系大约为：储蓄、保险投资为 70%（储蓄占 60%，保险 10%）左右，债券投资为 20% 左右，其他投资为 10% 左右。保险和储蓄这两种收益平稳、风险极小的投资工具构成了稳固、坚实的塔基，即使其他方面的投资失败，也不会危及个人的正常生活，而且不能收回本金的可能性较小。

合理避税也是一种理财方式

一提到避税，你可能会问：“纳税是不可推脱的责任，怎么又要说合理避税了？”“避税不是违法犯罪的事么？我们怎么能做？”对于这个问题，我们应该辩证看待。避税和逃税不同，避税是在合理的方式下，减少税务支出，而逃税是在必须纳税的项目上不纳。

合理避税也称为节税或税务筹划，指纳税人根据政府的税收政策导向，通过经营结构和交易活动的安排，对纳税方案进行优化选择，以减轻纳税负担，取得正当的税收利益。

从目前看，个人可以通过投资避税和收入避税两种方法有效避税：

1. 投资避税

个人投资者可以充分利用我国对个人投资的各种税收优惠政策来合理避税。目前对个人而言，运用得最多的方法还是投资避税，投资者可以利用的主要有股票、基金、国债、教育储蓄、保险产品以及银行推出的本外币理财产品等投资品种。

投资基金，由于基金获得的股息、红利以及企业债的利息收入，已经由上市公司在向基金派发时代扣代缴了 20% 的个人所得税。基金向个人投资者分配红利的时候不再扣缴个人所得税，目前股票型基金、债券型基金和货币型基金等开放式基金派发的红利都是免税的。对于那些资金状况良好、追求稳定收益的投资者而言，利用基金投资避税无疑是一种不错的选择。

国债作为“金边债券”，不仅是各种投资理财手段中最稳妥安全的方式，也因其可免征利息税而备受投资者的青睐。虽然由于加息的影响，债券收益的诱惑力有所减弱，但对于那些风险承受能力较弱的老年投资者来说，利用国债投资避税也是值得考虑的。

除此之外，对于那些家有“读书郎”的普通工薪家庭来说，利用教育储蓄来合理避税也是一种不错的选择。相比普通的银行储蓄，教育储蓄是国家为了鼓励城乡居民积累教育资金而设立的，其最大的特点就是免征利息税，因此教育储蓄的实得收益比其他同档次储蓄高出 20%。但教育储蓄并非是人人都可办理的，其对象仅仅针对小学四年级以上（含）的在校学生，存款最高限额为 2 万元。

除了上述投资品种之外，目前市场上常见的本外币理财产品也是可以避税的。

在这些常见的投资理财产品之外，因为我国的税法规定“保险赔款免征个人所得税”，因此投资者还可以利用购买保险来进行合理避税。从目前看，无论是分红险、养老险还是意外险，在获得分红和赔偿的时候，被保险人都不需要缴纳个人所得税。因此对于很多人来说，购买保险也是一个不错的理财方法，在获得所需保障的同时还可合理避税。

此外，公积金和信托产品也是不需缴纳个人所得税的。公积金虽然可以避税，但是不能随意支取，资金的流动性并不强。信托产品所获的收益也不需缴纳个人所得税，但由于信托产品的投资门槛和风险较高，不是大部分普通投资者都可投资的产品。

2. 收入避税

除了投资避税之外，还有一种税务筹划方法经常被人忽视，那就是收入避税。由于国家政策——如产业政策、就业政策、劳动政策等导向的因素，我国现行的税务法律法规中有不少税收优惠政策，作为纳税人，如果充分掌握这些政策，就可以在税收方面合理避税，提高自己的实际收入。

比如那些希望自主创业的人，根据政策规定，在其雇佣的员工中，下岗工人或退伍军人超过 30% 就可免征 3 年营业税和所得税。对于那些事业刚刚起步的人而言，可以利用这一鼓励政策，轻松为自己免去 3 年税收。

而对于大众而言，只要掌握好国家对不同收入人群征收的税基、税率有所不同的政策，也可巧妙地节税。

小王是一家网络公司的职员，每月工资收入 5500 元，每月的租房费用为 800 元。我国的《个人所得税法》中规定工资、薪金所得适用超额累进税率，其应纳税所得额是 5500 元 -3500 元，即 2000 元，适用的税率较高。如果他在和公司签订劳动合同时达成一致，由公司安排其住宿（800 元作为福利费用直接交房租），其收入调整为 4700 元，则小王的应纳税所得额为 4700 元 -3500 元，即 1200 元，适用的税率就可降低。

对于那些高收入人群而言，合理的避税和节税就显得更为重要。

张先生是一家公司的高级管理人员，年薪 36 万元，一次性领取。按照国家的税法，他适用的最高税率高达 45%，如果他和公司签订合同时将年薪改为月薪的话，每个月 3 万元的收入能使他适用的最高税率下降到 25%，节税的金额是相当可观的。

在我国《个人所得税法》中，劳务报酬、稿酬、特许权使用费、利息、股息、红利、财产租赁、转让和偶然所得等均属应纳税所得。因收入不同，适用的税基、税率也不尽相同，从维护纳税人的自身利益出发，充分研究这些法律法规，通过合理避税来提高实际收入是纳税人应享有的权益。我国和税务相关的法律法规非常繁多，是一个庞大的体系，一般纳税人很难充分理解并掌握，因此除了自己研究和掌握一些相关法律法规的基础知识之外，不妨在遇到问题时咨询相关领域的专业人士，如专业的理财规划师、律师等，以达到充分维护自身权益的目的。

丰足不奢华，惬意不张扬

供职于北京某知名电台的方小姐是名高级翻译，今年刚满26岁，每年都有19万的不菲收入。可是在她的身上，你几乎找不到任何名牌的痕迹，即使是她钟爱的名牌也是要赶到打折才买的。每天她都要去农贸市场，因为那里的蔬菜和水果会比超市里的便宜将近1/3。

王先生是北京一家世界500强企业的中方首席执行官，他每月都有不低于3万元的进账。然而，王先生有着非常独特的消费方式：首先，他排斥名车豪宅，每逢礼拜六，他都会带着女儿前往附近的大型超市采购食品和生活用品，图个便宜，并尤其关注当天的特价优惠。不光如此，王先生还是一个砍价高手，他最辉煌的“战绩”是在果品批发市场将一箱脐橙以底价拿下。

有些人非常富有，但我们从他们的身上很难发现被奢侈品包装的痕迹，相反，他们在“物有所值”的消费过程上所花的时间和心思，可能比你我还多。关键在于，他们的“吝啬”不是泼留希金式的盲目守财，而是尽量节俭不必要开支，然后尽情为“爱做的事”埋单。其实，他们秉承的是时下在欧美发达国家的富人中非常流行的一种生活方式——“新吝啬主义”。

“新吝啬主义”又称为“新节俭主义”，它的诞生象征着一个全新消费时代的来临。因为这群人一切以“需要”为目的购买，绝不盲目追逐品牌和附庸风雅。作为一种成熟的消费观念，它的诞生是人们消费观发展的必然结果。在商品匮乏年代，人们总认为“贵就是好”，“钱是衡量一切的标准”，但随着商品经济的不断发展，一部分人开始觉醒并有意识地寻找自己真正需要的东西，在这个过程中，消费观念不断与现实生活进行碰撞磨合，最终真正走向了成熟。

财富在于使用，而不在于拥有。现代创富理念是，会赚钱更需会花钱。花钱是一门学问和艺术，会花钱不同于吝啬，更不同于铺张。会花钱，花上一万是正当；不会花钱，花上一分是浪费。会花钱犹如把好钢用在刀刃上，会花钱能得到效益和回报，能为赚更多的钱开道。

对每个人而言，要在消费上理财，做到智慧消费，必须制定一份财务计划。

制定财务计划的方法有许多种，但首先你得做至少 3 个月的日常费用计划表，否则无论用哪种方法，你的财务计划都不会符合实际。由此看来，你对资金流向要有整体的了解，必须有足够长的时间。你还必须弄清在哪些方面可以节省开支，比如你在工作午餐上花的钱并不少，可你并没有意识到：一顿午餐花 20 元，对白领单身贵族来说也许算不了什么，但是如果你把 1 个月的午餐花费加起来，再乘以 1 年 12 个月，差不多就是 5000 块钱。再比如，每天抽 1 盒香烟，按 6 元钱 1 盒计算，全年的费用加起来就是 2000 多块钱。为了实现更大的目标，该放弃什么，选择什么，每个人都应该做到心里有数。

作好消费计划是门学问，细到不能再细才好，包括购物时机和地点，再配合时间性或季节性，就会省下不少开销。比如，你可以把每一段时间需要的东西列一个清单，然后一次性购买，不仅省时，而且利于理性消费。要尽量减少去商场的次数，因为货架上琳琅满目的商品很容易让你的购买欲一发不可收拾，结果便是无限量超支。

有了家庭后居家过日子也一样，若心无计划，有一分花两分，由着性子来，恐怕未到发薪之日，便已捉襟见肘，苦不堪言了。认真做好家庭预算，是一条理财良策。

那么，家庭预算如何做呢？建议采用此方法之前，最好先进行一段时间的理财体验，知晓家庭日常支出的大体流向，这样会使预算目的清晰，一目了然。

当你拿到本月的工资时，先不急于花掉，将家庭开支分类开列出来，通常的分类是：生活必需品开支、灵活性开支、兴趣开支、投资开支。此类别划分可根据自己的实际情况而定，如喜好社交者可拿出适当现金建立友谊基金，用于朋友间的礼尚往来，喜好打扮的可设“美丽开支”。

在开支类别明确后，可根据主次区别对待，按比例合理安排，由各家的实际状况决定，如：租房者，每月的租金固定扣除，则租房开支为 A 级

（必需）；平日生活必需品开支，也为A级；而灵活性开支，一般解决医疗、游玩、服装、交友等突发性事件的开支，则可定为B级（次必需）；兴趣开支等可定为C级（非必需）。在具体分配时，按市价扣除必需品开支或其他可明确的开支，其余则设定可承受数额，然后，按类别放入几个纸袋中，用时从中支取。另外，若家庭欲投资于住房或其他项目时，可先将投资开支于月初存入银行，最好存定期。若到月末，有的开支袋尚有余额可将其存一个活期，积累两三个月，可拿此款添置换季衣物，或其他大件必需品，也可提取一部分继续存入定期。

总之，有了财务计划，可以大大减少消费的盲目性，会使日子过得张弛有度。

事先做好计划是智慧消费的关键。没有计划，你就会像一艘漂于大海上的无帆之船，不知将漂向何方。只有事先有了计划，你才能驶向财务自由的海岸。

选择最合适的理财计划

每个人都需要独立面对和处理居住、教育、医疗、养老和保险等问题，因此每个人都需要承担起理财的责任，做到"我的钱财我做主"。理财不是简单的储蓄和节省，更需要合理的投资。事实上，理财并不简单，要求情况各不相同的人采用相同的理财规划，理财之路必定不平坦。

每个人的风险承受能力同其个体情况有关系，我们应当依据自己的收入水平制定最优的投资策略。以下我们以三种收入水平为例，作一个简单的理财规划解析。

1. 月收入5000元如何进行理财规划

张女士今年29岁，她和丈夫白先生在同一家大型企业工作，两人每月收入为5000元。结婚3年，两人有了10万元的积蓄。虽然在所居住的城市，两个人的收入已经比较不错，但是考虑到将来购房、子女教育、赡养父母等家庭开支压力较大，张女士担心家庭收入不能有效利用、科学管理。

从张女士夫妇的家庭状况来看，虽然目前他们的家庭收入不错，但是缺乏必要的保障。此外，两人的理财观念比较传统，承受风险能力较差，家庭理财要求绝对稳健，属于求稳型的理财家庭。所以，求稳的理财方式对于他们比较合适。

因此，建议张女士按照储蓄占 40%、国债占 30%、银行理财产品占 20%、保险占 10% 的投资组合进行投资。在对家庭理财比例分配中，储蓄占的比重最大，这是支持家庭资产的稳妥增值；国债和银行理财产品放在中间，收益较高，也很稳妥；保险的比率虽然只有 10%，但所起的保障作用非同小可。

2. 月收入 3000 元如何进行理财规划

小秦大学毕业两年，现在一家事业单位上班，工作稳定，目前单身，月收入 3000 元，没有房贷、车贷。单位提供三险一金，自己还购买了商业保险。每月剩余工资 2000 元，有存款 10000 元。小秦希望把每个月的剩余资金用于投资，想做一些风险小的投资，收益比银行存款收益高一些就可以。

小秦处于理财人生的初级阶段，但职业生涯进入了稳定发展阶段，因此理财前景广阔。具体从理财规划上来说，工作单位为小秦提供了三险一金，并且小秦本人又购买了商业性保险，正可谓是双保险，因此不用再增加任何保险产品；虽然小秦既无房贷又无车贷压力，但小秦剩余的资金却并不是很高。根据当前的物价水平，小秦的生活就不能追求高消费了；小秦没有理财经验，要求投资风险较小、收益率高于银行存款的金融理财产品，建议小秦必须在专业理财师的指导下选择管理时间较久的股票型基金。

但要注意两点：其一，很多人只顾着“钱生钱”，而不记得规避风险。投资是一个长期的财富积累，它不仅包括财富的升值，还包括风险的规避。其二，在建立自己的投资账户时，年轻人由于手头资金量不大，精力有限，与其亲自操作，不如通过一些基金、万能险、投连险等综合性的投资平台，采用“委托投资”的方式，这样不仅可在股票、基金、国债等大投资渠道中进行组合，还可省掉一笔手续费。

3. 月收入 2000 元如何进行理财规划

白明大学毕业后选择了留在省城，一来对这座生活了 4 年的城市有了感

情，二来也希望在省城能有更多的发展机会。目前白明的月收入在 2000 元左右徘徊，因为初涉职场，也没有其他的奖金分红。白明希望利用有限的薪水理财，科学规划自己的生活。

如果你是单身一人，月收入在 2000 元，如何来支配这些钱呢？不妨借鉴下面的做法：

（1）生活费占收入的 30% ~ 40%。

生活费用是最基本的费用。在投资前，你要拿出每个月必须支付的费用，如房租、水电、通讯费、柴米油盐等，这部分约占收入的 1/3。这部分费用是你生活中不可或缺的部分，满足你最基本的物质需求。所以，无论如何，这部分钱请你先从收入中抽出。

（2）储蓄占收入的 10% ~ 20%。

自己用来储蓄的部分，约占收入的 10% ~ 20%。很多人每次也都会在月初存钱，但是到了月底的时候，往往就变成了泡沫，存进去的大部分又取出来了，而且是不知不觉地，好像凭空消失了一样，他们总是在自己喜欢的衣饰、杂志、娱乐或朋友聚会上不加以节制。

其实，我们应该时刻提醒自己，自己的存储能保证至少 3 个月的基本生活。要知道，现在很多公司动辄减薪裁员，如果你一点储蓄都没有，一旦工作发生了变动，你就会非常被动。而且这 3 个月的收入可以成为你的“定心丸”，工作实在干得不开心了，你可以潇洒地对老板说声“拜拜”。所以，无论如何，请为自己留条退路。

（3）活动资金占收入的 30% ~ 40%。

剩下的这部分钱，约占收入的 1/3，可以根据自己当时的生活目标，有所侧重地花在不同的地方。这样花起来心里有数，不会一下子把钱都花完。

除去吃、穿、住、行以及其他的消费外，再怎么节省，估计你现在的状况，一年也只有 10000 元的积蓄。如何让钱生钱是大家想得最多的事情，然而，收入有限，很多想法都不容易实现，建议处于这个阶段的朋友，最重要的是开源。节流只是我们生活、工作的一部分，最重要的是怎样财源滚滚、开源有道。为了实现一个新目标，你必须不断进步以求发展，这才是真正的生财之道。

当然，以上所截取的只是三种不同收入水平的人的理财规划建议。实际上，即使收入相同，但是居住城市、家庭情况、个人消费性格等其他因素的差异，其理财规划也必定是各不相同的。我们每个人应该根据自己的情况，灵活选择自己的理财规划。